"SIXIANGDAODE YU FAZHI"
KECHENG TIYANSHI JIAOXUE TANSUO YU SHIJIAN

"思想道德与法治"
课程体验式教学探索与实践

主　编　揭　晓
副主编　彭媚娟　李灵曦

中山大学出版社
SUN YAT-SEN UNIVERSITY PRESS

·广州·

版权所有　翻印必究

图书在版编目（CIP）数据

"思想道德与法治"课程体验式教学探索与实践/揭晓主编；彭媚娟，李灵曦副主编．—广州：中山大学出版社，2023.12
　ISBN 978 - 7 - 306 - 07943 - 5

　Ⅰ．①思…　Ⅱ．①揭…　②彭…　③李…　Ⅲ．①高等学校—思想政治教育—教学研究—中国　Ⅳ．①G641

中国国家版本馆 CIP 数据核字（2023）第 216656 号

出 版 人：	王天琪
策划编辑：	翁慧怡
责任编辑：	翁慧怡
封面设计：	曾　婷
责任校对：	潘惠虹
责任技编：	靳晓虹
出版发行：	中山大学出版社
电　　话：	编辑部 020 - 84110283，84113349，84111997，84110779，84110776 发行部 020 - 84111998，84111981，84111160
地　　址：	广州市新港西路 135 号
邮　　编：	510275　传　真：020 - 84036565
网　　址：	http://www.zsup.com.cn　E-mail：zdcbs@mail.sysu.edu.cn
印 刷 者：	广州方迪数字印刷有限公司
规　　格：	787mm×1092mm　1/16　21 印张　363 千字
版次印次：	2023 年 12 月第 1 版　2023 年 12 月第 1 次印刷
定　　价：	75.00 元

如发现本书因印装质量影响阅读，请与出版社发行部联系调换

序

习近平总书记指出:"当前形势下,办好思政课,要放在世界百年未有之大变局、党和国家事业发展全局中来看待,要从坚持和发展中国特色社会主义、建设社会主义现代化强国、实现中华民族伟大复兴的高度来对待。"[①] 这充分彰显了以习近平同志为核心的党中央对办好思想政治理论课(简称"思政课")的战略定位。在当代中国,思想政治理论课的课程设置和教学定位,都需要从中华民族伟大复兴的战略全局和世界百年未有之大变局这"两个大局"出发,立足于新时代诉求,切实提高大学生的政治文化素养。

在新时代这一时代条件和战略定位下,高校的思想政治理论课课程需要与时俱进,创新教育教学方式。此次出版的系列教材以体验式教学的探究和实践为主题,教材涵盖了"思想道德与法治""中国近现代史纲要""毛泽东思想与中国特色社会主义理论体系概论"这三门本科思想政治理论课。体验式教学作为一种新兴的、切实有效的教学理念和方法,注重学习者的直接学习、主动学习、主动实践,其对促进实践和理论的结合、提高高校思想政治理论课课程的科学性和时效性、创新教育教学手段有着明显的积极作用,应该重视并予以重新解读。这三本教材侧重于从"体验式教学"这一教学方式入手,探讨思想政治理论课的课程安排和教学方法。

如何创新教育教学方式,脱离不了时代的信息技术手段的发展。在科技迅猛发展的今天,互联网等技术手段的广泛运用已然成为教育工作中的一把"利剑"。如何更好地协调教学与科技的关系,进一步发挥科技的作用,无疑需要从教学模式上做出转变。传统的教学模式侧重于教师的主动讲授,有意无意间构成了学生被动的学习方式。而在信息时代,知识的获

[①] 习近平:《论党的宣传思想工作》,中央文献出版社 2020 年版,第 375 页。

取变得更加便捷和快速，这就要求教师要善于利用科技手段，以更加生动活泼的形式组织课堂，培养和训练学生运用互联网收集信息、组织信息的能力，运用身边的教学资源，充分调动学生的学习积极性和主观能动性。体验式教学正是基于这一种理念，主张学生通过对知识场景的亲身体验，对历史、政治、社会发展情形的重新演绎，从体验、感知、认知和行为实践等方面深刻地、亲临其境地理解知识。学生通过对原本抽象的、与自身无关的知识的切身的、具体的体验和实践，不仅能深化认识，而且能培养正确的情感态度价值观。体验式学习不仅是一种知识的习得，而且是一种情感和价值观的熏陶。体验式教学方法正好弥补了传统教师单方面传授的弊端，又恰当地运用了信息技术的优势，将以传统教师为主体的教学模式转变为以教师为主导、学生为主体的模式，真正做到了以学生为本。

本系列教材在体验式教学方面提供了相关的历史梳理、理论分析和案例展现，试图从实际教学入手，借鉴理论，总结经验，充分激活思想政治理论课的教学资源，进一步提高学生的积极性，构建良好的师生互动模式。在具体的体验式教学中，教师可以根据课程内容，运用理论讲授、案例分析、情感体验、课堂讨论、创设场景、多媒体影音教学、"头脑风暴法"等教学方法，让学生设身处地地感受和学习知识，实现情感的感化和知识的内化。例如，在"中国近现代史纲要"这门课的教学上，本教材展示了如何挖掘和利用广东本土党史资源来进行教学，其中包括了深入党史现场，将课堂延伸到校外党史教育实践基地（如中共三大会址纪念馆、广州农民运动讲习所旧址、中共广东区委旧址纪念馆、广州起义烈士陵园等具体的历史场景），在历史场景中进行现场教学和观摩，使教学空间从教室的"封闭"走向社会天地的"开放"，从课堂时间的"固定设置"通往社会实践的"自主灵活"。又如，在"思想道德与法治"这门课的教学上，通过运用体验式教学方法，可以让大学生运用自己习得的道德思维、法治观念和道德判断、法治素养来求得对新事物、新知识的认识，从而增加辨别是非、对错、善恶的能力，实现"体验式教学知识从实践中来，又回到实践中去"的宗旨。再如，在"毛泽东思想与中国特色社会主义理论体系概论"这门课的教学上，可以让学生按照课程的知识录制党史故事的短视频，通过学生对不同角色的扮演和讲解，让学生更切身地体会历史的发展。体验式教学的深入研究和运用，将更大力地推进、深化高校思想政治理论课的教学改革,从而推进大学生的全面发展。本系列教材的出版正是基于这一宗旨,希望能为推进教学改革、完善思想政治理论课教学手段提供探索和实践层面上的参考。同时,因时间和水平所限,本系列教材仍在教学方案、实施流程、考核评价等方面存在疏漏、不足之处,希望热心的读者能够予以批评指正。

习近平总书记强调:"人无德不立,育人的根本在于立德。这是人才培养的辩证法。"[①] 思想政治理论课应坚持把立德树人作为根本任务,高校要切实提高政治站位和思想认识,充分发挥教师队伍"主力军"、课程建设"主战场"、课堂教学"主渠道"的作用。高校的思想政治理论课不仅是为传播文化知识而设置的,更重要的是在于以高尚的价值引领人、以崇高的精神感化人,从而使学生的德智体美劳得到全面发展,成为对社会、对国家有用的人,才能实现立德树人的根本目标。在坚持文化自信、建构中华民族共同体意识、维护国家意识形态安全的新时代背景下,高校思想政治理论课教学更肩负着意识形态主课堂、"主战场"的光荣使命。希望本系列教材的出版能为全国高校思想政治理论课教学的深入研究和纵深发展提供有益的借鉴,做出更大的贡献。

---

① 习近平:《在北京大学师生座谈会上的讲话》,载《人民日报》2018年5月3日,第2版。

目 录

理 论 篇

第一章 高校"思想道德与法治"课程建设发展概况 / 3
  第一节 中华人民共和国成立以来高校思想政治理论课课程建设 / 3
  第二节 高校"思想道德与法治"课程建设发展历程 / 10
  第三节 高校"思想道德与法治"课程内容和教学方法建设发展历程 / 15

第二章 "思想道德与法治"课体验式教学的理论探索 / 20
  第一节 体验式教学的内涵特征及其理论依据 / 20
  第二节 体验式教学的必要性和可行性 / 25
  第三节 体验式教学的方法探索 / 28

课 程 篇

第三章 领悟人生真谛，把握人生方向 / 35
  第一节 人生目的与人生态度 / 35
  第二节 创造有意义的人生价值 / 46

第四章 追求远大理想，坚定崇高信念 / 58
  第一节 理想信念的内涵及重要性 / 58
  第二节 在实现中国梦的实践中放飞青春梦想 / 78

第五章 继承优良传统，弘扬中国精神 / 98
  第一节 中国精神是兴国强国之魂 / 98
  第二节 做新时代的忠诚爱国者 / 110
  第三节 让改革创新成为青春远航的动力 / 119

第六章　遵守道德规范，锤炼道德品格 / 125
　　第一节　社会主义道德的核心与原则 / 125
　　第二节　社会主义道德吸收借鉴优秀道德成果 / 137
　　第三节　遵守社会公德 / 154
　　第四节　树立正确的家庭观、婚姻观和爱情观 / 162

第七章　学习法治思想，提升法治素养 / 178
　　第一节　法律的概念和特征 / 178
　　第二节　坚持全面依法治国 / 188
　　第三节　维护宪法的权威 / 196
　　第四节　自觉尊法、学法、守法、用法 / 204

实　践　篇

第八章　大学生体验式教学案例 / 249
　　第一节　大学生团体阅读体验案例 / 249
　　第二节　调研报告案例节选（一） / 274
　　第三节　调研报告案例节选（二） / 286
　　第四节　调研报告案例节选（三） / 299
　　第五节　模拟联想式体验教学案例 / 314

参考文献 / 322

后记 / 326

理论篇

"思想道德与法治"课作为高等学校思想政治理论课的重要课程之一,经历了多阶段的调整与发展,旨在对大学生开展人生观、价值观、世界观、道德观和法制观的教育,并引导大学生树立崇高的理想信念和养成良好的道德品质,树立体现中华民族优秀传统与时代精神的价值标准和行为规范。因此,在课程的教学理念、教学方法、教学评价等方面都需要探索适合的新思路。

後記

第一章　高校"思想道德与法治"课程建设发展概况

习近平总书记在2019年3月18日主持召开学校思想政治理论课教师座谈会时，强调指出"开设思想政治理论课非常必要，是培养一代又一代社会主义建设者和接班人的重要保障"，"思想政治理论课是落实立德树人根本任务的关键课程"。① 1949年中华人民共和国成立以来，我们国家高度重视高等学校思想政治理论课程的设置，高等学校思想政治理论课是我国高等学校的基础课程之一，是对大学生进行思想道德教育、政治理想教育及社会文化教育的主渠道和主阵地。

1949年以来，我国高等学校思想政治理论课的课程设置大致经历了雏形、发展、完善、调整、恢复、整合、规范的过程。我国思想政治理论课的课程设置在曲折中前进，在发展中完善，经历了从起步到壮大的过程。

第一节　中华人民共和国成立以来高校思想政治理论课课程建设

中华人民共和国成立70多年来，我国高等学校思想政治理论课课程建设从无到有、从弱到强，主要经历了社会主义的初步探索时期、改革开放和社会主义现代化建设新时期以及新时代中国特色社会主义时期等重要

---

① 习近平：《用新时代中国特色社会主义思想铸魂育人　贯彻党的教育方针落实立德树人根本任务》，载《人民日报》2019年3月19日，第2版。

发展阶段。对高等学校思想政治理论课的课程建设历程进行回顾、梳理和总结，有助于我们进一步推进高校思想政治理论课程建设的全面、协调、持续发展。

一、中华人民共和国成立后至改革开放前的高等学校思想政治理论课课程建设情况

1949年，中华人民共和国成立，我国各个领域百废待兴，高等学校的思想政治理论课课程建设也开始了建设发展之路。高等学校依据教育部颁布的《关于华北区各高等学校1951年度上学期进行"辩证唯物论与历史唯物论"等课教学工作的指示》和《华北专科以上学校一九四九年度公共必修课过渡时期实施暂行办法》的相关规定，把思想政治理论课课程分设为"政治经济学""新民主主义论""辩证唯物论与历史唯物论"三门主干课程，并要求在全国高等学校开始试点推行，这种课程设置成为我国高等学校思想政治理论课最早的科目设置。

1952年年底，由于我国社会经济发展状况良好，我国社会各方面的工作迅速发展。教育部乘势而上，开始着力改革高等学校思想政治理论课课程，按照《关于全国高等学校马克思列宁主义、毛泽东思想课程的指示》的要求，各专科以上高等学校在原有的思想政治理论课课程基础上增设"马克思列宁主义基础"课程，并按文件规定各高等学校统一使用《联共（布）党史简明教程》的教材。自此以后，我国高等学校的思想政治理论课课程由三门课程增加到四门课程，主要以传播马克思列宁主义、毛泽东思想为主要内容。[①]

1960年年初，我国高等学校的思想政治理论课课程开始向专业化、系统化发展。1961年，教育部在《改进高等学校共同政治理论课程教学的意见》中把思想政治理论课课程分为"马克思列宁主义基础理论"和"形势与任务"两部分内容：在文科高校的专业中，"马克思列宁主义基础理论"课分解为四门课（具体包括"中共党史""马克思列宁主义基

---

① 参见韩振峰、李辰洋《新中国成立70年来高校思政课课程建设的发展历程及经验启示》，载《北京交通大学学报（社会科学版）》2019年第18卷第4期，第42—50页。

础""政治经济学""哲学"四门课);理工科大学和医科大学以及体育学科的大学等开设"中共党史"课和"马克思列宁主义基础"课。1964年,教育部对高等学校提出了改进思想政治理论课教学工作的意见,重点要求高等学校的思想政治理论课课程必须反对现存的修正主义思想,与此同时,教育部也要求加强对毛泽东思想的学习、宣传和贯彻,并把毛泽东思想作为高等学校思想政治理论课程的主要教材。"文化大革命"是中国高等教育事业遭到严重破坏、高校思想政治理论课课程建设严重受挫的时期。从1978年开始,我国高等学校恢复正常招生,高等学校思想政治理论课课程建设才得以重新恢复并不断完善。

二、改革开放后至党的十六大召开前的高等学校思想政治理论课课程建设情况

改革开放后至党的十六大召开前是高等学校思想政治理论课课程的重新设置及改革调整的时期。1977年8月4日,邓小平主持召开科学和教育工作座谈会,在这次座谈会议上做出"恢复高考招生制度"的重大决策。由于高校招生制度的恢复,高等教育得以继续发展,高等学校思想政治理论课建设也得到了重视。1978年,党的十一届三中全会隆重召开,随着会议的召开,全国高等学校开始恢复了系统化、正规化的思想政治理论课。1978年4月,教育部下发了《关于加强高等学校马列主义理论教育的意见(全国教育工作会议征求意见稿)》,提出高等学校的马克思主义理论课程主要开设"中国共产党党史""政治经济学""辩证唯物主义和历史唯物主义"与"国际共产主义运动史"四门思想政治理论课程(简称"老四门")。

随着我国改革开放政策的进一步深化和中国特色社会主义事业的不断推进,我国现代化发展水平不断提高,同时各种社会思潮也不断涌现。为了让高等学校广大师生认清形势,增强是非判断能力,及时抵制和清除社会上的错误思潮的不良影响,高等学校加大了师生思想政治教育力度。1985年8月1日,中共中央正式颁发了《中共中央关于改革学校思想品德和政治理论课程教学的通知》,对高等学校思想政治理论课进行新的改革和调整;1986年,国家教育委员会发出了《关于在高等学校进一步贯彻

《中共中央关于改革学校思想品德和政治理论课程教学的通知》的意见》的通知，设想用几年时间进行改革调整，重新开设新的思想政治理论课，由"老四门"过渡到"新四门"，即"中国革命史""中国社会主义建设""马克思主义原理""世界政治经济与国际关系"四门思想政治理论课程；1987年，国家教育委员会又规定设置"法律基础"课和"形式与政策"课为高等学校思想政治理论课的必修课程；1992年，国家教育委员会政教司把原设的"人生哲理"课和"大学生思想修养"课合为一门课，称为"思想道德修养"课。于是，思想品德课的三门课程——"思想道德修养""法律基础""形式与政策"课作为高等学校思想政治理论课的必修课程被固定下来，与马克思主义理论课一起，合称为高等学校的"两课"（即"马克思主义理论课"和"思想政治教育课"）课程。至此，高等学校思想政治理论课"85方案"基本形成。[①]

从1990年开始，国内外形势出现了新情况、新问题，高等学校思想政治理论课课程建设、调整和改革速度在不断地加快。1997年，党的十五大胜利召开；1998年6月，为了认真学习贯彻党的十五大精神和不断推进党的思想政治教育工作，中共中央宣传部和教育部联合发出《关于印发〈关于普通高等学校"两课"课程设置的规定及其实施工作的意见〉的通知》，对高等学校的本科生和专科生的思想政治理论课课程进行了专门规定。"毛泽东思想概论""邓小平理论概论""思想道德修养""法律基础""马克思主义哲学原理""马克思主义政治经济学原理"和"当代世界经济政治"（仅文科专业开设）7门主干课程成为高等学校思想政治理论课的必修课，并进一步规定了将"形势与政策"课作为高等学校每个年级大学生的必修课。[②] 至此，高等学校思想政治理论课课程改革的最新成果"98方案"基本形成。"98方案"重点强调了以马克思主义基本理论为主线课程设置，重点突出了毛泽东思想和邓小平理论在高校思想政治理论课中的重要地位，具有鲜明的、与时俱进的时代性特征，重在培养高等

[①] 参见刘新科、宋广伟《中国公民素质教育的现状、问题与对策》，见河南大学教育学院《中国教育学会中青年教育理论工作者分会第21届学术年会论文集：变革时代的价值教育和公民教育》，河南大学，2012年，第6页。

[②] 参见韩振峰、李辰洋《新中国成立70年来高校思政课课程建设的发展历程及经验启示》，载《北京交通大学学报（社会科学版）》2019年第18卷第4期，第42—50页。

第一章 高校"思想道德与法治"课程建设发展概况

学校大学生的坚定崇高的理想信念和强烈的家国情怀。2002年,党的十六大胜利召开,并提出"三个代表"重要思想;2003年,为了认真学习贯彻落实"三个代表"重要思想,教育部发出了《关于进一步深化"三个代表"重要思想"三进"工作的通知》,对高等学校的"邓小平理论概论"思想政治理论课程内容做出相应的调整,将"三个代表"重要思想的内容融入"邓小平理论概论"课程当中,并将课程名称改为"邓小平理论和'三个代表'重要思想概论"。至此,高等学校思想政治理论课的"98方案"增加了"三个代表"重要思想的新内容。

三、党的十六大召开后至党的十八大召开前的高等学校思想政治理论课课程建设情况

党的十六大召开后至党的十八大召开前是高等学校思想政治理论课课程建设的调整和不断发展的时期。党的十六大之后,中共中央根据国家的新情况和新任务,对高等学校思想政治理论课课程改革发展做出了新安排,对高等学校马克思主义理论课程建设提出了新规划和新要求。2004年,中共中央印发了《中共中央关于进一步繁荣发展哲学社会科学的意见》,在新的形势下对我国哲学社会科学发展工作做出了新的部署。同年8月,中共中央、国务院发布了《关于进一步加强和改进大学生思想政治教育的意见》,对高等学校大学生思想政治理论课的建设提出了新的要求,同时也提出了高等学校大学生思想政治理论课课程改革的指导思想,要求高校大学生思想政治理论课课程设置原则要紧贴马克思主义基本理论,做到理论与实践相结合,突出马克思主义中国化研究的最新理论成果。2005年2月,中宣部和教育部两部门在《中共中央宣传部 教育部关于进一步加强和改进高等学校思想政治理论课的意见》中,正式提出新的高等学校思想政治理论课课程设置——由本科四年制的"7+1"精简为"4+1+1"(也称为高校思想政治理论课"05方案"),即"毛泽东思想、邓小平理论和'三个代表'重要思想概论""马克思主义基本原理概论""思想道德修养与法律基础""中国近现代史纲要"四门课,同时,在本科四年课程中开设"形势与政策"课;另外,在本科大学生中开设"当代世界经济与政治"选修课。此次思想政治理论课课程改革有效地整合了"两

课"的基本内容，以"思想政治理论课"概括原来的"两课"，高等学校思想政治理论课课程设置走上了专业化和科学化的道路。①

2007年，党的十七大胜利召开，这次大会全面阐述了科学发展观，并写入党章，成为我党和我国经济社会发展的重要指导思想。为了深入学习贯彻科学发展观，中共中央对高等学校思想政治理论课课程设置工作提出了新的要求，决定将邓小平理论、"三个代表"重要思想及科学发展观三方面的内容融合在一起，统称为"中国特色社会主义理论体系"。2008年，中共中央将"毛泽东思想、邓小平理论和'三个代表'重要思想概论"课改为"毛泽东思想和中国特色社会主义理论体系概论"课。高校思想政治理论课"05方案"不断得到修整和充实。例如，2011年，教育部发布了《教育部关于印发〈高等学校思想政治理论课建设标准（暂行）〉的通知》，对我国高等学校思想政治理论课的教学组织管理、教师队伍建设以及学科建设发展提出了新的评价标准和改进意见；这些政策措施促进了高等学校思想政治理论课课程建设不断走向系统化和规范化，同时也推动了高等学校思想政治理论课"05方案"的不断充实、完善与发展。

四、党的十八大召开后至进入新时代的高等学校思想政治理论课课程建设情况

2012年，党的十八大胜利召开，以习近平同志为核心的党中央，带领全党和全国人民继续高举中国特色社会主义伟大旗帜接续奋斗，把中国特色社会主义伟大事业推向前进。为了进一步加强高等学校意识形态建设和大学生思想政治工作，更好地适应新时代党和国家发展的需要，中共中央把高等学校思想政治理论课课程建设提到国家战略的高度。2012年3月，教育部发布了《关于全面提高高等教育质量的若干意见》的通知，提出要重视加强高等学校马克思主义理论课程建设，决定建设实施新一轮的哲学社会科学繁荣发展计划，不断推动高等学校人文社会科学研究基地的建设发展等工作。

---

① 参见王倩《高校辅导员与思政课教师协同育人机制研究——以哈尔滨工程大学为例》，哈尔滨工程大学硕士学位论文，2020年，第36页。

第一章　高校"思想道德与法治"课程建设发展概况

为了更好地推进各高等学校思想政治理论课课程建设工作，2015 年 7 月，中宣部和教育部联合颁发了《普通高校思想政治理论课建设体系创新计划》。该文件明确提出，要及时做好高等学校思想政治理论课的四本教材和五门研究生课程教学大纲的修订完善工作，进一步研究制定完善"形势与政策"课的教学工作要点。2016 年，中共中央、国务院印发《关于加强和改进新形势下高校思想政治工作的意见》，对高等学校进一步推进思想政治理论课的改革创新提出了具体的工作部署和要求。2016 年 12 月，习近平总书记出席全国高校思想政治工作会议，在会上强调，高等学校思想政治工作"要坚持把立德树人作为中心环节，把思想政治工作贯穿教育教学全过程"[①]。

2017 年 10 月，党的十九大胜利召开，此次大会提出了习近平新时代中国特色社会主义思想，把习近平新时代中国特色社会主义思想确立为我们党必须长期坚持的指导思想，并写入党章。为了深入学习贯彻习近平新时代中国特色社会主义思想，教育部在 2018 年 4 月印发了《教育部关于加强新时代高校"形势与政策"课建设的若干意见》和《新时代高校思想政治理论课教学工作基本要求》等文件。《新时代高校思想政治理论课教学工作基本要求》指出，高等学校思想政治理论课课程教学工作要紧紧围绕思想政治理论课四门必修课进行，同时要以"形势与政策"课等选修课程作为思想政治理论课四门必修课教学环节的补充内容，强调"形式与政策"课是高等学校四门思想政治理论课的重要组成部分，提出"形式与政策"课的课程内容要体现新时代中国特色社会主义发展的一系列理论和实践要求，并对"形势与政策"课在组织领导、教师队伍建设、教学方式等方面提出了具体部署和要求。

2019 年 3 月 18 日，习近平总书记在主持召开学校思想政治理论课教师座谈会上强调指出："办好思想政治理论课，最根本的是要全面贯彻党的教育方针，解决好培养什么人、怎样培养人、为谁培养人这个根本问题。"[②] 为了全面学习贯彻落实习近平总书记在这次座谈会上的重要讲话

---

① 《习近平：把思想政治工作贯穿教育教学全过程》，新华网，2016 年 12 月 8 日，见 http://www.xinhuanet.com//politics/2016-12/08/c_1120082577.htm。
② 习近平：《用新时代中国特色社会主义思想铸魂育人　贯彻党的教育方针落实立德树人根本任务》，载《人民日报》2019 年 3 月 19 日，第 2 版。

精神，中共中央办公厅和国务院办公厅在 2019 年 8 月颁发了《关于深化新时代学校思想政治理论课改革创新的若干意见》，对新时代各级学校如何增强思想政治理论课的针对性和实效性，如何在人才培养中将习近平总书记关于立德树人的根本任务融入学校的思想政治理论课等做出了专门部署，主要内容是要求全面加强各级学校思想政治理论课的教材体系建设，必须在全国重点马克思主义学院增开"习近平新时代中国特色社会主义思想概论"课，拥有博士学位授权点和硕士学位授权点的高等学校分别开设了"中国马克思主义与当代"课和"中国特色社会主义理论与实践研究"课；培养本科生的高等学校继续开设思想政治理论四门必修课及"形势与政策"课；培养专科生的学校开设了"思想道德修养与法律基础""毛泽东思想和中国特色社会主义理论体系概论""形势与政策"三门必修课。另外，《关于深化新时代学校思想政治理论课改革创新的若干意见》在加强思想政治理论课的组织领导、思想政治理论课教师队伍建设、思想政治理论课教学的思想性、针对性和有效性等方面，也做出了全面具体的安排，为推进新时代各级学校对思想政治理论课的改革创新提供了重要理论依据和政策指导。[①]

第二节　高校"思想道德与法治"课程建设发展历程

1949 年，中华人民共和国成立后，我国非常重视在高等学校设置马克思主义理论课程。这些课程对高校大学生进行思想道德教育、人生价值观教育及社会政治文化教育发挥了积极作用，其中的"思想道德与法治"课是高等学校思想政治理论课的重要课程之一，它的设置主要经历了社会主义革命和建设时期、改革开放和社会主义现代化建设新时期、中国特色社会主义新时代等几个重要发展阶段。

---

① 参见韩振峰、李辰洋《新中国成立 70 年来高校思政课程建设的发展历程及经验启示》，载《北京交通大学学报（社会科学版）》2019 年第 18 卷第 4 期，第 42—50 页。

第一章　高校"思想道德与法治"课程建设发展概况

一、社会主义革命和建设时期"思想道德与法治"课程设置情况

1949年中华人民共和国的成立，一方面，为我国的社会、政治、经济和文化等方面的恢复发展提供了现实的基础和前提；另一方面，为高等学校思想政治理论课课程建设提供了发展机遇。例如，根据《关于华北区各高等学校1951年度上学期进行"辩证唯物论与历史唯物论"等课教学工作的指示》和《华北专科以上学校一九四九年度公共必修课过渡时期实施暂行办法》的相关规定，高等学校思想政治理论课课程设立"政治经济学""新民主主义论""辩证唯物论和历史唯物论"三门主干课程，并要求在全国高等学校推行这三门课。这些课程设置的目的是及时改造和转变高等学校大学生的思想，积极引导大学生将革命的人生观、价值观和世界观与社会主义建设相联系，保持为人民服务的革命乐观精神，这是我国高等学校"思想道德与法治"课程设置的最初内容。

1966年开始，国内爆发了持续十年的"文化大革命"，这个阶段是我国高等学校的教育工作遭受严重破坏、思想政治理论课课程建设受到严重干扰的阶段，高等学校思想政治理论课的设置也不断受到"左"的社会思潮的消极影响，思想政治理论课形成了以毛泽东经典语录和马克思列宁主义经典著作为核心内容，以"要突出政治"为主要特色的思想政治理论课课程体系。十年"文化大革命"，我国高校思想政治理论课教育教学工作基本处于混乱无序状态。到了1978年，我国高等学校恢复正常招生办学工作，高等学校思想政治理论课课程设置才重新恢复常态。

二、改革开放和社会主义现代化建设新时期"思想道德与法治"课程设置情况

1977年8月4日，"文化大革命"结束之后，邓小平就迅速主持召开了全国科学和教育工作座谈会，这次会议正式做出了恢复高等学校招生制度的重大决策。随着高等学校招生制度的恢复，高等学校思想政治理论课建设也开始推进。1980年7月，教育部在全面系统调研评估各级高等学校

思想政治理论课设置的基本情况后，印发了《改进和加强高等学校马列主义课的试行办法》，进一步明确马克思列宁主义在高等学校思想政治理论课中的重要地位，重点强调了在高等学校设置思想政治理论课课程的必要性和重要性。各高等学校按照《改进和加强高等学校马列主义课的试行办法》的通知精神积极探索组建"马克思列宁主义课程教研组"或"马克思列宁主义教研部"，高等学校思想政治理论课课程的学科性、专业性不断加强。从 1984 年开始，在党的十二大精神的指导下，教育部在各级高等学校开始试点设置共产主义思想品德的课程。同年 9 月，教育部颁发了《教育部关于高等学校开设共产主义思想品德课的若干规定》，中央宣传部和教育部共同颁发了《关于加强和改进高等院校马列主义理论教育的若干规定》等文件。按照文件的通知，在全国高等学校增加了"共产主义品德""中国社会主义建设基本问题（该内容已经包含在马克思列宁主义基础课之中）"等课程。至此，高等学校思想政治教育的"两课"课程设置基本形成，思想政治理论课程体系逐步完善。[①]

  随着中国特色社会主义事业的不断发展和国家改革开放政策的进一步深入，我国社会经济不断发展，现代化水平不断提高。为了引导大学生不断增强辨别是非的能力、增强抵御错误社会思潮干扰的免疫力，1985 年 8 月，中共中央印发了《中共中央关于改革学校思想品德和政治理论课程教学的通知》，着手对高等学校的思想政治理论课进行新的整合和改革。1986 年 3 月，当时的国家教育委员会结合高等学校思想政治理论课的建设发展实际情况，印发了《关于在高等学校进一步贯彻〈中共中央关于改革学校思想品德和政治理论课教学的通知〉的意见》，主要对当前高等学校的思想政治理论课课程进行了重新编排和整合，规定了高等学校"新四门"思想政治理论课。同年 9 月，为了响应全国加强普法宣传的工作要求，国家教育委员会又将"法律基础"这门课加入高等学校思想政治理论课的行列。1987 年，国家教育委员会颁发了《关于进一步改革高等学校马克思主义理论课（公共课）教学的意见》，对高等学校目前的思想政治理论课的教学学时分配、教学改革、师资队伍建设以及对马克思列宁主义

---

  ① 参见李玉萍《建国以来高校思想政治理论课教材建设研究——以文本为中心》，浙江理工大学硕士学位论文，2011 年，第 15 页。

第一章 高校"思想道德与法治"课程建设发展概况

专门开展研究等教学工作进行了详细的安排。同年10月,国家教育委员会又将"法律基础""形式与政策"两门课程改为必修课;可选择性安排其他三门思想政治理论课程——"人生哲学哲理""职业道德""大学生思想修养"课,不做统一要求。至此,通过本轮思想政治理论课的改革,高等学校思想政治理论课"85方案"的架构基本形成。

从1990年开始,国内外形势出现了新情况、新问题,高等学校思想政治理论课课程建设、调整和改革的速度在不断加快。在加强高等学校思想道德教育工作的基础上,1993年,国家教育委员会思想政治工作司召开了"新形势下高校思想政治教育课程建设座谈会",决定在高等学校设置"思想道德修养"课程,这门课程由原来的"人生哲理"和"大学生思想修养"两门课程整合而成。1995年11月,国家教育委员会思想政治工作司又颁布了《中国普通高校德育大纲(试行)》,规定高等学校本科生的马克思主义理论课应包含"有中国特色社会主义建设""中国革命史论"和"马克思主义基本原理"三门课程;思想品德课应包括"法律基础""思想道德修养"和"形势与政策"三个部分。1998年6月,为了认真学习贯彻落实党的十五大精神,在党中央关于不断推进高校思想道德教育工作的要求之下,中共中央宣传部和教育部联合印发了《关于印发〈关于普通高等学校"两课"课程设置的规定及其实施工作的意见〉的通知》,专门规定"思想道德修养"和"法律基础"两门课必须成为高等学校本科生和专科生思想政治理论课的必修课。通过本轮思想政治理论课的改革,高等学校思想政治理论课的最新成果"98方案"基本完成。

三、党的十六大召开后和进入中国特色社会主义新时代"思想道德与法治"课程设置情况

2002年,党的十六大胜利召开之后,党中央结合国内外新形势、新问题和新任务,对高等学校思想政治理论课课程建设工作做出了新部署和安排,对高等学校马克思主义理论课程建设工程提出了新规划和新要求。2004年年初,党中央颁发了《中共中央关于进一步繁荣发展哲学社会科学的意见》,对我国哲学社会科学在新形势下如何繁荣发展做出了整体安

排和部署。同年8月，中共中央、国务院共同颁发了《中共中央国务院关于进一步加强和改进大学生思想政治教育的意见》，对高等学校思想政治理论课课程的建设做出了新的部署和安排，明确提出了高等学校大学生思想政治理论课课程改革发展的指导思想，要求思想政治理论课课程设置原则要紧贴马克思主义基本理论，做到理论与实践相结合，必须与时俱进地落实马克思主义中国化的最新理论成果。

2005年2月，为了继续对高等学校的思想政治理论课课程进行有效的整合，进一步落实中央关于改进高等学校大学生思想政治教育相关文件精神，中共中央宣传部和教育部共同颁发了《中共中央宣传部 教育部关于进一步加强和改进高等学校思想政治理论课的意见》，重新对高校的思想政治理论课课程进行了规定、整合，在充分利用、吸收、完善"85方案"以及"98方案"的优点的基础上，对高校的思想政治理论课课程进行了重新整合，形成了新的教材体系和课程体系，"法律基础"和"思想道德修养"两门课程合二为一变成"思想道德修养与法律基础"课，将其明确规定为高等学校本专科学生的必修课，并重新对"思想道德修养与法律基础"在课程设置、教学方式、教学管理、专业教师培养与选聘等方面的内容进行了新的要求。至此，通过各方面的共同努力，本轮思想政治理论课改革和调整的成果——高等学校思想政治理论课的最新方案"05方案"基本形成。"05方案"要求各高等学校从2006年秋季学期开始实施。[①] 2019年3月18日，习近平总书记主持召开学校思想政治理论课教师座谈会，在座谈会上强调指出："办好思想政治理论课，最根本的是要全面贯彻党的教育方针，解决好培养什么人、怎样培养人、为谁培养人这个根本问题。"[②] 2019年8月，为了全面学习贯彻落实习近平总书记在这次座谈会上的重要讲话精神，中共中央和国务院办公厅颁发了《关于深化新时代学校思想政治理论课改革创新的若干意见》，对新时代各级学校如何增强思想政治理论课的针对性和实效性，如何在人才培养中将习近平总书记关于立德树人的根本任务融入学校的思想政治理

---

① 参见王倩《高校辅导员与思政课教师协同育人机制研究——以哈尔滨工程大学为例》，哈尔滨工程大学硕士学位论文，2020年，第36页。

② 习近平：《用新时代中国特色社会主义思想铸魂育人 贯彻党的教育方针落实立德树人根本任务》，载《人民日报》2019年3月19日，第2版。

论课等方面做出了专门部署。《关于深化新时代学校思想政治理论课改革创新的若干意见》强调指出，要求高等学校全面继续加强思想政治理论课教材体系和课程体系建设，继续规定"思想道德修养与法律基础"课程作为高校本专科学生的必修课。另外，《关于深化新时代学校思想政治理论课改革创新的若干意见》在加强对思想政治理论课的领导、增强"思想道德修养与法律基础"课的思想性以及加强教师队伍建设等方面也提出了具体的要求。

2021年7月，为了更及时、更充分地反映党的理论创新和实践发展成果，进一步推动习近平新时代中国特色社会主义思想进教材、进课堂、进头脑，贯彻落实党的十九大和十九届二中、三中、四中、五中全会精神，中共中央宣传部、教育部组织课题组在广泛调研的基础上对"思想道德修养与法律基础"的教材进行了修订，同时把教材更名为《思想道德与法治》，继续规定"思想道德与法治"课作为高校本专科学生的必修课，同时在增强"思想道德与法治"课的思想性、实践性以及加强教师队伍建设等方面也提出了具体的要求。

第三节 高校"思想道德与法治"课程内容和教学方法建设发展历程

一、改革开放后高等学校"思想道德与法治"课程内容和教学方法建设发展情况

1949年中华人民共和国成立之后，我国高等学校没有专门设置有关大学生思想品德教育的课程，但思想品德教育的内容零星地存在于其他的思想政治理论课程中。随着我国改革开放政策的实行，高等学校的大学生开始对社会问题、人生话题等方面的问题产生疑惑。为了给大学生答疑解惑，从1980年起，部分高等学校开始在校园内通过各种途径开设有关人生观、价值观、世界观方面的教育专题讲座，另外，有些高校也开始尝试在课程安排中设置共产主义思想品德课。1982年10月，教

育部印发了《关于在高等学校逐步开设共产主义思想品德课程的通知》，指出"有必要把共产主义思想品德课作为一门必修课，纳入教学计划"。从此，中国高等学校的课程体系中开始有"共产主义思想品德"课。课程的内容主要是对大学生进行共产主义道德品质教育和革命人生观教育，这些教学内容很大程度上是为了适应"特殊时期"的"特殊需要"，主要是指，针对"文化大革命"所造成的大学生思想品德教育"断层"而进行的宣传教育，比如对一些大学生进行爱护公物、文明礼貌、遵纪守法等方面的教育。之后，公德教育逐渐被较高层次的共产主义理想、人生观和道德观教育所替代，但课程内容不够系统。在教学方法上，学校利用每周一次的政治学习时间，把共产主义道德理论教育和日常思想政治教育工作结合起来对大学生进行教育，收到了较好的教学效果。

二、"85方案"高校"思想道德与法治"课程内容和教学方法建设发展情况

高等学校思想政治理论课"85方案"中规定思想政治理论课程为五门课。其中，"法律基础"和"形势与政策"为大学生必修课，而"人生哲理""职业道德""大学生思想修养"三门课程，各个高校可以自主安排。从课程内容来看，"形势与政策"课主要是帮助高等学校大学生学习了解党的路线、方针、政策；了解国内外重大时事新闻，全面掌握"一个中心、两个基本点"；激发爱国情怀，增强民族自豪感，维护安定团结的局面，努力为建设有中国特色社会主义而奋发图强。"法律基础"课要求掌握宪法和有关专门法的立法目的和基本精神，使高等学校大学生懂得马克思法学的基本观点，增强法制意识、法制观念以及社会责任感，正确行使法律赋予公民的基本权利和基本义务，做到学法懂法守法。"大学生思想修养"课主要教育引导高等学校大学生认清国内外形势，明确历史责任，清楚人才培养目标，重视道德修养，培养优良学风，正确认识处理个人与集体的关系，更好地适应大学生活，为大学期间健康成长成才奠定坚实的思想基础。"人生哲理"课的教学目的是引导帮助大学生学会正确运用马克思主义的理论、观点和方法，把握好人生前进的方向，正确认识和

处理个体、他人与社会的关系，努力树立全心全意为人民服务的思想，培养积极进取的奋斗精神，以便能够正确辨别和抵制各种错误人生观的消极影响。"职业道德"课的教学目标是培养高校大学生树立正确的职业观，明确本专业职业道德的具体内容和要求，主动了解和遵守职场中职业道德的基本原则和主要规范。从教学方法手段看，"85方案"的"思想道德与法治"课的教学注重课堂的教育效果和教育质量，主要采取分班教学的形式开展教学工作，开始探索试行"精彩一课"和"实践教学"的教学方法，同时开展"电化教学"以及使用"电视教学片"，并开始了"多媒体教学""网络教学"等教学手段的探索。教学环节丰富，课堂活跃，收到了良好的教学效果。[①]

三、"98方案"高等学校"思想道德与法治"课程内容和教学方法建设发展情况

高等学校思想政治理论课"98方案"中规定，思想品德课分为三个部分，分别是"思想道德修养"课程（由"85方案"中的"人生哲理"和"大学生思想修养"两门课合为一门课）、"法律基础"课程和"形势与政策"课程。思想品德课的内容主要关注大学生在成长的过程中所面临的困惑以及如何树立正确的世界观、人生观和价值观。从课程内容的设置来看，高校思想政治理论课"98方案"规定，思想品德课程设置应帮助大学生树立中国特色社会主义共同理想，坚持党的基本理论、基本路线和基本纲领不动摇，着眼于教育和引导高校大学生掌握马克思主义的基本观点和方法，解决社会生活中的各种实际问题，帮助大学生树立正确的世界观、人生观和价值观，为大学生的成长、成才奠定扎实的思想理论基础。"98方案"中的高校思想品德课程在实施过程中更加凸显马克思主义中国化的最新理论成果。教育部在2001年颁布的《关于普通高等学校"两课"教育教学中贯彻江泽民同志"七一"重要讲话精神的通知》，还有在2002年下发的《关于印发〈"两课"贯彻十六大精神教学指导〉的通知》以及

[①] 参见李光莉《"基础"课教育教学管理的变革及其启示》，载《思想理论教育导刊》2010年第6期，第70—74页。

2003年印发的《关于进一步深化"三个代表"重要思想"三进"工作的通知》等文件，都要求高等学校思想品德课程的教师在课堂教学过程中贯彻落实这些文件精神。从教学手段来看，教育部明确要求广大思想品德课程的教师要重视发挥多媒体技术在教学过程中的辅助应用，努力争取在教学方法和教学手段上有新突破，还为提高思想品德课教师的教学技能举办了"多媒体课件大赛"等。通过这些技能竞赛，思想政治理论课教师的教学技能获得了极大提升。在"98方案"实施过程中，思想品德课程的教学方法和教学手段日益多样化、信息化和现代化。

四、"05方案"高等学校"思想道德与法治"课程内容和教学方法建设发展情况

"05方案"是当前高等学校"思想道德与法治"课程教育教学的政策指引。2004年，中共中央印发了《关于进一步繁荣发展哲学社会科学的意见》，在新的形势下对我国哲学社会科学发展工作做出了新的部署。2004年8月，中共中央、国务院发布了《关于进一步加强和改进大学生思想政治教育的意见》。2005年2月、3月，中共中央宣传部和教育部两个部门先后下发了《中共中央宣传部　教育部关于进一步加强和改进高等学校思想政治理论课的意见》和《中共中央宣传部　教育部关于进一步加强和改进高等学校思想政治理论课的意见（实施方案）》，将"法律基础"课程和"思想道德修养"课程整合为"思想道德修养与法律基础"课程，并要求各个高等学校从2006级大一新生开始实行。从教材各章节的内容安排来看，"思想道德修养与法律基础"课的教学大纲和教材编写纳入了马克思主义理论研究和建设工程，2006年4月，教育部下发通知，要求从2006级大一新生入学开始，全部使用由中共中央宣传部和教育部组织编写、高等教育出版社出版的全国统一教材——《思想道德修养与法律基础》。自此以后，高等学校的"思想品德教育"课就有了全国统一教材。从教学方式方法来看，教学方法更加先进，教学内容更加丰富，教师对教学活动更加热情。例如，教育部继续举办了"多媒体课件大赛"，还有从2008年就开始举办的"精彩一课""精彩案例""精彩教案"等方面的比赛活动。这些活动激发了广大教师的教

第一章 高校"思想道德与法治"课程建设发展概况

学热情,提高了教育教学的质量,使高等学校思想品德课的教学工作更有针对性和时效性。①

2021年7月,中共中央宣传部、教育部组织课题组在广泛调研的基础上对"思想道德修养与法律基础"课的教材进行了修订,同时把教材更名为《思想道德与法治》,修订后的新教材以习近平新时代中国特色社会主义思想为指导,将党的十九大精神以及党的十九大以来中国特色社会主义建设的创新实践、创新理论融入教学体系之中,引导青年大学生在政治认同、家国情怀、道德修养、法治意识、文化素养等方面全方位提升自我,增强"四个意识",坚定"四个自信",做到"两个维护",认清自我,努力拼搏,做德智体美劳全面发展的社会主义建设者和接班人。从教学方式方法来看,教学方法多种多样,如案例教学法、即时讨论法、体验教学法和线上教学法等,教师与时俱进,掌握多种教学方法,开展了丰富多彩的教学比赛、教案设计比赛等。通过这些活动,广大思想品德课教师更加积极主动地投身于教学工作和教改研究工作中,使课堂的教育教学质量得到了不断提升。

---

① 参见李光莉《"基础"课教育教学管理的变革及其启示》,载《思想理论教育导刊》2010年第6期,第70—74页。

第二章 "思想道德与法治"课体验式教学的理论探索

2019年3月18日,习近平总书记出席学校思想政治理论课教师座谈会,并在会上强调,思想政治理论课教师要"创新课堂教学方式,能够给学生提供深刻的学习体验,最终能够引导学生树立正确的理想信念、学会正确的思维方法"[①]。自从各级高等学校实施落实高校思想政治理论课"05方案"以来,取得了良好的教学效果,思想政治理论课的教学改革取得了预期目标。但是,在肯定成绩的同时,也不回避问题,高校思想政治理论课教学方法的单一性、课堂教学的"灌输"模式并没有得到彻底改变,因此,高等学校思想政治理论课教学如何创新一种既能够坚持价值引导,又能做到生动活泼,使大学生真心喜爱的教学方法,这是高等学校思想政治理论课在教学改革中需要努力解决的现实问题。

第一节 体验式教学的内涵特征及其理论依据

当前,作为一种创新的教育方法和手段,体验式教学法在我们国内高等学校得到广大教师的认可和广泛的运用。"思想道德与法治"课中的体验式教学法作为一种创新的教学方法,是基于建构主义教学思想和体验式学习理论而出现的,通过老师设置情景,学生亲身体验,师生共同参与情景教学,共同讨论交流等教学环节,让大学生在课堂中参与教学,体验教

---

① 习近平:《用新时代中国特色社会主义思想铸魂育人 贯彻党的教育方针落实立德树人根本任务》,载《人民日报》2019年3月19日,第2版。

第二章 "思想道德与法治"课体验式教学的理论探索

学,陶冶情操,感悟人生,从而树立正确的人生观、价值观。在"思想道德与法治"课中运用体验式教学法,可增加大学生对生活的体验,对提高思想政治理论课的针对性和时效性、提高教育教学质量、实现教学目的具有积极的意义。

一、体验式教学的内涵

体验是一种特殊的活动,是人的生命感受,是一个人在体验活动的过程中产生的心理、生理、情感、感知等方面的综合性身心活动过程。一方面,对于体验者来说,体验是过程和结果两方面的统一,体验者在体验的过程中,需要经历从实践、观察、思考、总结到提高的过程;另一方面,体验者在体验中通过理论联系实际,对事物的认识从感性认识到理性认识,形成了自己对事物的独特认知,使自身的认知得以深化,并产生了真正认识事物的结果。

体验式教学法是指一种教师设计合理的情景,以学生为主体,以体验为方式,师生有目的、有计划地共同开展教学活动,学生通过理论联系现实,通过亲身体验来获得课本以外的知识,从而提高自身解决现实问题的能力,达到教学教育目的的教学方法。体验式教学法通过教、学、做三个方面的教学内容,使大学生主动参与教学、主动学习、主动思考、主动获取知识,最终帮助大学生将书本中的相关知识内化为个人的知识和素质,从而培养和提高大学生的观察、解决现实问题的能力,努力实现大学生个性发展和全面发展的双重目标。

体验式教学与传统的教学最根本的区别是,体验式教学并不是单纯以学生为主体或以教师为中心,而是要求师生共同参与教学活动,共同完成教学任务。在完成整个教学活动的过程中,学生在教师有目的的指导下,进行主动学习,而不是被动接受知识。体验式教学通过新颖、立体、动态的学习方式代替过去传统的单调、静态、说教的学习方式,从而使课堂的学习效果更具深刻性、生动性。体验式教学通过结合多样化的活动形式,利用多种社会性资源,将教材诸多的学习内容和具体要求进行有机整合,使教学效果更具有广泛性和凝聚力,使课堂教学更具针对性和有效性,更好地实现了教学的预期目标。

二、体验式教学法的理论依据

教学方式的改革创新是常说常新的话题，其中，体验式教学法是国内外高校教师普遍认可和应用的教学方法，也是对国内外相关教学理论应用的结果。联邦德国的沙勒与舍费尔在交往教学理论中提出的在课程教学中实施交往教学的思想，美国教育家布鲁纳在认知发现理论中提出的培养探究性思维的方法，大卫·科尔布提出的体验式学习理论，等等，这些教学理论的提出都为高校实行体验式教学提供了理论依据。

交往教学理论是20世纪70年代初联邦德国的沙勒与舍费尔提出来的。沙勒和舍费尔认为，学校课堂教学过程是人与人之间的一种交往过程。所谓交往（communication），就是指共在的主体之间的相互作用、相互交流、相互沟通、相互理解，是人类存在的基本方式。在学校教学的过程中，学生作为教学的主体应得到教师的充分尊重，教师在思想和心灵上与学生进行积极的沟通。交往教学的目的是"解放"，即学生学习的最高目标是"解放"。"解放"是交往教学的教学目标和手段。交往教学强调教学的启蒙和探索作用，重视学生的自我实现，目的是实现学生个性的发展。教学不是灌输知识给学生，教师不是高高在上的"命令者"，而是与学生进行自由交流和平等对话的引导者。学校的师生关系在教学过程中，不是消极防范或紧张对峙的关系，而是相互信任和尊重的关系。交往教学理论认为，学校的教学活动就是教师与学生、学生与学生的互动、合作与交流的过程。在这个交往的过程中，课堂形成了和谐、轻松、平等的氛围，教师与学生是尊重、平等、信任的师生关系。高等学校思想政治理论课教师通过在课堂实行交往教学方法，能不断提高教育质量；学生则可以提升学习的自觉性，有更多的机会积极参与课堂活动，并学到更多的知识。交往教学理论强调，在教学过程中，教师和学生都要投入相应的情感，渗透情感教育和人文关怀的师生关系更有利于实现教学目的，提高教学效果。[①]

美国著名的心理学家、教育家布鲁纳的认知发现理论把研究的重点放

[①] 参见周杨阳《新媒体环境下高校思想政治理论课互动式教学研究》，浙江工商大学硕士学位论文，2020年，第22页。

第二章 "思想道德与法治"课体验式教学的理论探索

在学生在学习过程中获得知识的内部认知过程和教师在课堂教学过程中如何促进学生在课堂学习过程中"发现知识"的问题。布鲁纳认为,在学习知识的过程中,知识的获得包括对新知识的获取、对旧知识的吸收以及检验获得的知识是否正确,这三方面基本是同时发生的。对新知识的获取是一种积极主动的认知过程,这个认知过程需要发挥人的主观能动性,并且需要以已经获取的经验和已经掌握的旧知识为基础。新知识的获取过程是一个人认知活动的类型化、概念化的过程。一个人对世界的认识和联系的方式直接影响获取新知识的方式。怎样按照教学目标和教学内容设计相应的教学方案,不断激发学生的学习主动性,让学生积极主动参与到教学活动中,从而实现预期的教学目标,是高等学校思想政治理论课教师的首要任务。

20世纪80年代,大卫·科尔布提出了体验式学习理论,这个理论一经提出便引起教育界的高度关注。学习是指通过听别人讲课,或自己阅读相关书籍,或在社会实践中获得相关知识和技能的过程。这一过程的顺利完成,需要学习者通过亲身参与体验才能做到。体验是指教师通过设置一定的场景,以学生为中心,以课堂为舞台,以媒质为道具,通过创造出值得学生不断感受、回味的情境,给学生留下终生难忘的印象的语言活动。大卫·科尔布认为,体验式学习是一种以学习者为主体,教师辅助引导学生自主学习的学习方式。采用这种学习方式教学,学习者需要亲自实践和反思总结才能获得最终的技能和知识,学习知识的过程是学习者通过亲身参与实践活动从而创造出新知识、新经验的过程,而不是被动地接受知识的传递的过程。大卫·科尔布用科学的数学模型来推演体验式学习的过程,该模型包括四个步骤:①实际体验和经历;②观察和反思;③抽象概念和归纳的形成;④在新环境中测试新概念的含义。

三、体验式教学法的特征

体验式教学是在有计划、有组织的教学指导下,教师通过突出学生的主体地位和实践体验的重要性,最大限度地发挥学生在活动中的主观能动性,把学生获得知识的过程置于一定的现实场景中,促进并保持学生的学习主动性和积极性,从而使学生获取知识,实现由感性认识到理性认识的飞跃的过程。这个过程主要有以下四个方面的特征。

1. 主体性

体验式教学法的主体性是指在体验式教学活动中，作为体验式教学活动的主体的大学生要主动地参与教学体验活动；教师则设定活动情境，有组织、有计划地引导学生进入体验的角色，把学生在活动中的积极性、主体性调动起来，使他们处于积极思考、主动实践的状态，使他们主动探索、主动学习，主动表达自己的观点，独立地思考、观察、归纳、评价教学体验活动，自主发现结果，进而不断建构属于自己的知识体系。[①]

2. 统一性

体验式教学法的统一性体现在学生通过模拟真实场景、动手实践操作、直观感知结果等方式，在思维活动的基础上获取感性材料，使学习成为"体验、认识、再体验、再认识"的循环渐进的过程。在真实情境的教学活动中，大学生可以把在生活中早已接受的概念应用到体验活动中，用"做一做""比一比"等体验方法，将课本抽象的知识变成解决生活中的具体问题的方法。大学生正是在这种"体验、认识、再体验、再认识"的创造性活动中，促成自己的认知、行为和实践三者相统一。

3. 民主性

体验式教学法的民主性体现在体验式教学活动中，教师通过创设真实情境，使学生参与其中，在教师与学生的沟通、互动、合作过程中，更强调双方的真实情感体验。体验式教学过程既是教师与学生情感交流的过程，同时也是教师与学生信息交流的过程。教师需要引导学生，欣赏学生，尊重学生的人格，倾听学生的意见，包容不同学生的缺点，接纳不同学生的感受，让学生在活动中感受温暖，体验生活的真实，从而对生活产生积极的情绪，并能奋发进取，克服困难，愉快地学习。

4. 实践性

体验式教学法的实践性体现在体验式教学是以社会实践活动为载体的真实情境体验，大学生在教师科学的指引下通过一系列有计划、有组织的实践活动，积极主动地进行实践操作和观察思考，最终形成对社会生活的

[①] 参见饶晖《多元智能理论在思想品德课教学中的应用研究》，华南师范大学硕士学位论文，2009年，第27页。

方方面面的真实的体验和感受。体验式教学法要求大学生在"学中做"和"做中学",并且要做到会观察、会操作、会表达、会创造等。例如,利用寒暑假或节假日组织大学生"三下乡"社会实践活动和在校园内开展志愿者活动,让大学生在真实场景的活动中拓宽视野、体察民情、磨炼意志。这种实践活动既可以培养大学生的自我管理的能力,又可以培养其社会责任感,这比起"一心只读圣贤书"的课堂理论学习的教育效果要好得多。

第二节 体验式教学的必要性和可行性

"思想道德与法治"课作为大学思想政治理论课程的第一门课,其目标在于传授学生知识,培养学生的能力,提高学生的修养。从学生成长的角度出发,"思想道德与法治"课是为了引导学生树立正确的世界观、人生观、价值观、法治观。从社会发展的角度看,"思想道德与法治"课是要通过提高大学生的素质,为社会培养合格的公民和人格健全的栋梁之材。要达到课程的目标,教师就不能单纯地着眼于认识活动和智力发展,更要切实走进学生的内心世界,从根本上推动学生思想认知的提高,达到知行合一。要达到有效的教学效果,不仅需要学生在课堂上学会思考,还需要学生对课程有情感,对知识做出正确的判断。如果学生对知识的认知单纯地停留在语言符号、概念上面,缺乏学习热情,就不能有效展开学习活动,更难以养成良好的素质。外在的知识只有内化到人的思想中,才能成为人自身的综合能力,没有情感渗透的认知活动很难进入人的深层心理结构,个人很难将这些课堂理论知识转化到实践中。因此,在教学中,无论是丰富的客观知识,还是大量的情感教育,都需要依赖个人体验的内化,这就说明了在该课程中实施体验式教学的必要性和可行性。

一、在"思想道德与法治"课中实行体验式教学的必要性

作为一门知识与情感并重的课程,"思想道德与法治"课实行体验式

教学既能有效地提高课程的实效性，也能更好地促进大学生的思想道德素质和法律素养的培养。

1. 有利于提高课程的实效性

如果缺乏体验，"思想道德与法治"课的实效性就会受到怀疑。道德的异化实质上是道德规范和道德体验的分离，而法治思维的缺失则是法律观念和日常生活的割裂。实践证明，即使我们花费再多的人力、物力和财力在缺乏体验的"思想道德与法治"课上，它也不会成为使学生的道德和法治观念得到成长和培养的"沃土"。如果教师长期对学生灌输缺乏体验的知识，教育的效果有可能与教育目的背道而驰。例如，教师要求学生在教室里听其反复讲述某些道德规则或者法律规定，用"点名"和"考试"的办法来让学生记忆知识点，并让学生实践这些道德规则和法律规定，此时，学生的情感体验是不丰富的，也是不充分的，长此以往，学生便产生了对课程的逆反心理。故而在教学过程中，教师和学生都要进行丰富的情感活动，要把教学看作一种情感体验的过程。在这个过程中，思想政治理论课教师应该富有情感、富有生命力地去教育学生，并引导学生热爱学习，热爱生活。只有在"教—学"过程中师生共同体验，才能让"思想道德与法治"课不再是说教，从而真正达到教育的目的。

2. 有利于大学生提高思想道德素质与法律素质

在"思想道德与法治"课的体验式教学中，教师与学生是平等的，通过情境的创设、教师的引导、师生的互动等方式，共同分享彼此已有的道德经验，共同体验新经验和新情感的形成，这是对教学内容的升华，也是学生形成自己自主选择的世界观、人生观、价值观的过程。这样就化解了学生对传统的道德说教的排斥和逆反心理。学生可以自主观察世界，用自己的心灵去感悟世界，形成真正属于自己的道德品质，如此才能实现主体性道德人格的发展。

大学生的社会经历尚不丰富，培养和提升其法治观念的工作也尤为重要。作为大学生法治观教育的主渠道，在"思想道德与法治"课体验式教学的实施过程中，在组织教学活动时，可以通过具体的法律案例，让学生运用所学习的基本理论知识进行分析总结，或者要求学生结合自身实际生活经历阐述对法治的理解，此过程不能停留在简单的理论灌输上，更要重视价值引领，提升课程对学生的吸引力，提高学生的重视程度，从而全面提升学生的法治素养。

大学生面临着机遇与挑战并存的新时代，因此，只有全面发展才能在激烈的竞争中立于不败之地。大学生的全面发展，不单单指大学生的专业技能的提升，还包括具备健康的体魄、完善的人格、崇高的品质、良好的发展观念。因此，对青年一代的培养，必须在注重提高其科学文化素质的同时，也要高度重视提升其道德品质及法治素养。

二、在"思想道德与法治"课中实行体验式教学的可行性

"思想道德与法治"课程内容的设置以及大学生的身心发展特点和认知规律也说明了实施体验式教学具备可行性。

1. 课程的设置为体验式教学的实施提供了可行性

首先，从课程内容上来看，"思想道德与法治"课是一门知识与情感并存、个人修养与社会认知并重的课程，包括对自我、社会、职业、家庭的认知和理解，以及基本的宪法、民法、刑法等法律知识。而知识的学习和价值观的培养都离不开学生切身的体验。教师在课堂中和课外运用适当的方式对学生加以引导，都能够使学生达到知识、能力、情感态度与价值观三方面的共同成长。

其次，从上课时间来看，学校大约每个星期安排两节"思想道德与法治"课，这给体验式教学的实施提供了比较充分的时间。体验式教学具有个体性的特点，即由于每个人的经历和情感是独一无二的，所以个体的体验都是独一无二的。在实施过程中，为了达到更好的效果，应该留出足量的时间让更多的学生参与体验式教学，感受体验式教学的快乐，从体验式教学中获得成长。另外，体验式教学不仅包括课堂中的体验，还包括课外实践中的体验，如参观爱国教育基地、参加公益活动、进行社会调查等，这更需要充足的时间。大学生相对中学生而言，课余时间更加充裕。除了利用课堂时间之外，教师也可以利用周末等课余时间组织学生走出校门，让学生在课外体验中获得真实的情感和认识。这为体验式教学的实施效果提供了有力保障。

2. 体验式教学符合大学生的身心发展特点和认知规律

首先，体验式教学符合大学生的身心发展特点。大学时期是从青少年向成人转换的重要阶段，随着知识的增加和生活阅历的丰富，大学生的观察、记忆、想象等思维能力逐步得到提高，思想不断走向深刻、走向成熟、走向丰富。随着体验能力和反思能力的不断提高，学生产生了自己主动体验的强烈要求，心里更加信服这种融合了情感且尊重主体性的教育，他们不再是一味听命于老师、家长的孩子，而是能根据自身的体验，在一定的环境下自主选择属于自己的价值观的个体。这为实施体验式教学模式提供了可行的条件。

其次，体验式教学符合大学生的认知规律。随着年龄的增长和阅历的增加，大学生的认知水平不断得到提高，加之大学校园生活的自主性增强，与中小学阶段相比，学生在心理上逐渐摆脱了盲目性和被动性，不再一味遵循老师、家长的"指示"，而是根据自己的经验，多方面分析利弊来进行价值定位，更具有独立性和自觉性。因此，大学生通过自己的认知得到最终的结论和观念的体验式教学，更符合大学生内心的需求和自我发展的驱动力，这是填鸭式教育或说理式教育所无法达到的效果。

因此，"思想道德与法治"课教师应该立足于提高大学生的道德认识、道德情感、道德信念、法律素养，在课程上创设问题情境，积极引导大学生进行思考和交流，让大学生运用自己习得的道德思维、法治思维来求得对新事物、新知识的认识，从而增加辨别是非、对错、善恶的能力。在课堂上、社会实践中、隐性教育中实施体验式教学，符合大学生的身心发展规律和道德认知发展规律。

第三节 体验式教学的方法探索

体验式教学渗入"思想道德与法治"课堂，离不开具体的方法，即实现体验式教学目标的具体方式和手段。根据课堂体验式教学应用的不同载体，可以把实施体验式教学的方法大致分为课堂体验的主要方法和课外体验的主要方法。综合使用这些体验式教学法教学，可以起到互相补充、交

第二章 "思想道德与法治"课体验式教学的理论探索

汇融合的效果,共同推进"思想道德与法治"课堂的不断发展。

一、课堂体验的主要方法

1. 情境教学法

所谓情境教学法,是指思想政治理论课教师按照预定的教育内容和目标,结合大学生的实际情况,科学、有效地创设一种能够使大学生达到"身临其境"或"心临其境"感觉的情境,使大学生在一定的情境中体验情感,进而以自我内省来达到自我教育和完善个性的过程。

情境教学法分两步进行。

首先,设计情境。体验的对象不是脱离现实生活而存在的,而是处在一定的关系与情境之中,我们不能把体验的对象从周围世界中分离出来。课堂体验的对象和形式是多样的,但成功的体验一定是贴近生活的。主体的体验离不开外界因素的诱发,体验式教学最重要的诱发因素在于教师创建一定的课堂情境。情境是指教学内容得以存在、运动和运用的背景环境。设计情境是教师根据已经确定的教学目标,对学生已有的经验、学生在社会生活中可接触到的素材以及教材等课程资源进行选择、开发,并与学生可能的活动相结合,进行重新组合,安排其呈现方式和呈现途径,以使教学过程能顺利进行的过程。在教学中,真正能震撼学生心灵的体验,都是在生活化情境中产生的,而不是靠课堂给出的空洞的、脱离生活的说教。事实上,适当的情境能够激发学生的正向情绪体验、学习兴趣、探究欲望,其学习效果就好;反之,学生在厌倦等负向情绪体验中,其学习效果就差。因此在教学中,情境的设计十分重要,任何学习的愿望总是在一定的情境中发生的,设计情境的目的就在于激发学生的正向情绪体验,促进学生学习的有效性。

设计情境的方式有很多种,例如:从日常生活中截取情境进行讲解,如进行案例分析等;利用多媒体营造情境,如播放影视片段等;引导学生进行角色扮演,体验情境。

值得提出的是,体验式教学是一种教学理念,而不是课堂教学的唯一方式,所以,教师要注意适时地运用情境体验法,不能将情境创设滥用,将体验滥用。体验式教学要坚持师生互动合作的原则。在情境创设中,教师只是扮演组织者、引导者等角色，应该坚持促进学生自主体验情境，争取和学生共同体验情境中的悲和喜，分享体验感受，努力营造民主、平等、交流的体验氛围。总之，教师应该从学生的实际、教材的内容、教师的个人素质与风格、教学条件出发，灵活地、充满艺术性地创设情境，从而引导学生有所感悟，从中获取新的认知。

其次，融入情境。融入情境是指在所创设的情境中，学生全身心地投入，以自己的方式来思考、分析、研讨情境中出现的问题。由于不同学生存在个人经历和认识水平的差异性，所以在情境中，他们的体验方式和体验程度也有差异。大学生融入情境中的体验可以分为两种情况：在情境中直接体验和通过情境间接体验。无论是哪种体验，都离不开教师在情境中引导。教师在引导学生真正融入教学情境的过程中，应该注意教学情境的创设要接近大部分大学生的学习经验和生活经验，比如注意不同专业学生的情况、不同年级学生的情况等，尽量让更多的学生获得直接体验，使学生易于融入其中。

2. 互动体验法

大学生个体的体验存在差异，存在主观性和狭隘性，所以每个人的认知与发现都有其独特性，也存在一定的局限性。因此，在课堂上开展师生之间、学生之间的互动交流，是每个人所习得的道德知识和学习经验之间的交流，也能让每个人感受到他人的思维方法和思维过程，以避免自己认知方式上的单一性；与此同时，个人向他人表达自己的见解，有助于反思和完善自己的认知方式，加深对知识的理解。因此，思想政治理论课离不开人与人之间的互动交流，互动体验法是体验式教学在本门课程中发挥作用的重要方法。体验式教学课堂上的互动交流是无处不在的。学生在体验过程中应该把产生的疑问、获得的体会都说出来，在与师生共同分享和交流中，疑问得到解决，知识得以深化，避免了思维局限。

互动体验法可以分为两种具体的操作方式：①分组合作；②课堂讨论。

基于当前高校思想政治理论课大多采用大班教学的实际情况，教师大多只能完成教学任务，不能因材施教，师生之间、生生之间交流接触的机会非常少，学生成了教学活动的旁观者，其主动性和创造性受到了很大的限制。因此，教师可以以学生的共同兴趣为导向，指导学生进行分组。在

第二章 "思想道德与法治"课体验式教学的理论探索

课堂学习中,小组成员相互交流思想、相互学习,各小组可以相互竞争、共同进步。这种组内合作、组间竞争的学习形式培养了学生的合作意识和团队精神,也养成了学生之间既互相学习又公平竞争的意识。在交流合作学习中,教师对学生的活动的指导以及学生之间的交流有机地融为一体,有助于提高学生学习的积极性;师生之间、学生之间的互相帮助、互相监督,使学生在交往中建立和谐的人际关系,培养了学生的合作意识和多渠道获取知识的能力。因此,交流合作能促进学生之间就各自的发现、体验进行交流,学生也可以再一次梳理自己的感受,丰富和完善个人体验;同时,交流合作也有利于学生相互借鉴和启发,从而更全面、深入地进行体验。

课堂讨论法是思想政治理论课程课堂教学中常用的教学方法,是一种有利于促进师生之间的情感沟通、信息交流的活动形式,其目的在于把课堂还给学生,培养学生的参与意识、平等意识、民主意识,让学生在教师创设的情境中积极思考、敢于开口,并获得自身体验。

二、课外体验的主要方法

1. 实践体验法

"思想道德与法治"课体验式教学的实施方法需要参与者走出课堂进行体验,即实践体验法。实践体验法是通过一系列有目的、有计划、有组织的社会实践活动,让参与者在实践中积极主动地进行操作,获得对社会中各事物的真实感受和体验,并与自身先前已有的道德认识形成交互,从而让体验者自主践行道德行为规范,把认知和情感表现为具体的行为的方法。这一过程是从实践到体验,再从体验到实践的过程,也是由行到知,再由知到行,最终实现知行合一的过程。"思想道德与法治"课的课外实践体验形式多种多样,如社会实践活动、志愿服务、社会调查等。在具体操作时,要注意两点:①实践目的明确;②注重团队协作。

2. 榜样示范法

在大学生成长的过程中,榜样的示范作用是不容小觑的,榜样能起到非常直观的、现实的价值引导作用。榜样示范法是我党思想政治教育的传统方法。就整个社会而言,人人都离不开榜样的力量,例如,评选出来的

"感动中国人物""大国工匠"为全社会树立了榜样。同样，大学生道德品质的培养更加离不开榜样的作用。

榜样示范法可以通过两种方式来实现。①榜样的现身说法，让大学生直接与榜样人物进行面对面的交流，榜样人物向大学生叙述自身的经历，传递他的思想，大学生会在这种情景中体验到榜样的力量。②教师通过课堂讲述和播放影像资料等方式介绍榜样人物，让大学生在第三者的描述中体会到榜样的力量。榜样示范法的关键是榜样的选择和确定。榜样的选择和确定应该分别从大学生和榜样人物两方面来考虑。从大学生的角度来说，选取的榜样人物要充分获得大学生的认同和理解，并引起大学生的情感共鸣。从榜样人物的角度来说，教师所选择的榜样人物其行为和精神支持应该具有典型性、真实性、时代性、可操作性，这样的榜样人物才能唤起大学生情感的共鸣，并促使大学生对其进行模仿或学习。

课程篇

本篇结合"思想道德与法治"课的教学内容,对体验式教学进行深入探讨,特别是模拟联想情境体验、社会调研式情境体验、参观考察式情境体验等。本篇以课程内容为专题,每个专题提供2~3个体验式教学案例。

第三章　领悟人生真谛，把握人生方向

第一节　人生目的与人生态度

一、教学说明

（一）教学目标

通过案例教学、课堂讨论、观看视频、读（观）后感、组内交流与组间展示等体验式教学方式，教师引导学生了解人生观的内容、人生目的与人生态度的内涵，体会高尚的人生目的与积极的人生态度的重要性、关联性，懂得应该摈弃错误的人生目的和消极的人生态度，辩证对待人生矛盾，树立正确、科学的人生观，成就小我与大我的统一。

（二）教学重点与难点

（1）把握人生观的内涵和人生观的结构。
（2）理解人生目的、人生态度的内涵。
（3）如何将追求高尚的人生目的、确立积极进取的人生态度内化为大学生的自觉行动，是教学难点所在。

（三）教学方法

教师采用讲授与课堂讨论相结合的方法、案例教学法、多媒体教学法进行教学。

二、教学内容

【导入】

20世纪80年代初,一篇署名"潘晓"的文章《人生的路啊,为什么越走越窄?》被刊登在《中国青年》杂志上,集中反映了经历"文化大革命"的那一代大学生对人生问题的困惑与彷徨。该文章在全国范围内引发了异常轰轰烈烈的人生观大讨论,被称为"整整一代中国青年的精神初恋"。2000年,题为《人生的路为什么越走越宽》的文章在《中国青年》杂志上发表,该文章回应了20年前"潘晓"们的困惑,并指出青年依然困惑,只是困惑已经走到了"潘晓"们的面前,即面对社会多样化的发展,面对社会的思想多元、利益多元、价值多元、评价多元、情感多元等,"潘晓"们不知道该如何选择,表现出在人生问题上的不知所措、惶惑不安、无所适从。2018年,在"潘晓讨论"38周年、改革开放迎来40周年之际,《中国青年报》和《中国青年》杂志共同发起了"强国一代,路如何越走越宽——人如何活得更加美好"大讨论。[1] 从这三次讨论中,我们可以看到,在不同时期、不同的社会环境、不同的人生境遇中,青年大学生对人生的困惑还在延续,虽然困惑的具体内容不同,但是都有一个共同的、根本性的指向,那就是困惑于"人为什么活着"。"人为什么活着"就是人生目的的问题,人生目的是对"人为什么活着"这一人生的根本问题的认识和回答。

【讲授】

人生观是指人们在实践中形成的关于人生目的、人生态度、人生价值等问题的总的观点和总的看法,它决定着人生道路的方向,也决定着人用什么样的方式对待生活及其行为选择的价值取向。其中,人生目的回答了"人为什么活着"的问题,人生态度回答了"人应当如何活着"的问题,

---

[1] 参见《〈中国青年报〉〈中国青年〉杂志联合发起"强国一代"大讨论:人如何活得更加美好》,团中央学校部网易号,2018年2月13日,见 https://www.163.com/dy/article/DAH19MSC0525CMT8.html。

人生价值回答了"什么样的人生才有价值"的问题。这三个方面相互联系、相辅相成,是一个有机的整体。

【提问】

教师让学生就"你毕业后为了什么而努力"这个问题进行回答,通过学生的回答引出对人生目的的探讨。

(一)追求高尚的人生目的

1. 人生目的是人生观的核心

人们的各种实践活动都有一定的目的性,"人为什么活着"是每一个社会成员都不能回避的问题。人生目的是指生活在一定历史条件下的人,对"人为什么活着"这一人生根本问题的认识和回答,是人在人生实践中关于自身行为的根本指向和人生追求。探讨人生目的的含义和形成,确立为人民服务的人生目的,对大学生树立正确的人生观具有深远意义。

【案例】

王淦昌:我愿以身许国

1961年,杰出的核物理学家王淦昌正面临人生的重大抉择:党中央希望回国的他放弃原有的研究方向,参加不熟悉却又是国家迫切需要的核武器研究。王淦昌毫不迟疑地说:"我愿以身许国。"在回国之前,王淦昌和他的研究小组发现了世界上第一个反西格玛负超子。这个发现让很多人觉得当时的王淦昌想要获得诺贝尔奖只是时间的问题。可是,从1961年到1978年,王淦昌彻底消失在人们的视野中,他投身于生活条件和工作条件都极其艰苦的戈壁荒漠,隐姓埋名,潜心于原子弹、氢弹的研制工作,成为我国核武器研制的主要奠基人之一,为我国的核武器事业做出了突出贡献。[1]

---

[1] 参见《"我愿以身许国"!为祖国核事业埋名17载 今天他诞辰115周年》,《浙江日报》百度百家号,2022年5月28日,见 https://baijiahao.baidu.com/s?id=1734073966142222163&wfr=spider&for=pc。

【联系实际】

作为当代大学生，我们的人生目的是什么？

人生目的是人生观的核心，有什么样的人生目的就会有什么样的人生态度，就会追求什么样的人生价值。具体来说，人生目的决定人持什么样的人生态度；人生目的决定人采取什么样的人生价值标准。

（1）人生目的决定人走什么样的人生道路。人生目的规定了人生活动的大方向，对人们所从事的具体活动起着定向的作用；人生目的也是人生行为的动力源泉，为实现人生目的，人们会注重培养能力、磨炼意志、完善自身。

鲁迅先生"弃医从文"，其人生目的的变化使其人生活动的大方向也完全不同，最终使其成为以正直的人格、深刻犀利的笔锋而著称于中外的伟大文学家、思想家，给我们留下了极其宝贵的精神财富。对于大学生来说，该树立什么样的人生目的，树立什么样的理想，是值得我们深思的。

（2）什么样的人生目的决定人持什么样的人生态度。不同的人生目的会使人采取不同的人生态度。许多事业有成者，均是在正确的人生目的支配下达成自己的人生目标的。

【案例】

孙川的故事

来自四川凉山彝族自治州冕宁县的考生孙川2020年高考以675分的成绩，正式被清华大学工科试验班类（机械、动力与航天专业）录取。

当孙川从快递员手中接过清华大学录取通知书的时候，心中万分激动。12年的寒窗苦读，终于结出了硕果，对于一个农村孩子来说，真的很不容易。收到通知的前几天，孙川还在工地上打工，为生活费和学费努力着。

孙川出生在冕宁县惠安镇的一个农村家庭，家庭经济情况一般。为了供孩子上大学，他的爸爸四处打零工挣钱，母亲是一名代课老师，工资收入不高。一家人都在用自己的双手努力工作，改善家里的经济条件。

穷人家的孩子早当家。孙川是家里的老大，非常懂事，家里的活他都帮着干。他从小就把清华大学当成自己的奋斗目标，学习非常刻苦自觉，从来都不用父母操心，而且学习成绩一直很优秀。初中的时候，他以优异的成绩考入了西昌一中的火箭班，相比于当地的冕宁中学，西昌一中的教育资源要好一些，但是考虑到去西昌一中读书花费比较大，为了减少家里的开支，给父母减轻负担，他最终还是去了当地的冕宁中学读书。①

案例中的主人公虽然经济上贫困，但是思想上不贫瘠，是有梦想的人，立志用知识改变命运。孙川知道生活的不易，更加珍惜美好的学习时光。我们每个人无法选择自己的出身，无法选择自己的家庭，但是我们可以选择自己以后的人生道路，用实际行动践行自强不息的精神，正确对待各种困难，掌握自己的命运。

（3）什么样的人生目的决定人采取什么样的人生价值标准。持不同的人生目的人会做出不同的人生选择，不同的人生选择决定人有不同的人生追求，不同的人生追求决定人有不同的人生价值。正确的人生目的会使人懂得人生的价值在于奉献，从而在工作中尽职尽责、任劳任怨，脚踏实地做好本职工作；错误的人生目的则会使人把人生价值理解为向社会或他人进行索取，从而导致在日常生活中以追逐个人私利为目的，忽视国家和集体利益，甚至做出损害集体、社会和国家利益的事情。总之，人生目的是人生的航标，它指引着人生的航向，决定着人生的根本方向。人生目的，决定了人为什么而活着，以及怎样去生活；也决定了一个人的人生是光彩耀人还是卑鄙肮脏。高尚、伟大的人生目的造就为人民、为社会、为国家自觉自愿奋斗奉献的一生。

2. 树立"服务人民，奉献社会"的人生目的

"为什么人服务"是人生观的根本问题。尽管在人类历史长河中有形形色色的人生观，但只有以为人民服务为人生目的的人生观才是科学高尚的人生观。一个人以为人民服务为人生目的，就能够对人生的意义有真切的理解，就能够把人民群众的利益放在心上，力求为人民做好事，为社会

---

① 参见《拿到清华通知书前还在工地打工的少年，加油！》，新华社新媒体百度百家号，2020年9月4日，见 https://baijiahao.baidu.com/s?id=1676870980490127370&wfr=spider&for=pc。

多做奉献。一个人的能力有大小，职业有不同，职位有高低，但只要有了为人民服务的人生目的，就能够时时、处处为人民着想，助人为乐，造福社会，成为受人民群众欢迎的人。服务人民、奉献社会是高尚的人生目的和追求，是当代大学生人生目的的最高追求和理想境界，也是新时代最先进、最崇高的精神，值得同学们终生尊奉和践行。大学生应当顺应时代潮流，在科学理论指导下，认清拜金主义、享乐主义和极端个人主义等错误思想和腐朽观念的实质及危害，在服务人民、奉献社会的人生实践中完善自我、创造人生。

【案例】

张桂梅40多年扎根山区，点亮贫困女孩梦想

张桂梅，女，满族，1957年6月生，中共党员，云南省丽江华坪女子高级中学党支部书记、校长，华坪县儿童福利院（华坪儿童之家）院长。

张桂梅坚守贫困地区教育一线40余年，全身心投入教育扶贫工作，在平凡的岗位上做出了不平凡的事业。为阻断贫困代际传递，她从2002年起四处奔走，克服重重困难，于2008年8月创办了全国第一所全免费女子高中，先后帮助约2000名贫困山区女孩考上大学、走出大山。该中学在她的带领下，连续11年高考综合上线率保持100%。她坚持以党建引领教育，发挥党员先锋模范作用和党支部战斗堡垒作用，坚持党员一律佩戴党徽上课，每周开展"重温一次入党誓词、合唱一支革命歌曲、观看一部红色电影、组织一次理论学习"活动。她拖着病体忘我工作，在1997年查出患有子宫肌瘤后仍然坚守讲台；并持续13年家访，行程11万余公里。从2001年起，她还兼任华坪县儿童福利院院长，当177名孤儿的"妈妈"。多年来，她将自己的工资、奖金和社会各界捐款100多万元全部投入热爱的教育事业。她曾荣获"全国三八红旗手标兵""全国优秀教师""全国教书育人楷模""时代楷模""全国脱贫攻坚楷模""全国道德模范""全国五一劳动奖章"等荣誉，是"七一勋章"获得者。[①]

[①] 参见《张桂梅感动中国2021先进事迹》，壹文秘网，2021年6月15日，见 http://www.yi-wenmi.cn/shiji/14828.html。

【案例】

留美女博士成毒枭

王某是国家破格选派到美国攻读博士的人员之一。学成之后,她不留恋国外优厚的条件义无反顾地返回祖国。回国后短短数年间,她的科研成果和学术论文引起了国内外学术界的关注,先后荣获了十多项国家级成果奖,并被原国家科学技术委员会授予"有突出贡献的专家"荣誉称号,成为优秀的化工专业人才。但后来她在金钱的诱惑下,误入歧途,为牟取暴利,生产非法药物,制毒贩毒获利数百万元,由一名对国家"有突出贡献的专家"沦落为丧尽天良的大毒枭。[①]

【讨论】

教师:这两个案例对同学们有什么启发?两种不同的人生观是如何导致两种不同的人生结局的?

(二)确立积极进取的人生态度

1. 人生态度的内涵与类型

人生的道路并非平坦笔直,有光明也有黑暗,有成功也有失败。人生中充满了矛盾。面对人生,每个人都会产生和保持带有个性色彩的人生态度。一个人的人生观必然通过一定的人生态度表现出来,并对人生实践及其结果产生直接影响,那么,什么是人生态度呢?

【名词解释】

态度是指人们或个体对某一对象所持有的评价和行为倾向。

人生态度是指人们通过生活实践所形成的对人生问题的一种稳定的心理倾向和基本看法。

---

① 参见《留美女博士成毒枭》,中国教育网,2001 年 11 月 29 日,见 https://www.edu.cn/zhong_guo_jiao_yu/zong_he/zong_he_news/200603/t20060323_20323.shtml。

人生态度是人生观的重要内容。一个人有什么样的人生观就会有什么样的人生态度，当一个人对人生观做出了某种明确的选择，实际上就在主要的方面决定了他将如何对待生活，决定了他在实践中将以怎样的方式处理各种人生问题。反过来，一个人对人生的态度如何，往往又直接影响他对整个世界和人生的看法，从而对其世界观、人生观也具有重要的影响。人生态度是人生观的表现和反映。

人生态度的划分多种多样，从社会效益角度可分为两大类型。第一类人生态度为消极无为、无益于社会及自身的人生态度，表现为不思进取，得过且过；讲求实惠，及时行乐；看破红尘，悲观厌世。第二类人生态度为乐观向上、积极进取的人生态度，表现为热爱生活，满怀信心；责任感强烈，意志坚韧；积极向上，勇于开拓。

【案例】

用音乐奏出光彩的人生篇章

在西安市盲哑学校，四位"00后"盲人学生组成了"重木头乐队"。乐队由主唱、键盘手、鼓手、贝斯手组成，主要进行民谣弹唱和摇滚乐队演奏等。由于视力障碍，他们在音乐上的付出要比常人多数倍，但对于这些身处"黑暗"中的乐手而言，能与音乐相伴，用音乐感知世界，便是他们最大的心愿。虽然视力受限，但他们的听力比常人灵敏，更可贵的是，他们始终保持着对生活的期待和热爱，以乐观的态度对待人生，不断发展自己的兴趣和爱好，丰富自己的学习和生活。

四位"00后"盲人学生没有因为自己先天性的缺陷而自暴自弃，确立了乐观向上、积极进取的人生态度，对生活充满了热爱，意志坚韧，积极乐观，勇于向上，不断开拓，用音乐奏出了美妙的人生乐章。[①]

2. 积极进取的人生态度

人生态度对人生活动具有重要影响，它有利于正确认识和处理各种各

[①] 参见《思想道德与法治（2021版）》编写组编《思想道德与法治（2021版）》，高等教育出版社2021年版，第29页。

样的人生矛盾和困难。没有积极进取的人生态度,再崇高的人生目的和追求也难以真正实现。每个人在人生实践中,都会遇到义与利、荣与辱、乐与苦、生与死、福与祸、善与恶、得与失、成与败的人生矛盾,如果以正确、积极的人生态度辩证地对待这些人生矛盾,就可以正确地把握人生,取得人生的成功。

大学生要走好人生之路,必须科学认识实际生活中的各种问题,勇敢面对和正确处理上述各种人生矛盾,保持认真务实、乐观向上、积极进取的人生态度,即"人生须认真,人生当务实,人生应乐观,人生要进取"。"认真"体现在大学生要严肃思考人的生命应有的意义,清醒地看待生活,积极认真地面对生活,做一个有担当、负责任的人;"务实"指大学生要求真务实,实事求是,脚踏实地,一步一个脚印,以务实的精神创造人生;"乐观"则是指大学生要乐观向上,热爱生活,对人生充满自信,遇事要想得开,会调整心态,做人要心胸豁达;"进取"指大学生要以开拓进取的态度迎接人生的各种挑战,不断丰富人生的意义,领悟美好人生的真谛,体验生活的快乐和幸福。

【案例】

让爱怜化作记忆,让痛苦化为诗歌

泰戈尔是印度近代著名的爱国诗人和作家,他的作品在印度文化的各方面都产生了广泛且深远的影响。在长达近70年的创作活动中,他总共写了50多部诗集、12部中长篇小说、100多篇短篇小说、20多个剧本以及大量的散文,他还创作了2500多首歌曲(其中一首被确定为现在的印度国歌),而且他70高龄学习作画,绘制了2000多幅画。他给印度和世界留下了异常丰富的文化遗产。泰戈尔中年遭遇到个人生活的不幸,丧偶、丧女、丧父的悲痛与伤感在诗集《回忆》《儿童》和《渡船》中有真实记录。但是,泰戈尔依旧微笑着面对生活,他写下了这样的诗歌:"让爱怜化作记忆,让痛苦化为诗歌。"[①]

[①] 参见彭未名《"思想道德修养与法律基础"课优秀案例》,广东高等教育出版社2007年版,第100页。

大学生精力充沛、求知欲强，希望干一番轰轰烈烈的事业，使人生更有意义，这是值得珍视的优点。然而，大学生特定的成长境遇对承受挫折能力的培养既有优势，也有不足。大学生正处于人生的重要阶段，竞争激烈，压力巨大，困难、矛盾重重，如果没有健康的心理素质，一旦遭遇挫折，就容易产生消极悲观的人生态度。因此，大学生需要在生活实践中不断调整心态、磨炼意志、优化性格，充分发挥自己的能动性，树立积极进取、开拓创新的人生态度。大学生能否以积极的态度去对待生活，不仅是个人的问题，还关系到国家的发展、民族的命运。

【案例】

活着就要做个对社会有益的人

张海迪，1955年在济南出生，5岁患脊髓病，胸以下全部瘫痪。从那时起，张海迪开始了她独特的人生。她无法上学，便在家自学完了中学课程。15岁时，张海迪跟随父母下放至山东聊城农村，给当地孩子当起了教书先生。后来，张海迪自学多门外语，还当过无线电修理工。

在残酷的命运挑战面前，张海迪没有沮丧和沉沦，她以顽强的毅力和恒心与疾病做斗争，经受了严峻的考验，对人生充满了信心。她虽然没有机会走进校门，却发愤学习，学完了小学、中学全部课程，自学了大学英语、日语、德语和世界语，并攻读了大学和硕士研究生的课程。1983年，张海迪开始从事文学创作，先后翻译了《海边诊所》等数十万字的英语小说，编著了《向天空敞开的窗口》《生命的追问》《轮椅上的梦》等书籍。其中，《轮椅上的梦》在日本和韩国出版，而《生命的追问》出版不到半年，已重印3次，获得了全国"五个一工程"图书奖。

张海迪怀着"活着就要做个对社会有益的人"的信念，以保尔为榜样，勇于把自己的光和热献给人民。她以自己的言行，回答了亿万青年非常关心的人生观、价值观问题。1983年5月4日，邓小平为张海迪亲笔题词："学习张海迪，做有理想、有道德、有文化、守纪律的共产主义新人！"[1]

---

[1] 参见彭未名《"思想道德修养与法律基础"课优秀案例》，广东高等教育出版社2007年版，第96页。

三、知识拓展

（一）钱穆：人生三步骤

钱穆先生将人生总体上划分为两个层次，即自然人生和文化人生。自然人生是指以求生为目的的人生，而文化人生是指除求生之外还有其他目的的人生。完整的人生既包括自然人生，也包括文化人生，具体分为三个步骤：第一个步骤是生活，即维持生命体的存在；第二个步骤是人的行为和事业，即修身、齐家、治国、平天下；第三个步骤是人生的归宿，即人生要归宿在德性上。我们做人，第一要讲生活，这是物质文明；第二要讲行为与事业，修身、齐家、治国、平天下，这是人文精神；第三要讲德性，这是最高的人生哲学。

（二）冯友兰：人生四境界

现代著名哲学家冯友兰把人生的境界分为四种：自然境界、功利境界、道德境界、天地境界。自然境界和后三种境界的不同之处在于缺乏觉性，是人和动物的共通之处，后三种是具有觉性的真正属于人的境界。功利境界就是追逐功名利禄的境界，一切以小我为目的，所作所为都是为了个人的功利。道德境界把"善"作为人生的旨趣，自觉地把"善"作为心灵愉悦和人生幸福的基本条件。道德境界的人不会损人利己，而是利己利人，甚至甘心让渡自己的某些利益给别人。天地境界由道德境界而至，处于这个阶段的人把自己的起心动念与众生和世界联系起来，对世界有一种责任感和使命感，把自己融入一切生命和世界，并且找到了控制的枢纽：改变世界是从改变自己开始的。

四、课后作业

在社会主义市场经济条件下，讲究的是"按劳分配，等价交换"，如何使大学生把"服务人民，奉献社会"确立为自己的人生目的和追求？

第二节　创造有意义的人生价值

一、教学说明

（一）教学目标

通过课堂讨论、案例分析、观看人物微电影等教学方式，使学生了解什么是"有价值的人生"，理解人生价值的标准、评价和实现条件，体会到只有将自己的人生与国家发展进步、人民的伟大实践结合起来，才能成就出彩人生，实现人生价值。

（二）教学重点与难点

（1）使大学生掌握价值、价值观、人生价值等基本概念的科学内涵。
（2）使大学生掌握人生价值的基本内容、评价标准和评价方法。
（3）使大学生掌握实现人生价值的主客观条件。
（4）如何引导大学生形成正确的人生价值取向，在实践中创造有价值的人生，是教学难点所在。

（三）教学方法

教师采用讲授与讨论相结合、案例教学、多媒体教学等教学方法进行教学。

二、教学内容

【导入】

1982年，第四军医大学的学生张华为抢救农民而献身的事迹引起了一场"人生价值如何衡量"的全国范围大讨论，把对人生价值的思考推到了大学生面前。2009年10月，长江大学见义勇为的大学生英雄集体的舍己救人的行为再次引发了对人生价值的大讨论。今天，我国的方方面面都发生了很大的变化，但社会各界，特别是大学生群体从来没有停止过对人生价值的思考。例如，大学生如何理解社会主义市场经济条件下的人生价值取向？人应该怎样活着才有价值？怎样最大限度地实现人生价值？如何使自己的人生更具有意义和价值？

【讲授】

（一）价值观与人生价值

谈有价值的人生，必须先了解什么是价值，人的价值在哪里以及对价值的看法。

1. 价值与人生价值

价值是一个含义很广的范畴，一般来说，是指客观事物能够满足人们某种需要的关系属性，即有用性。准确地说，价值是指客体中所存在的对满足主体需要、实现主体欲望、达成主体目的具有效用的属性；价值是客体对主体的效用——这种效用是客体对主体的需要、欲望、目的的效用性。

人生价值是一种特殊的价值，是指人的生命及其实践活动对社会和个人所具有的作用和意义，即本人可以从他人那里获得自身的满足，也同时可以通过自己的实践实现他人的满足，这种满足与被满足同时包括物质和精神两方面的要求。人生价值内在地包含了人生的自我价值和社会价值两个方面。

【名词解释】

人生的自我价值：指个体的人生活动对自己的生存和发展所具有的价值，主要表现为对自身物质和精神需要的满足程度。

人生的社会价值：指个体的实践活动对社会、他人所具有的价值。

在讲授两者的定义及关系时，可以让学生通过事例进行思考和分析。

【案例】

袁隆平与社会

中国农民说,吃饭靠"两平",一靠邓小平(责任制),二靠袁隆平(杂交稻)。西方世界称,杂交稻是"东方魔稻"。袁隆平的成果不仅在很大程度上解决了中国人的吃饭问题,而且也被认为是解决21世纪世界性饥饿问题的法宝。国际上甚至把杂交稻当作中国继四大发明之后的第五大发明,誉为"第二次绿色革命"。此外,中国科学院院士袁隆平享受国务院津贴和高工资待遇。在2000年,他还获得了首届国家最高科学技术奖,奖金为500万元。[①]

【思考】

从上述案例中,我们可以得到什么样的启示?大学生该如何实现个人价值与社会价值的统一?

【教师点评】

袁隆平实现的个人价值:享受国务院津贴和高工资待遇。在2000年,他还获得了首届国家最高科学技术奖,奖金为500万元。

袁隆平实现的社会价值:杂交稻在很大程度上解决了中国人的吃饭问题,被认为是解决21世纪世界性饥饿问题的法宝。

【小结】

人生的社会价值和自我价值,既相互区别,又密切联系、相互依存。一方面,人生的自我价值不仅是个体生存的前提,也为个体的发展提供了条件。个体提高自我价值的过程,就是通过努力自我完善以实现全面发展的过程。人生自我价值的实现构成了个体为社会创造更大价值的基础。另

[①] 参见梁彩恒《人民网记者手记:追星追到袁隆平,真高兴》,新浪网,2005年3月3日,见 http://finance.sina.com.cn/g/20050303/15461400849.shtml。

一方面，人生的社会价值是实现人生自我价值的基础，没有社会价值，人生的自我价值就无法存在。人总是生活在社会当中的，个体无法脱离社会而存在和发展。个体的人生活动不仅具有满足自我需要的价值属性，还必然地包含着满足社会需要的价值属性。

2. 价值观

人们经常会思考这些深层次的问题：人生的目的是什么？应该树立什么样的人生态度？这两个问题的思考最终都将指向一个共同的话题——价值观。

价值观是人们关于什么是价值、怎样评判价值、如何创造价值等问题的根本观点。它包括两方面内容：一方面体现为价值追求和取向，凝结为一定的价值目标；另一方面表现为价值尺度和准则，成为我们判定事物有无价值及其价值大小、光荣还是可耻的评价标准。

结合人生思考的问题，可以说，价值观就是回答"为什么"和"怎么样"两大问题的标准和根据。一个人有什么样的价值追求，必然就会做出与之相符的行为；一个人对事物有什么样的评价标准，也必然直接导致他用什么态度和方法来对待和处理生活中的各种问题。

作为人生价值中的个体，你对自己的人生难道没有什么想法吗？如果有想法，你是否愿意将你的人生走得更有价值？

以上这些都涉及需要共同思考的问题：什么是人生价值的正确评价与实现条件？

（二）正确评价人生价值

树立正确的人生价值观，不仅要正确认识人生价值的内涵和特征，还要正确认识和把握评价人生价值的科学标准和评价方法。

1. 人生价值的评价标准

评价人生价值的根本尺度，是看一个人的实践活动是否符合社会发展的客观规律，是否促进了历史进步。习近平总书记强调："劳动是推动人类社会进步的根本力量。"[1] 那么，在今天，衡量人生价值的标准究竟是

---

[1] 习近平：《在同全国劳动模范代表座谈时的讲话（2013年4月28日）》，载《光明日报》2013年4月29日，第2版。

什么呢？

【教师点评】

在市场经济条件下，有些学生在知识技能方面竞争意识很强，但漠视社会价值；有的学生集体观念趋于淡薄，特别看重个人利益；有的学生为了能在智能竞争中获胜而不惜采取一些损人利己的做法；有的学生个人衣着讲究，可以"领导新潮流"，但在宿舍经常不叠被子，对周围环境的脏、乱、差视而不见，甚至逃避卫生值日，令人感叹"一屋不扫何以扫天下"。诸如此类的现象，令人深思。青年学生正面临着成人与成才两大人生课题，一个人成才并不仅仅因为他具有渊博精深的科学文化知识，更重要的是要具有"服务人民，奉献社会"的高尚追求和爱国情怀。

【小结】

衡量人生价值的标准，最重要的是看一个人是否用自己的劳动和聪明才智为国家和社会真诚奉献，为人民群众尽心尽力服务。

一个人对社会和他人所做的贡献越大，他所获得的人生价值的评价就越高。那我们应当如何去评价一个人的人生价值呢？

2. 人生价值的评价方法

要比较客观、公正、准确地评价社会成员人生价值的大小，除了要掌握科学的标准，还需要掌握恰当的评价方法。

（1）评价一个人的人生价值时，既要看其贡献的大小，也要看其尽力的程度。评论一个人的人生价值的大小，最根本的是看他对社会贡献的大小。每个人的职业不同、能力大小不同、所处环境不同，对社会贡献的绝对量自然也不同，不能简单地认为能力大的人其人生价值就大，能力小的人其人生价值就小。考察一个人的人生价值，既要看他对社会贡献的大小，也要看他所对应的职责及尽力的程度。一个人只要在自己的岗位上尽职尽责、兢兢业业，积极为社会进步做贡献，这个人就是有价值的。

相反，有些人有很高的智商，获得的证书"含金量"足，社会认可程度高，但不仅没有给社会带来奉献，还起到了反作用，他们的人生价值是"负值"。

第三章　领悟人生真谛，把握人生方向

【课堂讨论】

请学生举出类似的学历高、知识广却人生价值小的案例（如高官腐败、博士沦为间谍等）进行讨论，以此来引发大学生对现实世界的关注和对人生价值的评价准则的理解。

【小结】

价值的大小与知识的多少有一定的关系，如果一个人有正确的价值取向，他的知识含量越大，知识水平越高，他所实现的社会价值则越大，为社会的贡献则越多；相反，如果一个人没有树立正确的价值取向，他的知识含量与他所带给社会的贡献成反比，可能他知识水平越高，对社会的危害越大（可以结合学生举的事例进行说明）。

【案例】

边界线上的活界碑——魏德友

魏德友是新疆生产建设兵团第九师161团1连的退休职工，他始终秉持着"我为祖国守边防"的坚定信念，57年如一日扎根边防一线。1964年年初，他响应党中央号召，从原北京军区转业来到新疆塔城地区萨尔布拉克草原戍边卫国。其间，他带头参加"铁牛队"行动，与邻国军队对峙三天三夜；他主动请缨担任"牛群组"组长，迎着外军，顶着风险巡边护边；他还把自己的妻子从山东接到连队，住进半地窝子里，把家安在边境线上。兵团驻地调整后，他仍然坚守在萨尔布拉克草原巡边护边，无论严冬酷暑，每天往返于边境线区域，防止不法分子趁机越境、图谋不轨。50多年来，他巡边护边20多万公里，相当于绕地球赤道5圈，磨破了80多双鞋子，堵截临界牲畜数万只，劝返和制止临界人员千余人次，多次在极端恶劣天气下与死神擦肩而过，他负责的管控区内未发生过一起涉外事件。他被誉为边境线上的"活界碑"，他的家被称为"不换防的夫妻哨所"。[①]

---

① 参见《魏德友：边境线上的"活界碑"》，共产党员网，2021年12月8日，见https://www.12371.cn/2021/12/08/ARTI1638943482140974.shtml。

【结论】

考察一个人的人生价值，要把他个人对社会的贡献同他的能力以及与能力相对应的职责联系起来。任何人只要在自己的岗位上尽职尽责、兢兢业业，就应该对其人生价值给予积极肯定的评价。

（2）评价一个人的人生价值时，既要尊重其物质贡献，也要尊重其精神贡献。

【案例】

大学生张华救老农

1982年7月，大学生张华在西安市郊区为抢救因沼气中毒落入粪池的69岁的老农，牺牲了自己的生命。此事一出，有人说他的牺牲表现出了高尚的精神境界，是有价值的；有人却认为，大学生救老农，是"金子"换了"石头"，不值得。你认为张华的行为有价值吗？为什么？

【师生讨论】

教师请学生各抒己见，谈谈自己的看法。

【教师点评】

在现实生活中，人们容易把个人对社会的贡献局限于物质贡献，而忽视其精神贡献。其实，社会的发展与进步是物质文明和精神文明的共同发展与进步。评价一个人的人生价值，不仅要看其对社会做出的物质贡献，也要看其对社会做出的精神贡献。社会劳动的内容是物质生产劳动和精神生产劳动的统一，精神贡献同样是社会发展的巨大推动力。

随着改革开放的深入和社会主义市场经济的发展，我国的社会利益关系更加复杂，人们的思想观念、价值取向、行为方式等也出现了多样化趋势。在复杂多变的国内外形势影响下，一些人包括部分党员干部丧失了理想信念，沉溺于物欲泥淖，陷入了精神的"贫困"之中，失去了前进的方向。理想的滑坡是最致命的，信念的动摇是最危险的。在中华民族伟大复兴的征程中，全社会应大力倡导社会主义道德风尚，教育和引导人们树立科学的世界观、人生观、价值观，努力追求物质富有与精神富有的统一，这既是推动社会发展进步的需要，也是促进人的全面发展的需要。

（3）评价一个人的人生价值时，既要注重其社会贡献，也要注重其自身的完善程度。这一点在我们讲人生价值的标准时，已经做了较为详细的阐述。大家要注意的是，人生价值分为两部分：一部分是自我价值，另一部分是社会价值。其中，自我价值是个体生存和发展的必要条件，而社会价值是实现自我价值的基础。自我价值的实现构成了个体为社会创造更大价值的前提；而没有社会价值，人生的自我价值就无法存在。因此，衡量一个人的人生价值，既要看他对社会贡献的大小，也要看他自身的完善程度。

（三）人生价值的实现条件

人们根据自己的人生目的，在实践中努力实现自己的人生价值。但是，人的实践活动从来都不是随心所欲的，任何人都只能在一定的主观与客观条件下实现自己的人生价值。因此，正确把握人生价值的实现条件至关重要。

1. 实现人生价值要从社会客观条件出发

人生价值是在社会实践中实现的，人的创造力的形成、发展和发挥都要依赖于一定的社会客观条件。在人类历史上，许多有抱负、有才能的人之所以未能实现自己的人生价值目标，就是因为缺乏实现人生价值的社会客观条件。随着国家的发展和社会的进步，实现人生价值的社会客观条件越来越完善，为人们实现人生价值提供了有利的条件和机遇。

大学生要珍惜难得的历史机遇，把自己的人生追求及人生价值的实现建立在正确地把握当今中国社会发展所提供的条件的基础上，努力、充分地实现自己的人生价值。

2. 实现人生价值要从个体自身条件出发

实现人生价值还受个体自身条件的影响，人的自身条件会有一定的差异，某一个具体的价值目标，对于这个人来说是恰当的、比较容易实现的，而对另一个人来说却未必如此。从某种意义上说，正是人的主观因素的差异，使人生价值有了很大的差异。大学生要客观认识自己，准确把握影响人生价值实现的自身条件，避免价值选择、行为倾向出现偏差。

3. 不断增强实现人生价值的能力和本领

实现人生价值，需要充分发挥人的主观能动性。个人的主观努力，在相当大程度上决定着人生价值的实现程度，放弃主观努力，人生就难有作为。大学生要有自强不息、顽强奋斗的精神，通过多种方式和途径，不断提高自身各方面的能力，增长才干，增强实现人生价值的本领。

【教师小结】

实现人生价值要从个体自身条件出发，尽可能做自己最喜欢、最擅长的事情，最大限度地发挥自己的才智，为社会做贡献；要不断提高自身的能力，增长才干，增强实现人生价值的本领；要立足于现实，坚守岗位做贡献；实现人生价值要有自强不息的精神。大学生当前应好好掌握知识技能，提高自身的能力素质，不断增强实现人生价值的本领，正确把握人生价值实现的主客观条件，为将来走向社会储备能量。

（四）成就出彩人生

1. 与历史同向

历史只会眷顾坚定者、奋进者、搏击者。当代大学生要正确认识世界和中国的发展大势，尊重并顺应历史的选择和人们的选择，增强时代责任感，与历史同步伐，与时代共命运。

2. 与祖国同行

青年只有自觉将个人的人生目标同国家和民族的前途命运紧密联系在一起，才能最大限度地实现人生价值。当代大学生要正确认识实现中华民族伟大复兴的历史使命和时代责任，自觉与国家和民族共奋进、同发展。

3. 与人民同在

人民群众是物质财富和精神财富的创造者，是推动人类社会历史前进的动力，是国家和社会的主人。大学生要在为人民群众服务、实现人民群众利益的过程中实现人生价值。只有走与人民群众相结合的道路，从群众中来，到群众中去，走群众路线，虚心向人民群众学习，从人民群众中吸取营养，才能使自己的人生大有作为。

4. 在实践中创造有价值的人生

社会实践是实现人生价值的必由之路。崇高的人生价值目标要靠社会实践才能转化为现实。艰辛知人生，实践长才干。这是古往今来许多人成就事业的经验总结。大学生要努力与社会实践相结合，在社会实践中求真知，在奋斗中创造幸福人生。社会实践是知识创新的源泉，是检验真理的试金石，也是青年锻炼成长的有效途径。大学生要努力把所学的知识运用于改造客观世界和主观世界的实践中，在解决实际问题的过程中增长才干，不断提高实践能力、创新能力。只有让所学服务于实践并善于在实践中学，才能在加快推进社会主义现代化、实现中华民族伟大复兴的征程中实现最大的人生价值。

【案例】

大学生村干部"耶鲁哥"秦玥飞

秦玥飞 2005 年以托福满分的成绩考上了耶鲁大学，并拿到了全额奖学金，成为重庆一名被世界一流名校直接录取的学生。2011 年，他在耶鲁大学完成了经济学和政治学两个专业的学习，取得文科学士学位。秦玥飞 26 岁从耶鲁毕业后，没有去跨国公司做都市白领，却来到了湖南衡山脚下的一个小山村，走上一条进基层、当村干部的实干路。仅一年，无钱无背景的他，帮村民引进 80 万元现金，建起了新敬老院等多个公共项目。村民亲昵地称他"耶鲁哥"。

正式上岗的第一天，早上起床后秦玥飞像在大学时一样准备去洗澡，在从宿舍到澡堂的路上，他热情地和碰到的每一个人打招呼。但这天下午，有村民就议论起来："留过洋的人是嫌我们这里脏不咯？""早上洗澡，好浪费水呀。"

这让心思细腻的秦玥飞惶恐不安，他开始明白："村民不会关心我从哪所学校毕业，他们只关心我是不是自己人。"秦玥飞说，从那以后最想做的就是"尽快成为村民中的一分子"，他也再没有一天洗两次澡。

他还开始长期穿着老乡送的一双解放胶鞋。夏天的 T 恤稍微花哨，便反过来穿。为了能让村里的老人记住自己，秦玥飞还会尽量以固定的颜色和款式的穿着风格出现在老人面前。

一个月后，开始有村民上门找他修电器。接着，有人找他写信，甚至有村民让秦玥飞到地里帮忙干活，秦玥飞成了贺家山的人。

有朋友形容秦玥飞是理想主义者，他自己则更正为是"有理想的践行者"。他觉得，困难再多，可以找对方法，一个个去克服，杜绝一切拍脑袋的决定。

村里准备修水渠，因为涉及村民各自的利益，几个村民小组争得不可开交。秦玥飞自己掏钱买了几包烟，一次次上门做工作，张口一声"伯伯"，闭口一声"叔叔"，最后终于说通了。

"农村社会的复杂性超乎我的想象，但我觉得这是个大课堂，我不能把它看作不正常的现象。在村里做事遇到困难是正常的，只要学会去适应、学习、分析，就有可能找到解决方案。"秦玥飞说。

除了修水渠，秦玥飞做的事还包括敬老院改造，街道硬化和照明，为村里几所学校搭建信息化教学平台。他说，对于任何一个项目他都会做好详尽的预算和规划。他不自作主张替村民们做任何决定，但只要是村民要办的事，绝不允许自己办不到。

如今"耶鲁哥"已小有名气，但他说，在耶鲁的学习只是人生的一个阶段，"面对基层，面对村民，我仍是一个学生，所有的一切，都需要学习"。[①]

【结论】

青年大学生要与历史同步伐，与时代共命运，自觉将人生目标同国家和民族的前途命运紧密联系在一起，在为人民群众服务、实现人民群众利益的过程中增长才干，提高能力，虚心向人民群众学习，从人民群众中吸取营养，才能在社会实践中最大限度地实现人生价值，创造有价值的人生。

[①] 参见《2016感动中国十大人物耶鲁大学毕业大学生村官秦玥飞事迹》，大学生村官网，2017年2月9日，见 http://cgks.offcn.com/2017/xw_0209/1880.html。

三、知识拓展

2019年3月,习近平总书记在意大利进行国事访问时,意大利众议长菲科问他当选中国国家主席时是什么心情。习近平回答:"这么大一个国家,责任非常重、工作非常艰巨。我将无我,不负人民。我愿意做到一个'无我'的状态,为中国的发展奉献自己。"[①]

四、课后作业

请思考这个问题:在中华民族伟大复兴的征程中,新时代的大学生如何创造有价值的人生?

---

① 《习近平:我将无我,不负人民》,新华社新媒体百度百家号,2019年12月26日,见 https://baijiahao.baidu.com/s?id=1653962092305831135&wfr=spider&for=pc。

第四章 追求远大理想，坚定崇高信念

第一节 理想信念的内涵及重要性

一、教学说明

（一）教学目标

教师通过案例分析等教学方式，使学生了解理想信念的含义与特征，体会到理想信念是精神之"钙"，懂得理想信念对大学生成长成才的重要意义。

（二）教学重点与难点

(1) 掌握理想信念的内涵及特征。
(2) 理解"理想信念是精神之'钙'"。

（三）教学方法

教师采用课堂讲授、案例分析等教学方法进行教学。

二、教学内容

【导入】

奥运冠军巩立姣：我实现了梦想，我做到了

巩立姣是女子铅球运动员，她心中一直有一个拿奥运冠军的梦想。从

第四章　追求远大理想，坚定崇高信念

2008年北京奥运会开始，她四度参加奥运会比赛。她在2008年北京奥运会上获得铜牌；在2012年伦敦奥运会上获得女子铅球银牌；在2016年里约奥运上获得第四名；在2021年东京奥运会田径比赛开始第三天，以20米58的个人最好成绩获得金牌。在谈到获奖后的感受时，巩立姣说："为了这一刻，我等了21年。"在谈及夺金的感受时，巩立姣说："我实现了梦想，我做到了。"这么多年来，巩立姣没有放弃过自己的梦想。特别是说到在2016年里约奥运会上无缘领奖台的经历时，巩立姣说："我知道体力恢复很容易，心态恢复很难。于是我不断与自己对话，告诉自己应该站起来，坚持自己的梦想，敢于重新开始。"梦想让她有了目标和方向，对梦想的坚持终于让这位四朝老将实现了自己的奥运冠军之梦。①

长征的启示

长征是人类历史上的伟大奇迹，在漫漫征途中，红军将士同敌人进行了600余次战役战斗，跨越近百条江河，攀越40余座高山险峰，其中海拔4000米以上的雪山就有20余座，穿越了被称为"死亡陷阱"的茫茫草地，用顽强意志征服了人类生存极限。红军将士上演了世界军事史上威武雄壮的战争活剧，创造了气吞山河的人间奇迹。

长征途中，红军将士面对的是一条条波涛汹涌的大河、一座座巍然耸立的雪山、一片片茫无涯际的草地，前有敌军，后有追兵，天上有飞机，可就是在这艰苦且危险的逆境中，红军转战25000里，终于从敌人中杀出了一条生路。

长征胜利启示我们：心中有信仰，脚下有力量；没有牢不可破的理想信念，没有崇高理想信念的有力支撑，要取得长征胜利是不可想象的。②

红军正是有了要让老百姓过上好日子，要实现共产主义理想社会的崇高的理想信念，产生了战胜困难、战胜敌人的精神力量，才能在战场上冲锋陷阵、英勇杀敌，在敌人的屠刀下慷慨就义、视死如归，在艰难困苦的环境中精神饱满、斗志旺盛，最终取得了长征的胜利。

---

① 参见《巩立姣：不惧挫折，坚持追梦》，光明网，2021年9月11日，见https://m.gmw.cn/baijia/2021-09/11/1302569519.html。

② 参见《习近平：在纪念红军长征胜利80周年大会上的讲话》，新华社网，2016年10月21日，见http://www.xinhuanet.com/politics/2016-10/21/c_1119765804_3.htm。

【讲授】

（一）理想和信念的内涵

理想和信念是人生的航标和前进的动力。有无理想信念，有什么样的理想信念，决定了人生的精神层次，决定了人生是精神充实的，还是空虚无聊的。

1. 理想的内涵与特征

（1）理想的内涵。列夫·托尔斯泰说："理想是指路明灯。没有理想就没有坚定的方向，而没有方向，就没有生活。"苏格拉底说："世界上最快乐的事莫过于为理想而奋斗。"德莱塞说："理想是人生的太阳。"罗曼·罗兰说："一种理想，就是一种力量。"雨果说："人类的心灵需要理想甚于需要物质。"

由此可知，理想对人生有重大意义。何为理想？人的实践活动是一种有意识、有目的的活动。人在从事某一活动前，在头脑中已经形成了活动的追求目标。这种对未来事务的想象、设想和希望就是我们所说的理想。《现代汉语词典》将理想解释为：对未来事物的想象和希望。《新华词典》将理想解释为：对美好未来的设想。通俗地说，理想是指一切关于未来的美好想象。理想不是针对过去与当下的，理想的时间指向性是未来。理想是对未来的美好设想。我们对未来的希望、我们的梦想等都是我们的理想。

理想是人们在实践中形成的、有实现可能性的、对未来社会和自身的发展设有目标的向往与追求，是人们的世界观、人生观和价值观在奋斗目标上的集中反映。我们可以从以下六个方面理解理想：①理想是人类特有的一种精神现象，是人们的奋斗目标和追求，这正体现了人类活动的合目的性。理想属于意识的范畴，从形式上看是主观的。②理想是人类社会实践的产物。对现状永不满足，对未来不懈追求，是理想形成的动力源泉。理想不是凭空而有的，理想是在实践中形成的，是对客观现实发展趋势的一种超前反映。③理想具有实现的可能性。如果根本没有实现的可能性，那就不是理想；理想以现实为基础，理想是有实现的可能性的。④理想不是现在，而是对未来的预测、设想，现实与理想是有差距的。⑤理想是多方面的，大体上包括两个方面：既有对未来人类社会发展的向往和追求，又有对个体人生发展的规划与设计。⑥理想是以一定的世界观、人生观、价值观为指导的，是建立在对世界、人生、价值问题的基本认识之上的。理想反映我们的世界观、人生观和价值观。每个人的世界观、人生观和价值观不同。不同阶级、不同时代，人们的理想各不相同；同一阶级、同一时代，人们的理想也不尽相同。

（2）空想、幻想与理想的联系和区别。幻想是没有现实根据的对未来的美好想象。没有现实根据是指人的想象在当下是没有科学根据的，是不具备条件的，没有实现的可能性。这是以目前的认识为准，检验的终极根据就是实践。幻想有两种命运：一是本来不具备条件，在当初被视为幻想，但随着时间的推移，在新的历史条件下已具备实现的可能性，甚至已经变为现实。当初的幻想就成了科学的理想，如古人说的"嫦娥奔月"现在已变为现实，还有古人对于飞机、舰艇等的幻想现在都已变为现实。二是完全被实践或现代科学证伪的，不符合社会发展规律的，不可能转化为现实的，这种幻想就是空想。空想是人们对未来的一种主观想象，它完全是主观的，是缺乏根据的随心所欲的想象，是违背社会发展客观规律的、不能实现的想象。①

理想、幻想、空想在形式上都是主观的，都体现了人们的主观性，都是人们对未来事务的一种想象。理想的内容有客观性、符合规律性。当一种幻想反映事物的发展规律，具备现实的可能性时，就是理想。当幻想脱离事物的发展规律，不具备实现的可能性时，便是空想。它们三者的内容是不同的：理想的内容是客观的，是时刻能实现的。幻想的内容有的是对客观的超越，未来能实现；有的是完全的主观想象，这种纯粹的主观想象就是空想。空想的内容完全是主观的，是不符合社会发展客观规律和自然规律的，是不能实现的。

（3）理想的类型。理想源于人的需要，而人的需要是多方面、多层次的。因此，人的理想也是多方面和多层次的。根据不同的标准可以把理想分为不同的种类。

---

① 参见钱广荣《〈思想道德修养与法律基础〉学习指导》，安徽大学出版社2008年版，第27页。

首先，从性质上看，理想可以分为科学理想和非科学理想。凡是符合人类发展规律的、反映人民根本利益的理想就是科学理想，否则就是非科学的理想。

其次，从层次上看，理想可以分为崇高理想和一般理想。对祖国的繁荣、人民的幸福及对人类的彻底解放的希望和向往，是崇高的理想。其他对个人未来各方面的希望，是一般理想。

再次，从时间长短上看，理想可分为长远理想和近期理想。长远理想是指经过很长时间的努力奋斗才能实现的理想。例如，共产党的理想——实现共产主义，需要几代人甚至几十代人的努力才能实现。近期理想是指经过较短时间的努力奋斗就可以实现的理想。例如，2035年，我国基本实现社会主义现代化；从2035年到21世纪中叶，把我国建成富强、民主、文明、和谐、美丽的社会主义现代化强国。

复次，从主体上看，理想可以分为个人理想和社会理想。个人理想是指一定历史条件下的个体对自己未来的精神生活和物质生活所产生的向往和追求。社会理想是指社会集体乃至全体成员的共同理想，是在全社会中占主体地位的共同奋斗目标。实现中华民族伟大复兴的中国梦是全国人民共同的社会理想。

最后，从内容上看，理想可以分为生活理想、道德理想和职业理想等。生活理想是指人们对未来幸福生活的想象与向往，涉及物质生活、精神生活和家庭生活等多个方面。生活理想不仅是指人们对生活条件的期盼，更重要的是指人们所期望的理想的生活方式，希望生活得更充实愉快。人人都追求幸福的生活，都希望身体健康、婚姻美满、家庭和睦、儿女孝顺。

道德理想是人们对"怎样做人，做什么样的人"的追求和向往，涉及道德品质、道德境界、道德人格等方面。一个人认为自己应该具备什么样的道德品质，形成什么样的人格形象，向什么样的理想人格学习，这是人们在道德修养方面的理想追求。道德理想是灵魂，调控人们的思想和行为，决定个人生活理想、职业理想的性质和发展方向。中国古人非常重视自身的道德修养和道德教化，将立德置于"三不朽"（立德、立功、立言）之首；古人认为，教化的目的是明人伦，培养有道德的人；"自天子以至于庶人，壹是皆以修身为本"（《礼记·大学》）。儒家追求的理想境界是成为"君子"和"圣人",道家追求的理想境界是成为"真人"和"至人",两者都重视品格的养成。道德理想是人们追求的最高道德标准和境界,是一定历史条件和社会实践的产物。各个时代的道德理想都与当时的社会现实密切相关。中国传统文化的精髓中,有一股君子之风和浩然正气,例如,陶渊明的"不为五斗米折腰"、范仲淹的"先天下之忧而忧,后天下之乐而乐"、文天祥的"人生自古谁无死,留取丹心照汗青"、孟子的"富贵不能淫,贫贱不能移,威武不能屈"。中国共产党人在长期的革命斗争中,形成了以为人民服务为核心的道德理想。毛泽东号召大家学习张思德"全心全意为人民服务"的崇高思想。

大学生可以从自己身边的小事着手,提高道德思想和道德行为,比如考试不作弊,写论文不抄袭;辨别一下垃圾的类型,再丢到相应的分类垃圾桶里;乘坐扶梯的时候,自觉站在右边,把左边让给快速通行的人;在饭堂打饭要排队,乘车时排队候车,不要拥挤;等等。做好了这些小事我们的道德水平就会不断提高,一件件小事汇聚起来,整个社会的文明程度就会逐渐提高。

职业生活是人们社会生活的主要组成部分,是人生旅途中最长、最丰富的一段。如果人们22岁就业、60岁退休,职业生活几乎占了人们生命的一半时间。职业理想是人们对未来的工作部门、工作岗位及事业成就的追求和向往。职业理想包括两个方面:一是希望自己能选择一种理想的职业,找到理想的工作;二是希望自己在工作中能取得好成绩,达到理想的境界。人生的理想追求、成败得失大部分都体现在职业生活当中,体现在职业理想是否得以实现之中。所以,第二个方面是职业理想的核心内容。

【疑难解答】

大学生该如何选择职业呢?

在进行职业选择的时候,可以从两个方面进行考虑。首先,需要认识自己,清楚自己的特长是什么,自己的短板是什么,自己的兴趣、爱好是什么,明白"我想做什么,我能做什么",最佳的选择是将自己的兴趣与自己的才能、专长结合起来。如果能够以自己喜欢做和擅长做的事情为职业,那是一种幸运,也是一种幸福。这种职业不仅是我们谋生的手段,也是我们的兴趣、爱好和特长,我们自然就喜欢这份工作,也做得轻松愉快。我们在高考填志愿选专业的时候就要考虑我们将来的职业,尽量选择与我们将来想要从事的职业相对口的专业或相近的专业。不要盲目追随社会热门专业,当下这几年热门的专业,等到我们毕业时,它们可能已经不是热门专业了。20世纪90年代,社会缺少法律人才,各个学校都办法律专业。现在法律专业的毕业生太多,就比较难就业了。好多年前,金融专业也很热门,很多高考状元都报读金融专业,现在金融专业的本科生很难找到好工作,很多投行、证券的招聘要求应聘者是具有硕士研究生及以上学历学位的"双一流"高校毕业生。不论在哪个行业,只要我们的工作出类拔萃,都会有成就感,而从事喜欢又擅长的职业会让我们更容易取得好成绩。其次,我们选择职业也要考虑国家和社会的发展趋势与国家发展的需要。国家和社会未来几年甚至十几年要大力发展的行业将会需要很多人才,我们选择这些行业会有很多的工作机会,会有很多平台让我们施展才华,也会有更多的机会取得成就。

(4) 理想的特征。首先,理想具有超越性。理想是人们对客观事物的超前反映,是对未来的思考和追求。理想产生于现实,又高于现实。理想所描绘的内容还不是现有的已经实际存在的东西,它是人们在现实认识的基础上,心中形成的对未来的一种想象性的描述,是指向未来的目标体系。理想源于现实,又超越现实。源于现实,所以有现实可能性;超越现实,所以它指向未来。理想超越现实的特点,成为人们追求美好未来的动力。中国共产党从始至终的理想就是实现共产主义。共产主义社会是物质财富极大丰富、实现按需分配、人民精神境界极大提高、每个人自由而全面发展的社会。试想一下,在共产主义社会,物质很丰富,可以满足每个人的需要,人们不用为了吃穿用而发愁,不用为了吃穿用而做不喜欢做的工作,到那时工作不再是为了谋生,而是因为人们喜欢工作,工作是人们的需要,人们所做的工作也是根据自己的爱好或特长而自由选择的,没有剥削,没有压迫,每个人都能自由地选择自己想做的事。共产主义社会比人们现在所处的社会主义社会美好太多了,令人们向往,激励着人们不断努力奋斗,早日实现共产主义社会。

其次,理想具有实践性。理想是人们社会实践的产物。一个人的理想总是随着他所参加的社会实践的发展而逐步形成和巩固起来的。由于社会实践的广度和深度不同,人们的要求和追求的理想也就不一样。离开了实践，任何理想的产生都是不可思议的。理想的实现，同样也离不开实践。要把理想转化为现实，就必须脚踏实地、不断实践，理想只有通过人的社会实践才能实现。理想在实践中产生，在实践中发展，也只有在实践中才能得以实现。不管人们拥有什么样的理想，如果人们不去实践，不在现实中努力奋斗，理想只能是镜中花、水中月，是不可能实现的。实践产生理想，理想指引实践，这是两者相互作用、不断循环上升的过程，推动着人们立足现实、着眼未来，在奋斗中追求，在追求中奋斗。

最后，理想具有时代性。理想作为一种社会意识形态，是一定社会生产方式的产物，它具有一定的时代性。理想虽然是对现实超越性的反映，但它的超越性总是受到客观历史条件的制约，带有时代的局限性。诗人流沙河在他的诗歌《理想》中写道："饥寒的年代里，理想是温饱；温饱的年代里，理想是文明；离乱的年代里，理想是安定；安定的年代里，理想是繁荣。"理想是一定时代的产物，带有特定历史时代的烙印。不同的时代生产力发展水平不同，社会历史条件和经济关系不同，受物质文化因素的制约，人们形成的理想也不同。理想受到时代条件的制约，而且随着时代的发展而不断发展。

【案例】

时代变迁与人们生活理想的变化

20世纪五六十年代，我国人民心目中的现代化理想是"楼上楼下，电灯电话"；70年代的家庭追求是自行车、手表、缝纫机、收音机"三转一响"；80年代的家庭追求是电视机、录音机、洗衣机、电冰箱"三机一箱"；90年代的家庭追求是电话、音响、空调；现在的家庭追求是房子和车子。我们的追求深深地刻下了时代的烙印，也受到时代的局限。

择偶标准是理想配偶的选择标准和评价标准，择偶标准的选定受个人文化素质和道德水平的影响，还受到社会政治、经济、文化、地方风俗习惯等方面的影响。多个因素的影响和制约，使人们的理想配偶具有鲜明的时代特征。有一句反映20世纪中国女性的顺口溜很能说明其择偶标准："50年代重政治，60年代重成分，70年代找解放军，80年代找大学生，90年代跟着感觉走。"进入社会转型时期，社会的快速变化和发展也对青年在选择理想配偶时所考虑的必要因素产生影响。现在部分年轻人选择理想配偶的标准更倾向于功利化、世俗化，更加注重婚恋中的经济因素。

理想作为一种社会意识，既不是人们头脑中固有的，也不是天上掉下来的，而是社会存在于人们头脑中的反映。因此，理想是一个社会历史范畴。在不同的社会生活、不同的历史阶段中，人们会产生不同的理想。人的理想会随着社会历史的发展而发生变化，理想与社会实际、时代特征总是紧密联系的，作为与一定社会历史条件和一定社会生产关系相联系的意识形态，理想只能是时代的产物，呈现时代的特征。

2. 信念的内涵与特征

（1）信念的内涵。信念是人们在一定的认识基础上确立的对某种思想或事物坚信不疑并身体力行的精神状态。信念是认知、情感和意志三种心理要素的融合与统一。

信念的第一个心理要素是认知。信念以认知为前提，是对某一思想、观念、学说的信赖；人们必须对这一思想、观点、学说乃至与此相关的或相反的思想内容都有所理解，且不管此类思想是别人所提出的还是自己创造的。在此基础上，我们才会选择正确的思想、观点加以信奉。主体对某一对象的相信，是信念形成的关键。当然，"信其真"与"其为真"不是一回事。正确的信念对人生有益，而错误的信念对人生无益，甚至有害。[①]对此，我们必须坚持真理，反对错误的信念。

信念的第二个心理要素是情感。情感是信念中非常突出的要素。"认为真"不一定"信其真"，"信其真"只能是肯定性情感体验的结果。人们不断得到对所信奉思想的肯定性情感体验和对相反的学说的否定性情感体验。久而久之，人们会形成对自己所信奉思想的近乎本能式的热爱。信念不仅是内心的相信，而且还表现为行为和实践。

信念的第三个心理要素是意志。意志是主体下定决心，坚持不懈地身体力行某一相信对象的一种心理状态，是信念的保证。意志的坚定与否，体现着主体的信念的牢固与否。一触即溃，说明此人的信念是不牢固的；

[①] 参见钱广荣《〈思想道德修养与法律基础〉学习指导》，安徽大学出版社2008年版，第30页。

百折不挠，说明此人的信念是牢固的。当人们认为某种理论主张或思想观念可信，并在行动上加以维护和贯彻时，信念就确立起来了。所以，信念是认知、情感和意志的融合与统一。

（2）信念的特征。首先，信念具有执着性。信念经历了情感上的深入、理智上的坚信，具有高于一般认识的坚定性，某种信念一旦形成就很难改变。即使以后在认知层面上对信念产生疑惑，情感上强烈的认同也会在很大程度上支持既定的信念。人们的认识有正确与错误之分，但每个人都认为自己的信念是正确的，都持坚信的态度，这使得信念带有极大的执着性。

其次，信念具有支撑性。信念是一个人经受实践考验而始终坚守理想的精神力量。理想的实现过程会遇到各种困难和波折，人必须有坚定不移的决心和坚韧不拔的意志，才能不断战胜困难，把理想变为现实。信念是一种强大的精神力量，有了坚定且执着的信念，就能振奋精神、克服困难，甚至当生命受到威胁时，也不会轻易放弃内心的理想。爱因斯坦说："由百折不挠的信念所支持的人的意志，比那些似乎是无敌的物质力量具有更大的威力。"坚定的信念使人们具有强大的精神定力，不为利益所动，不为诱惑所扰，不为困难所惧。因此，一个人只有具备坚定的信念，才能为实现远大理想提供强有力的支持。

【案例】

信仰的力量

1927年"八一"南昌起义，22500人参加了南昌起义，两个月之后就只剩下1000人。1927年9月9日，5000人参加了秋收起义，20天后就只剩下1000人。中国革命不是从胜利走向胜利，而是从惨败走向胜利。面对就剩1000人了，毛泽东写了一篇文章《中国的红色政权为什么能够存在？》，他坚信一定能够存在。在中国革命最困难的时候，当时很多人怀疑红旗到底能扛多久？毛泽东的回答是："星星之火，可以燎原"。"星星之火，可以燎原"，靠的就是中国共产党员对中国革命光明前途的坚定信念和不懈追求，靠的就是中国共产党实现共产主义的理想信念。这就是中国共产党的信仰，这种信仰的力量支撑着中国共产党，在最困难、最潦倒的时候也能坚持下去，克服困难，实现心中的梦想。①

习近平总书记强调："对马克思主义的信仰，对社会主义和共产主义的信念，是共产党人的政治灵魂，是共产党人经受住任何考验的精神支柱。"② 艰难可以摧残人的肉体，死亡可以夺走人的生命，但没有任何力量能够动摇中国共产党人的理想信念。百年峥嵘，一个个"不可能"之所以变成"可能"，靠的就是在黑暗中相信光芒、在绝境中开辟新路的力量。一个政党有了远大理想和崇高追求，就会坚强有力、无坚不摧、无往不胜，就能经受一次次挫折而又一次次奋起。广大党员干部有了坚定的理想信念，站位就高了，心胸就开阔了，就能坚持正确的政治方向，做到"风雨不动安如山"。历经百年风雨洗礼，信仰的本色更加纯粹，理想的力量更加强大。

最后，信念具有多样性。信念的多样性表现为，不同的人由于社会环境、思想观念、利益需求、人生经历和性格特征等方面的差异，会形成不同的乃至截然相反的信念，即使是同一个人也会形成政治、经济、文化、生活等多方面不同类型和层次的信念，并由此构成其信念体系。

信仰是主体超越现实、超越自我、追求最高价值的自我意识，是对具有最高价值的对象高度信服、景仰、向往、追求，并以之统摄自己的精神生活。信仰是信念最集中的、最高层次的表现形式，是对某种高度体系化的理论、学说、教义的信奉，具有最大的统摄力。信仰有盲目和科学之分。盲目的信仰是对虚幻的世界、不切实际的观念、荒谬的理论等对象的迷信和狂热崇拜。科学的信仰是人们对自然界和人类社会发展规律的正确认识。

人类的信仰现象十分复杂，包含着不同的性质和种类，不同性质的信仰所起的作用是很不相同的。正确的、科学的信仰对社会和人生具有正面价值和积极意义，而盲目的或非科学的信仰则会把人们导向邪路，给人生和社会带来危害，甚至毁灭人们的一生，所以，人们一定要树立起正确

---

① 参见金一南主讲《一堂好课：百年苦难信仰的力量》，优酷网，2019 年 11 月 21 日，见 https://v.youku.com/v_show/id_XNDQ0Mjg4NjMwMA==.html。

② 习近平：《习近平谈治国理政（第一卷）》，外文出版社 2014 年版，第 15 页。

的、科学的信仰。

在人的生命历程中,理想和信念总是如影随形、相互依存的。理想的侧重点在于标志人与奋斗目标之间的关系,主要是指向未来的,为人们的行动指明方向。信念的侧重点在于标志人对事物、观念的看法和态度,主要是面对现实的,为人们的行动提供精神支持。理想是信念所指的对象,信念是理想实现的保障。理想决定方向,信念决定成败。理想和信念相互依存。离开理想,信念无从产生;离开信念,理想寸步难行。在此意义上,理想和信念紧密联系在一起,难以分割。也正因为如此,人们常将理想与信念合称为理想信念。

(二)理想信念是精神之"钙"

如果说社会是大海,人生是小舟,那么理想就是引航的灯塔,信念就是推进航行的风帆。没有理想信念的人生,就像失去了方向和动力的小船,在生活的波浪中随处漂泊,甚至会沉没于急流险滩。

习近平在十八届中共中央政治局第一次集体学习时的讲话指出:"理想信念就是共产党人精神上的'钙',没有理想信念,理想信念不坚定,精神上就会'缺钙',就会得'软骨病'。"[①]

1. 理想信念昭示奋斗目标

人生是一个在实践中奋斗的过程。要使生命富有意义,就必须在科学的理想信念指引下,沿着正确的人生道路前进。譬如航海远行的人必先确定一个目的地,在途中,指针总是指着目的地的方向,这样航行才能有到达目的地的一天,若是方向不定,随风飘转,恐怕永无到达目的地的一天。在生活的海洋里,人生理想如同导航的灯塔,指引着人们朝着奋斗的目标前进。一个人是否理智、是否成熟的根本标志就在于他是否已经确立了自己奋斗终生的目标。一个人如何选择人生道路,理想具有决定性意义。没有理想的青春是灰色的,没有理想的行为是盲目的,没有理想的生活是乏味的……人生如果没有理想,就只能浑浑噩噩、醉生梦死。古往今来,无数事实证明,人有了正确的人生理想,就会因设有既定的奋斗目标

---

① 习近平:《习近平谈理想信念》,求是网,2019 年 7 月 26 日,见 http://www.qstheory.cn/2019-07-26/c_1124799011.htm。

而能在黑暗中看到光明，在遇到困难挫折甚至暂时失败时充满信心并坚信能够胜利。反之，人生就如无舵的小舟，或随波逐流，或触礁，或搁浅。强者和弱者、奋起和沉沦之间其实就是理想和信念的差别，强者会为了自己的理想而奋起，弱者会因为失去了生活的目标而沉沦。尤其对于青年人来说，没有理想是可悲的，一个没有理想的人，好像迷失了方向一样，不但不知道自己明天将到哪里、去做什么，就连今天做什么、为什么要这样做都弄不清楚。只有树立了理想，才知道自己要走的方向是什么，才不会让自己迷路。

【思考】

为什么有的同学进入大学后很迷茫，不想学习也没有动力学习？

一些同学进入大学后，上课不听讲，沉迷于看手机、玩游戏，还有极少数同学逃课不是偶然，而是家常便饭；有些同学迷恋玩游戏，每天打游戏打到昏天暗地；有些同学在网上废寝忘食地看电影、电视剧；有些同学来到大学就抓紧时间追求异性，认为在大学谈恋爱是必修课，有了女朋友或男朋友后，就一起吃吃喝喝、到处游玩、享受生活；还有些同学觉得大学生活无聊，感觉自己很迷茫，每天不知道自己想干什么、该干什么，每天无所事事，跟着感觉走……他们忘记了大学生的主要任务是学习，还有的同学虽然知道上大学的主要任务是学习，但他们提不起劲去学习。这些在大学生群体中出现的现象就是因为有些同学从高中进入大学后，实现了考大学的目标，考上了自己心仪的大学，但他们来到大学后，没有及时地进行人生规划，没有及时确立新的目标，没有树立远大的理想，从而产生了"理想间歇期""动力真空带"状态。他们没有目标、没有理想，在大学失去了方向，很迷茫，无所事事，蹉跎岁月，没有心思学习，也没有动力学习，所以，大学生一定要尽早确立自己的理想信念。

2. 理想信念催生前进动力

理想信念能够激励人们向着既定的目标奋斗前进，是人生力量的源泉。一个人有了坚定正确的理想信念，就会以惊人的毅力和不懈的努力，成就事业、创造奇迹。理想的层次越高，其所提供的动力就越大，反之则越小。人树立了崇高的理想，就能在艰巨的事业中具有顽强的斗志，在平凡的岗位上创造出不平凡的业绩，甚至在国家和人民的利益受到危害的生

第四章　追求远大理想，坚定崇高信念

死关头，会毫不犹豫地献出自己的生命。黄继光、雷锋、焦裕禄……他们之所以能够用短暂的生命谱写英雄的乐章，正是因为共产主义理想给了他们无私无畏的力量。一个人如果缺乏崇高的理想或者没有正确的理想，就会失去前进的动力，只能浑浑噩噩、庸庸碌碌虚度一生。理想信念对人生实践的这种驱动力作用，突出体现为面临艰难困苦、严酷考验时的强大精神支撑力量。人如果有崇高理想做自己的精神支柱，就不会在困难面前唉声叹气、心灰意冷、自暴自弃，就能始终以坚定的信念、高昂的热情、良好的心态和不竭的勇气，永不停息地奋斗向前。马克·吐温说："信仰是可以创造奇迹的。"列夫·托尔斯泰说："信仰是人生的动力。"

【案例】

谢振华将军讲述长征爬雪山的故事

说起长征，已经90岁高龄的谢振华老将军依然思维清晰，两眼充满着睿智的光芒，声音铿锵有力。"长征是人类史上一个伟大的壮举。我们能够翻越大雪山、穿过沼泽草地，就是因为我们红军有一种不屈不挠的精神。"

红军在占领泸定城后继续北上，于1935年6月8日突破敌人设在芦山、宝兴的防线，随后在川康边地区开始翻越长征路上的第一座大雪山——夹金山。这是一座常年被冰雪覆盖、气候变幻莫测、海拔高达4930米的大雪山。然而，崎岖的山路、陡峭险峻的山峰、严寒的气候以及行走时的呼吸困难都没能阻挡他们前进的步伐。

那一年，谢振华19岁，亲身经历了翻越夹金山的过程。在爬雪山的过程中，有一些事情令他终生难忘。在山脚下，他看见彭德怀军团长亲自去抽查一些连队的准备情况；行至半山腰的时候，他又看见骡子驮着文件，而彭军团长自己则与战士一起在茫茫大雪中一步一个脚印地前进，时不时还叮嘱一名身体虚弱的战士抓紧骡子的尾巴边滑边走。一些牺牲的战友倒在了雪地上，一路都是掩埋的痕迹。

回忆起过去，谢振华是这样形容那时候的条件的："那时的艰苦，到了人的生理承受极限，是后人难以想象的。"当他们前进到一个可以避风的斜坡时，谢振华看到有十几名战友围坐在一堆已经燃烧殆尽的炭火前一

动也不动。等他走上前想和他们说话的时候,却发现他们像雕塑一样毫无反应。是的,他们已经牺牲了。雪域高原氧气稀薄,再加上他们围坐在一起烧炭取暖,又消耗了很多的氧气,最终导致他们因为缺氧而牺牲了,就连姓名也不为人所知。

山区天气复杂多变,刚刚还是万里无云,突然就狂风大作,下起铺天盖地的冰雹。谢振华带领着本就呼吸不畅的收容队队员,在这样恶劣的天气下他们互相鼓励,仍然坚持完成工作。每当快要爬到一座山的山顶时,谢振华就会鼓励战友:"大家——咬紧——牙关,坚持,坚持,再坚持。只有——几步——就——到山顶了,我们——就——胜利了!"

长征的艰难险阻可谓世间罕见,无法用语言去形容。曾有记者问,究竟是什么力量支撑着他们挺了过来的呢?谢振华将军是这样回答的:"是对革命的信仰,人不能没有信仰。在爬雪山、过草地的路上,我们红军战士之所以能够坚持过来,就是我们认为吃这种苦,是为了受苦受难的老百姓的翻身解放,相信跟着共产党,为人民打天下,一定会胜利。没有这种信念,是不可能走完二万五千里长征的。"老将军格外叮嘱:"一个人、一个军队、一个国家,任何时候都要有信仰、有理想,有一种精神。"①

拥有崇高的理想信念,可以使青年大学生在遭受挫折、处于逆境时,坚定人生信念,树立信心,奋力去克服困难。这是因为理想信念作为个体自我实现的人生目标,蕴藏着强烈的意志力量。因此,理想信念是激励人们向着既定目标奋斗进取的动力。历史上,凡是为人类进步事业做出贡献的人,都是在崇高理想的指引下,克服各种困难取得成功的。李时珍踏遍青山、尝遍百草,才写出《本草纲目》;马克思呕心沥血 40 年,阅读了 1500 多种书籍,才写出《资本论》。

3. 理想信念提供精神支柱

理想信念是一个人在精神生活领域"安身立命"的根本。没有理想信念的支撑,人的精神世界就如同无根之木、无基之塔。理想信念能够在人们遭遇挫折、经受考验的时候,提供一种强大的精神力量,使人不被困难所压倒,顽强奋斗直至战胜艰难险阻。只有筑牢理想信念之魂,才能经受

---

① 卜金宝:《口述长征》,国防大学出版社 2007 年版,第 20—22 页。

得住各种考验，创造人生事业的辉煌。

【案例】

改变大山女孩的命运，让她们通过读书走出大山

许多年前，在一次家访途中张桂梅偶遇一个女孩，女孩才十三四岁，父母为了3万元彩礼，要她辍学嫁人。在无数次家访中，看着一个个山区女孩因贫困失学，张桂梅心痛到无法呼吸。她说："我体会到，一个受教育的女性，能阻断贫困的代际传递，改变三代人的命运。"她暗暗发愿：要改变大山女孩的命运，让她们通过读书走出大山。于是，张桂梅决心创办免费女子高中，点亮贫困地区孩子的梦想。

然而，这个愿望所需要的资金支持并不小。每到寒暑假，张桂梅就为了筹集资金而东奔西走。她将自己获得的所有奖状证书都打印出来，在街头摆摊募集办学校的钱。从2002年到2007年，她不知道多少次被人误解，被人驱赶，被骂是骗子。这些遭遇并没有打倒她，真正令她有些心灰意冷的是她在这五年里仍未筹措到一笔足以创办学校的钱。

转机出现在2007年。张桂梅当选了党的十七大代表，在她去北京开会时，一名记者发表了一篇文章《我有一个梦想》，将她想要办免费女子高级中学的梦想宣传了出去。之后，丽江市和华坪县分别出资100万元，用于兴建女子高级中学。

2008年，张桂梅创办了全国第一所免费女子高中——云南丽江华坪女子高级中学。女子高级中学成立后，13年来，她一遍又一遍地劝说女孩别放弃学业，近2000名农村女孩成功进入女子高级中学继续学业，改变了人生轨迹。

2009年，家境贫寒的陈法羽没考上公办高中，若读自费的高中，一年要花费好几千元学费。当时妹妹也在上学，家里拿不出这么多钱，她只能放弃读书，回家种地。后来听说华坪有一所女子高级中学，专门招收家庭贫困的女孩，不收取任何费用，陈法羽赶快跑去报名。在女子高级中学三年后，陈法羽考入了云南警官学院，现已成为丽江市的一名警察。回忆高中三年，陈法羽最难忘张校长的严厉与坚守。不管刮风下雨，张桂梅每天清晨都会陪着学生晨练；白天，几乎每节课她都会亲自查课；晚上，她

和学生一起住在宿舍，直到夜里12点后查完宿舍才入睡。"没有张老师的呕心沥血，就没有我们的命运转变。"陈法羽说。

"要改变大山女孩的命运，让她们通过读书走出大山。"张桂梅在这一理想信念的支撑下，无私奉献，心怀大我，全身心地投入到教书育人的崇高事业中。她身上有大大小小的20多种病，左手骨瘤、右手神经末梢瘤、类风湿性关节炎、支气管炎、肺气肿、小脑萎缩……每天她要吃好几种药，身体多处疼痛，双手总是贴满了药膏，但仍常常超负荷工作，以惊人的毅力克服病痛的折磨，始终坚守在三尺讲台上，她不遗余力地践行着"只要还有一口气，我就要站在讲台上，倾尽全力、奉献所有，九死亦无悔"的诺言；她爱生如子，为了不让一名女孩因贫困失学，坚持家访11年，遍访贫困家庭1300多户，行程十余万公里；她对自己近乎苛刻的节俭，把自己一天的生活费控制在3元以内，却把工资、奖金和社会各界的捐款100多万元全部投入到贫困山区教育中，接济困难学生，给家庭困难的学生交学费，带患病的学生去看病，天冷了给她们添置衣被，把母亲般的慈爱全部献给学生和孤儿；她从各个方面无微不至地关爱她们，与迷恋网络的学生同吃同住同学习，精心引导、细心照顾，使她们戒除了网瘾；多年来她一直住在学生宿舍，和孩子们吃住在一起，陪伴学生学习生活。

张桂梅为之苦苦追求的梦想一天天成为现实，她像一盏明灯，燃烧自己，照亮大山女孩的梦。①

【思考】

为什么高中生活紧张、充实而有力量？

同学们回忆高中的生活：读高中，特别是高三时，我们的生活是紧张且忙碌的。每天很早闹钟一响，我们马上起床、不赖床，然后投入一天的学习中；上课认真听讲、认真做笔记，生怕漏了一个知识点；中午抓紧时间快速吃完饭、继续看书学习，有的同学甚至不舍得花时间午睡；下午继续上课、看书、做题，直至晚上学校要熄灯了，有个别同学还继续在被窝

---

① 《张桂梅感动中国2021先进事迹》，壹文秘网，2021年6月15日，见 http://www.yiwenmi.cn/shiji/14828.html。

里打着电筒看书,有的住在家里的同学可能复习到半夜 11 点到凌晨 1 点甚至更晚。高三的生活也是枯燥的,我们每天过着三点一线的生活,每天都是做不完的作业和试卷,我们戒掉了网瘾,我们放下了兴趣爱好,我们不看电视剧……我们除了吃饭、睡觉以外,剩下的时间都在学习。我们的生活虽然枯燥、单调,但我们依然有无穷的力量和冲劲努力学习;我们虽然有点紧张,但我们过得很充实。为什么?因为我们有理想,我们要考上大学,我们要考上自己心仪的大学。考上心仪的大学就是我们的理想信念,在这个理想信念的支撑下,我们很明确自己每天要干什么,我们可以克服惰性、战胜一切困难,我们拥有源源不断的力量努力学习。

所以,同学们要在坚定理想信念上下功夫,为人生的发展筑牢信仰之基,补足精神之"钙",把稳思想之"舵"。

4. 理想信念提高精神境界

理想信念是衡量一个人精神境界高下的重要标尺。理想信念作为人的精神世界的核心,一方面能使人的精神生活的各个方面统一起来,使人的精神世界成为一个健康有序的系统,避免精神空虚和迷茫;另一方面又能引导人们不断地追求更高的人生目标,并在追求和实现理想目标的过程中提升精神境界、塑造高尚人格。

【案例】

为中华之崛起而读书

周恩来在沈阳东关小学读书时,在一次修身课上,魏校长向同学们提出一个问题:"请问诸生为什么而读书?"同学们踊跃回答,有的说:"为明理而读书。"有的说:"为做官而读书。"也有的说:"为挣钱而读书。""为吃饭而读书。"……周恩来站了起来,清晰且坚定地回答道:"为中华之崛起而读书!"魏校长听了为之一振!他怎么也没想到,一个十三四岁的孩子,竟有如此抱负和胸怀!

周恩来从小学时立志"为中华之崛起而读书",至南开中学毕业赴日留学之时,与同学们互赠"愿相会于中华腾飞世界时"的留言,到日本留学后又回国参加五四运动,再去欧洲勤工俭学又回国投身革命……他就一直为中华之崛起而奋斗。少年时定下初心,之后为之奋斗终身。可见,周恩来精神境界之高，从小到大到老都为了国家强大和人民能过上幸福美好的生活而努力。

周恩来坚定的"为中华之崛起"而奋斗的理想信念，使他心中毫无私心，只有党和国家的利益、人民的利益，他一生都在为党为国为民操劳，一生都在践行他的志向。周恩来一生为人民的解放事业鞠躬尽瘁，为社会主义建设事业呕心沥血、日夜操劳。在战争年代，周恩来为了革命事业东奔西走、出生入死；周恩来任总理期间，工作兢兢业业、废寝忘食，廉洁奉公，夜以继日地处理党和国家大事，时刻关心人民的疾苦。1966年3月8日，河北省邢台专区隆尧县发生6.8级大地震。10日下午，周恩来亲自前往受灾最严重的白家寨村。他一边走一边不时停下来跟群众握手，说着："乡亲们，你们受苦了，受惊了，遭灾了，我来迟了。"当时余震不断，他要听取抗震救灾指挥部的汇报，指挥部负责同志考虑到他们办公的房子不大牢固，怕出危险，就在另一处支起一个帐篷，请总理在那里听汇报。周恩来得知后，说："你们不怕危险，就我怕？"他坚持在不时有尘土从屋顶震落的指挥部听汇报。周恩来给灾区群众讲话，那天刮着很大的西北风，可他发现群众都是面对西北风而坐的，原来县委专门搭了一个坐北朝南的背风讲台让总理避风。周恩来不同意，坚持改变布置，让群众背风而坐，他自己迎着风讲话。①

周恩来关心干部、知识分子，热爱人民群众，是人民心中的好总理。他去世时，全国人民悲痛万分，纷纷走上街头送总理，出现了十里长街送总理的感人场面。他的人格魅力更是令人民敬仰，令与他接触过的各国元首敬佩。周恩来去世时，他没有自己的存款，他一生都在关心人民的疾苦；他没有自己的儿女，他和邓颖超收养并养育了烈士的子女。可以说，周恩来的一生不为金钱、不为权力，就为了国家和人民鞠躬尽瘁，为了中华的崛起而奋斗。②

---

① 参见《说不完周总理的故事》，人民网，1998年3月16日，见http://www.peopledaily.com.cn/9803/16/current/newfiles/d1010.html。

② 参见《周恩来的初心：为中华之崛起而读书》，金台资讯百度百家号，2020年8月18日，见https://baijiahao.baidu.com/s?id=1675320659582536067&wfr=spider&for=pc。

【总结】

理想是人们在实践中形成的，有实现可能性的，对未来社会和自身发展目标的向往与追求，是人们的世界观、人生观和价值观在奋斗目标上的集中反映。理想具有超越性、实践性和时代性的特点。信念是人们在一定的认识基础上确立的对某种思想或事物坚信不疑并身体力行的精神状态。信念具有执着性、支撑性和多样性的特点。理想指引方向，信念决定成败；理想信念昭示奋斗目标；理想信念催生前进动力；理想信念提供精神支柱；理想信念提高精神境界；理想信念是我们的精神之"钙"，大学生要树立崇高的理想信念。

三、知识拓展

我们可以从不同视角把握共产主义的含义。共产主义是共产主义理论、共产主义运动与共产主义社会制度的统一。三者是一脉相承的整体。共产主义理论是共产主义运动和建立共产主义社会制度的行动指南；共产主义运动是通向共产主义社会制度的历史过程；共产主义社会制度是共产主义运动的目标。马克思、恩格斯所创立的共产主义理论，是建立在生产力和生产关系的矛盾运动以及经济基础和上层建筑的矛盾运动是推动人类社会历史发展的根本动力的基础上的科学理论，是建立在资本主义基本矛盾是资本主义制度内在的、自身无法克服的矛盾的基础上的科学理论，指出社会主义社会必然代替资本主义社会，最后必然发展为共产主义社会。共产主义作为一种社会制度，是人类历史上最先进、最合理的制度。共产主义作为一种社会理想，是人类最崇高的理想，是我们的奋斗目标，给我们指明了前进目标和发展方向，是我们向往的未来美好的社会，是我们的理想信念。[①]

[①] 参见张丽仙《论马克思的共产主义思想与加强共产主义理想信念教育》，华南师范大学硕士学位论文，2005年，第5页。

四、课后作业

请思考这个问题：理想信念对人生有什么重要作用？

第二节 在实现中国梦的实践中放飞青春梦想

一、教学说明

（一）教学目标

教师通过案例分析、生动形象的故事，使学生了解理想与现实的关系，掌握个人理想与社会理想的统一；使学生明白实现理想的道路建立在脚踏实地的奋斗上，要在实践中艰苦奋斗，实现人生理想；鼓励大学生立志当高远、立志做大事、立志须躬行。

（二）教学重点与难点

（1）理想与现实的关系。
（2）个人理想与社会理想的统一。
（3）放飞青春梦想，实现人生理想。

（三）教学方法

教师采用案例分析及启示、理论的阐述和分析等教学方式教学。

二、教学内容

【导入】

一对义肢和一个珠峰梦

1975年,国家登山队队员夏伯渝冲顶珠穆朗玛峰(简称"珠峰")。5月1日,登山队在珠峰遇到暴风雪,不得不选择下撤。途中,队友遗失了背包与睡袋,夏伯渝把自己的睡袋让给队友。回到山下时,夏伯渝的双脚渐渐变黑、萎缩,他的双脚被冻坏,需要进行截肢。夏伯渝截肢后换上了义肢,但是他从未放弃冲顶珠峰的梦。

2014年,65岁的夏伯渝再次来到珠峰脚下。可在他到达珠峰大本营后,由于发生了严重的山难,尼泊尔政府取消了当年所有的登峰计划。2015年,夏伯渝再次出发,却遇到了8.1级地震,他的珠峰梦想再次破灭。2016年,他又踏上冲击珠峰之巅的道路。2016年5月12日,在距离顶峰94米处,天气突变,夏伯渝和队友最终选择了放弃登顶。从珠峰回来后,夏伯渝的双腿患上了血栓。医生告诉他,他不能再去登山了。然而,梦想就在94米之上的地方,他不甘心,更不服输,哪怕四次失败,谁又能断言下一次不会成功。2018年5月,夏伯渝又向峰顶奋进。2018年5月14日北京时间10时41分,夏伯渝终于登上了珠穆朗玛峰的峰顶,征服了属于他的"人生之巅",夏伯渝成为中国首位依靠义肢登上珠峰的人。

登顶珠峰是夏伯渝最大的梦想,也是支撑他一路克服困难的最大动力。时隔43载,夏伯渝第五次攀登珠峰,终于实现了他的奋斗目标。夏伯渝的珠峰梦故事告诉我们:平凡的人因有理想而伟大,只要坚持不断地去努力、去尝试,理想就会实现。[①]

---

① 参见《有理想,谁都了不起!夏伯渝成为中国首位依靠义肢登上珠峰的人》,生活报百度百家号,2018年5月16日,见https://baijiahao.baidu.com/s?id=1600583714648514254&wfr=spider&for=pc。

夏伯渝依靠义肢第五次才成功登上珠峰，实现了他的梦想。有理想、有梦想的人生才是有价值、有意义的人生。有理想固然重要，但要实现理想并不容易，实现理想是一个长期的过程，理想越远大，实现理想需要的时间也越长。实现理想的过程会遇到很多的艰难险阻，实现理想的道路是非常艰难且曲折的。夏伯渝第五次才成功登顶，第四次离珠峰顶只有94米了，但因为天气的原因，还是失败了。理想的实现不是一蹴而就的，需要我们在实践中不断坚持、不断努力、不断尝试、不断克服各种困难，需要艰苦奋斗才能实现理想。

（一）科学把握理想与现实的辩证统一

在追求理想的过程中，人们常常会感受到理想与现实之间的矛盾，也容易对理想与现实的矛盾产生困惑，这就需要正确认识理想与现实的关系。理想与现实是一对矛盾。理想是人们为之奋斗求其实现的目标，现实是走向未来、向目标进发的出发点和立足点。因此，理想与现实两者是不同的。但理想与现实又是相互联系、辩证统一的。

1. 理想与现实的对立

理想与现实存在着对立的一面，二者的矛盾与冲突属于"应然"和"实然"的矛盾；理想是"应然"的，现实是"实然"的。假如理想与现实完全等同，那么理想的存在就没有意义。理想源于现实，是对现实的反映，但不等于现实，而是现实的升华；如果理想就是现实，理想就失去了存在的意义。现实也不等于理想，如果现实就是理想，人们就没有了奋斗目标。

（1）认识偏向一：用理想否定现实，对现实大失所望。以理想来否定现实：当现实不符合理想预期时，对现实大失所望，甚至对现实采取全盘否定的态度。有的人用理想的标准来衡量和要求现实，当发现现实并不符合理想的时候，就对现实大失所望，甚至极为不满，这样发展下去可能会导致其对社会现实全盘否定，逃避或反对现实社会。毋庸讳言，现实中确实存在着许多消极、腐败、丑恶的现象，对此不能视而不见。但同时也要认识到，社会生活的主流是好的。改革开放以来，我国社会经济和各项事业蓬勃发展，人民生活水平有了很大的提高，国际威望大为提升，可以说这一时期是中华人民共和国成立以来最好的时期。由于社会生活的复杂性，在改革开放、发展经济的过程中，社会也出现了消极、腐败、丑恶的现象，出现了两极分化，但这些毕竟不是生活的主要方面，怎么能只因看到这些现象就对社会不满或失去信心呢？这些现象正是我们要努力克服的，应该同这些现象做斗争，而不应逃避现实。

（2）认识偏向二：用现实否定理想，丧失信心和勇气。在追求理想的过程中，在发现现实与理想有很大差距的时候，在遇到现实困难时，一些人就感觉理想太"渺茫"、太"不实际"，觉得理想遥不可及而丧失信心和勇气，甚至放弃理想而随波逐流。有的人由于看到理想与现实的矛盾，面对现实失去信心和热情，"告别理想""告别崇高"，热衷于"实惠"，信奉"理想，理想，有利就想""前途，前途，有钱就图"，走向拜金主义的泥坑。

2. 理想与现实又是统一的

理想受现实的规定和制约，是在对现实认识的基础上发展起来的，是未来的现实。一方面，现实中包含着理想的因素，孕育着理想的发展；另一方面，理想中也包含着现实，既包含着现实中必然发展的因素，又包含着由理想转化为现实的条件。在一定的条件下，理想就可以转化为未来的现实。脱离现实而谈理想，理想就会成为空想。

理想总是美好的，现实既有美好的一面，也有丑陋的一面，理想和现实本不同。再美好的理想也是从现实发展而来的，现实并非一无是处，一定存在合理的因素。正确的做法是立足现实，努力改造现实，逐步实现理想。

3. 实现理想的长期性、艰巨性和曲折性

理想变为现实不是一蹴而就、一帆风顺的，往往会遭遇波澜和坎坷。如果把实现理想设想得过分容易，对前进道路上的困难缺乏思想准备，就会影响理想的实现，甚至会导致人们在困难面前对理想失去信心。因此，在确立理想和实现理想的过程中，要充分认识理想实现的长期性、艰巨性和曲折性。

理想的实现是一个长期的过程，是一个艰巨且曲折的过程。理想的实现之所以是一个过程，原因在于理想与现实的差别。理想是对现实的超越，理想的实现并非易事，并不是现实状态的简单延伸。在实现理想的道路上，我们必然会遇到各种各样的困难和挫折，有时道路上布满了荆棘，

有时会遇到急流险滩。这一过程时间的长短与理想目标的高低直接相关。一般来说，理想目标越低，实现它的时间越短，经受的困难和挫折就越少；反之，一个人追求的理想越高远，实现的时间就越长，遇到的困难和挫折就越大。理想实现过程的长短、艰巨与否还取决于主、客观诸多方面的因素。如何对待个人理想、社会理想实现过程中的顺境和逆境，人们应该有正确的认识和充分的思想准备。

没有谁的理想是轻轻松松就可以实现的，必须长期付出更为艰巨、更为艰苦的努力才能实现。李时珍为了成就悬壶济世、拯救生灵的志向，他"搜罗百氏"，研读典籍八百种；"访采四方"，踏行六省万里路，历时多年，写成了世界医药科学的辉煌药典《本草纲目》。居里夫人，历时四年之久，从几千斤沥青中提炼出了镭，从而为造福人类做出了贡献。吉耶曼和沙利，为证实英国生理学家哈里斯的下丘脑神经激素控制脑垂体前叶分泌的假说，他们用了7年的时间才从猪的下丘脑中成功分离了微量的下丘脑激素，接着又用了6年的时间从10万头猪中分离出了3毫克的下丘脑激素，这还不足以用于进一步的分析研究之中。他们历经21年的艰苦奋斗，终于获得了下丘脑激素实验的成功，因此，双双荣获1977年诺贝尔生理学或医学奖。马克思写《资本论》花费了40年的时间，司马迁写《史记》用了30年，曹雪芹用了10年时间还没完成我国的四大名著之一《红楼梦》。[①]

【案例】

石阶和石佛的故事

寺院里的和尚准备修建新的庙宇。一天，他们找到了一块大石头，将石头一分为二。一半的石头经过了细心打磨、精心雕刻，最后终于雕成了一尊佛像；而另一半石头被切了四刀，切割成了大台阶。

新修建的庙宇终于落成了，没过多久就香火旺盛。周围的善男信女都来到大殿前，踏着石阶来到石佛前，对着石佛跪拜……

[①] 参见魏传光、金焱《思想道德修养与法律基础辅导读本》，暨南大学出版社2018年版，第47页。

第四章　追求远大理想，坚定崇高信念

有一天，石阶终于忍无可忍了，大声质问石佛："你我本来就是从一块石头上分离出来的，为什么人们都践踏着我的身躯，却对你顶礼膜拜呢？"石佛微微一愣，继而会心一笑："石阶啊！石阶！虽然你我都是同一块石头，但你只遭受了四刀之痛，而我却遭受了千刀万剐之伤，还要惨遭无数次的打磨抛光之苦。你没受我这样的苦，自然就是平常的石阶，而我有了这样的磨难，自然就成佛作祖了，千刀万剐始成佛啊！"①

【启示】

人们往往只是看到了理想实现的荣耀和光辉，忽略了实现理想的背后所付出的无数的艰辛和汗水。理想的实现要经过千难万险的历程，走过坎坷曲折的道路，展现坚定不屈的信念，有了能人所不能的经历，方能达到被人欣赏的境界。

【案例】

社会主义的发展历史

社会主义从空想到科学，从科学理论变成现实的社会制度，经过了400多年的探索和实践。1516年，英国大托马斯·莫尔撰写的《乌托邦》一书问世，标志着空想社会主义的诞生。空想社会主义诞生后，经历了三个发展阶段。16—17世纪，空想社会主义第一个发展阶段的代表人物和代表著作主要有英国托马斯·莫尔的《乌托邦》、意大利托马斯·康帕内拉的《太阳城》等。早期的空想社会主义批判资本主义社会的罪恶，表达对未来新社会的畅想。18世纪，空想社会主义进入了第二个发展阶段，这个阶段的主要代表人物和代表著作有法国摩莱里的《自然法典》、法国马布利的《论法制或法律的原则》等。第二阶段的空想社会主义者带有浓厚的启蒙主义色彩，他们普遍持"天赋人权"原则，用法律条文的形式来批驳资本主义的不合法性。19世纪初，空想社会主义进入了第三个阶段，

---

① 参见《石佛与石阶的故事》，新浪微博，见 http://blog.sina.com.cn/s/blog_e7da1ac401030dk7.html。

在这个阶段中，以法国的圣西门、傅立叶，英国的欧文为代表的三大空想社会主义者影响尤为深远，他们从思想上分析资本主义的弊端，提出了许多有积极意义的理论观点，甚至直接采用局部试验的方式尝试改造旧世界，建设理想的新社会。空想社会主义经历了300多年的历史，它深刻地批判了资本主义社会人剥削人的罪恶，表达了人们对理想社会的向往，提供了启发工人觉悟的思想材料，为马克思、恩格斯创立科学社会主义提供了直接的思想素材。1848年2月，马克思、恩格斯所著的《共产党宣言》问世，标志着社会主义走出了300多年的空想隧道，进入了科学发展的崭新境界。科学社会主义诞生后，进入了社会实践领域，成为无产阶级革命的行动指南。1917年10月，列宁成功领导了俄国十月革命，建立了世界上第一个社会主义国家，使国家社会主义第一次由理论变为现实。随后，全世界30个国家纷纷建立共产党组织。20世纪40年代，东欧一批国家陆续走上了社会主义道路，如南斯拉夫、罗马尼亚等。此后，越南、中国、朝鲜、古巴等纷纷建立了社会主义制度。然而，到了20世纪80年代末90年代初，苏东国家内部将"改革"变成了"改向"，最终导致了苏联解体和东欧剧变，社会主义制度在苏东国家全部沦陷。东欧剧变后，社会主义运动遭受了巨大挫折。苏联和东欧的社会主义国家都改旗易帜，走上了资本主义道路。现在世界上的社会主义国家仅剩中国、越南、朝鲜、古巴、老挝。中国共产党在世界社会主义发展处于低谷时，既坚持科学社会主义基本原则，又赋予其鲜明的中国特色，创造性地开辟了中国特色社会主义道路。改革开放40多年的发展，使科学社会主义在中国焕发出了强大的生机与活力，在世界上高高举起了中国特色社会主义的大旗。社会主义的发展历史从空想社会主义到今天我们走上中国特色社会主义道路经过了500多年。[1]

胡锦涛在党的十七大报告中指出："全党同志必须清醒认识到，实现全面建设小康社会的目标还需要继续奋斗十几年，基本实现现代化还需要继续奋斗几十年，巩固和发展社会主义制度则需要几代人、十几代人甚至

---

[1] 参见《牛先锋：社会主义五百年的历史及其启示》，河北党史网，2021年9月24日，见 http://www.hebeidangshi.gov.cn/article/20210924/2-2021-13636.html。

几十代人坚持不懈地努力奋斗。"①

社会主义运动的历史进程,充分印证了社会理想实现的道路是长期的、艰巨的和曲折的。

正确对待实现理想过程中的顺境与逆境。顺境,如同顺水行舟,集合天时、地利、人和等有利因素,使人们更容易接近和实现目标,但是,也容易使人意志衰退,自满自足,产生"骄娇"二气。顺境时,不要得意忘形。逆境时,如同逆水行舟,需要付出更大的努力和更多的艰辛才能成功。逆境只是增大了人们向理想目标前进的难度,而不是消解了实现理想目标的可能性。逆境可以磨炼人的意志,丰富人的阅历,创造出乎意料的奇迹。逆境时,不要悲观失望。

4. 艰苦奋斗是实现理想的重要条件

习近平说:"人类的美好理想,都不可能唾手可得,都离不开筚路蓝缕、手胼足胝的艰苦奋斗。"② 一个没有艰苦奋斗精神作支撑的民族,是难以自立自强的;一个没有艰苦奋斗精神作支撑的国家,是难以发展进步的;一个没有艰苦奋斗精神作支撑的政党,它的事业是难以兴旺发达的。对于当代青年来说,理想的实现必须通过实践才能转变为现实。凡有成就者,其渊博的知识、卓越的才能、闪光的智慧、不朽的业绩,都是从艰苦奋斗中得来的。

【案例】

红军长征吃皮带的故事

红军长征时,粮食不足,经常以野菜、草根充饥,但野菜、草根毕竟不顶饿,实在饿得不行时,有的红军战士便想到了吃牛皮腰带,他们便将制草鞋底用的牛皮或者身上的皮带切成细条,嚼碎吃进肚子来充饥。红军吃牛皮主要有四种方法。一是煮着吃。先用刀把牛皮切成一条一条,等牛皮的表面

---

① 胡锦涛:《高举中国特色社会主义伟大旗帜 为夺取全面建设小康社会新胜利而奋斗——在中国共产党第十七次全国代表大会上的报告(2007年10月15日)》,载《人民日报》2007年10月25日,第1—4版。
② 习近平:《在同各界优秀青年代表座谈时的讲话(2013年5月4日)》,见《十八大以来重要文献选编(上)》,中央文献出版社2014年版,第280页。

被煮软了，小心刮去表面那一层，吃里面的牛皮。二是烤着吃。把牛皮烤到有些变色、变软，就能吃了。三是先煮，再烤。先把牛皮剪碎，放在开水里煮，再埋在火堆里烤，借着里面没熄掉的火烤熟。四是先烤，再煮。先用火烤热，烤完后把黑灰刮掉，再放到锅里煮，等煮软了切成丝，与野菜粥搅在一起。其实，大锅里才飘着几根牛皮丝，看得见，捞不着……

长征时，红军战士周国才14岁，他所在的班原有14名战士，到达草地时就只剩下7个人了。进入草地不久，他们班的干粮就吃完了，只能挖野菜、吃草根、啃树皮；到后来连野菜也找不着了，他们只好开始吃枪带和鞋上的皮子。可这些东西也没坚持多久就被吃光了，大家解下自己的皮带煮着吃。6位战士的皮带吃完后，大家对周国才说："该吃你的了。"周国才的这条皮带是缴获的战利品。周国才舍不得吃掉它，可为了抵抗饥饿，挽救战友的生命，他将自己的皮带贡献了出来。当皮带第一个眼儿前面那一截被吃完后，他哭着恳求战友说："我不吃了，同志们，我们把它留着做个纪念吧，我们带着它去延安见毛主席。"大家怀着对革命胜利的憧憬，忍饥挨饿，将这吃剩的半截皮带保留了下来。

在随后的长征途中，周国才的6位战友相继牺牲，只有他随红四方面军到达了延安。为了缅怀牺牲的战友，他用铁筷子在皮带背面烫上了"长征记"3个字。1975年，周国才将这珍藏了几十年的半截皮带捐赠给国家，后由中国革命博物馆（现中国国家博物馆）收藏。这条皮带真实见证了长征那段艰辛而充满希望的岁月。[①]

在长征的过程中，红军不仅吃不饱、饿肚子，要吃皮带充饥，而且也穿不暖，甚至晚上睡觉时没有被子盖。面对生活物资极度匮乏的局面，甚至有时连基本的生存条件都不具备；红军还要面对险恶的自然环境和极端天气，他们爬过了很多空气稀薄的冰山雪岭，穿越了渺无人烟的沼泽地；同时，后面有敌人的追兵，前面有敌人的拦截，天上有敌人的飞机轰炸。纵观整个长征的过程：四渡赤水河、巧渡金沙江、飞夺泸定桥、强渡大渡河、爬雪山、过草地……红军长征所面临的各种环境是无比艰险的。最

[①] 参见《长征路上吃皮带》，中国共产党新闻网，2016年8月25日，见http://dangshi.people.com.cn/n1/2016/0825/c85037-28666190.html。

第四章　追求远大理想，坚定崇高信念

终，红军战士击退了上百万穷凶极恶的追兵阻敌，克服各种艰难险阻，取得了长征的胜利。长征的胜利就是红军发扬艰苦奋斗精神的胜利，艰苦奋斗让红军战胜了比自己强大数倍甚至数十倍的敌人；艰苦奋斗让红军征服了人间罕见的各种艰险。长征的胜利体现了红军战士不怕艰难困苦、永久坚持的精神。

井冈山革命时期，生活条件极其艰苦。没有盐，井冈山军民就把老墙土刮下来泡在水里，然后熬成硝盐，这种硝盐又苦又涩，很难食用；没有吃的，红军就吃红米、南瓜，甚至野菜；没有棉衣、棉被，在冬天，红军官兵只穿两件单衣，晚上睡觉盖的是干稻草。但是，就在这样的条件下，工农红军多次粉碎国民党的围剿，巩固和扩大了革命根据地。正是在这样艰难的环境中，井冈山革命根据地点燃的"星星之火"，很快形成了"燎原之势"。在中国共产党的领导下，全国各地纷纷举行武装起义，建立了革命根据地。中国革命从井冈山出发，走向胜利。[①]

艰苦奋斗是我们的传家宝。我们的国家，我们的民族，从积贫积弱一步一步走到今天的繁荣富强，靠的就是一代又一代人的顽强拼搏，靠的就是中华民族自强不息的艰苦奋斗精神。

对于当代大学生来说，要获得渊博的知识、卓越的才能，取得不朽的业绩，获得一定的成就，仍然需要艰苦奋斗的精神。所有理想的实现，都是从艰苦奋斗中得来的。艰苦奋斗是成就人生事业不可或缺的条件。在通向理想的道路上，在实现理想的过程中，没有艰苦奋斗的精神，理想是不会自动转化为现实的。那种认为"艰苦奋斗是老一辈的事，当代青年不需要艰苦奋斗"的观点，在理论上是错误的，在实践中是有害的。只是我们今天的艰苦奋斗的内涵与革命战争年代的艰苦奋斗的内涵侧重点不同：我们今天国泰民安，不用受颠沛流离之苦；物质丰富，不用吃皮带、吃野菜，不会缺衣少粮；但在实现理想的过程中，我们仍然要吃苦耐劳，面对各种困难，迎难而上，排除万难；面对一次又一次的挫折，要坚定信念，发扬艰苦奋斗的精神，战胜一切艰难险阻，才能实现我们的理想。

大学生要把敢于吃苦、勇于奋斗的精神落实到学习、生活和工作中，

[①] 参见罗本琦、孙晓峰《"思想道德修养与法律基础"课教学案例解析》，合肥工业大学出版社2008年版，第22页。

在学习上，刻苦钻研、不畏艰难，孜孜不倦地学习理论和专业知识，不断提高思想道德和专业知识水平；在生活上，艰苦朴素、勤俭节约，抵制和反对铺张奢华的思想和生活作风；在工作上，奋发图强、不怕困难、不畏艰险，努力完成各项任务。

（二）个人理想和社会理想的有机结合

坚持把个人奋斗目标与国家、民族的奋斗目标相统一，把个人理想融入社会理想之中，在为实现社会理想而奋斗的过程中实现个人理想，这是大学生成长成才的必由之路。

【案例】

鲁迅为什么弃医从文

鲁迅为了给父亲治病，经常出入当铺和药店，遭人白眼，这使他深感治病的艰难，从此他立志学医，准备学成后"救治像我父亲似的被误的病人的疾苦，战争时候就去当军医，一面又促进了国人对于维新的信仰"。但是鲁迅在仙台学医时碰到了一件事，改变了他学医的志向。有一次，在上课时，课堂上放映着幻灯片，播放的是日俄战争的故事：一个被说成是俄国间谍的中国人，即将被手持钢刀的日本士兵砍头示众，而许多站在周围观看的中国人，一个个无动于衷，脸上是麻木的神情。这时，身边一名日本学生说："看这些中国人麻木的样子，就知道中国一定会灭亡！"鲁迅听到这话，忽地站起来，向那个日本人投去两道威严不屈的目光，昂首挺胸地走出了教室。通过这件事，鲁迅认识到：腐败的清王朝丧权辱国，人民又不觉醒，是中国落后的根源。人们的身体再健壮，但不知道爱国，不知道反抗压迫，又有什么用呢？现在中国最需要的是改变人们的精神面貌。要唤醒民众，最好的方法就是用文艺作品来感染他们、教育他们。于是，鲁迅中途退学，弃医从文。最终，鲁迅成为中国现代史上著名的文学家、思想家和革命家，是中国现代文学的奠基人之一。[①]

[①] 参见罗本琦、孙晓峰《"思想道德修养与法律基础"课教学案例解析》，合肥工业大学出版社2008年版，第17页。

第四章 追求远大理想，坚定崇高信念

鲁迅弃医从文之所以被人们传诵，是因为他将个人奋斗目标与国家、民族的奋斗目标相统一，将个人理想与社会理想统一了起来，心藏天下，忧国忧民。从解救中国人生理上的病痛到医治中国人精神上的痼疾，从医学救国到文学救国，这是鲁迅在人生道路上的重要转折。为了实现中华民族的复兴，鲁迅一生用自己手中的笔与旧社会反动派做斗争。

1. 个人理想与社会理想的辩证关系

个人理想是指处于一定历史条件和社会关系中的个体对自己未来的物质生活、精神生活所产生的向往和追求。社会理想是指社会集体乃至社会全体成员的共同理想，即在全社会占主导地位的共同奋斗目标。个人理想与社会理想的关系实质上是个人与社会关系在理想层面的反映。个人与社会有机地联系在一起，二者相互依存、相互制约、共同发展。同样，社会理想与个人理想也不是彼此孤立的，它们之间相互联系、相互影响、相互制约。

2. 个人理想以社会理想为指引

追求个人理想的实践活动都是在社会中进行的，正确的个人理想不是依个人主观愿望随意确定的，从根本上说，它是由正确的社会理想规定和制约的。同时，个人理想的实现，必须以社会理想的实现为前提和基础，违背社会理想的个人理想很难实现。无数事实证明，个人理想只有同国家的前途、民族的命运相结合，个人的向往和追求只有同社会的需要、人民的利益相一致，才可能变为现实。

【案例】

袁隆平的事迹

袁隆平从小就意识到这一点："要想不受别人欺负，国家必须强大起来。"因此，他始终将个人前途与国家利益、民族命运紧紧相连。

亲身经历过抗日战争和解放战争，目睹过倒伏在路边的饿殍，那一幕幕让袁隆平深感痛心。他说："饥荒的时候饿死人，我都亲眼见过。吃饭是天下第一桩大事，没有饭吃，人类怎么生存？"于是，他放弃了体育救国的梦想，打消了参军报国的想法，在1949年报考了西南农学院（现西南大学），将自己对祖国的热忱结成了"一串串饱满的稻穗"。

"禾下乘凉梦"的梦想从他1949年考取西南农学院时就已经萌芽了。袁隆平认为："我们国家人口多、耕地少，保障国家粮食安全，唯一的办法就是提高单产。因此，高产对于我来说，是一个永恒的主题。"

大学毕业后，袁隆平被分配到湖南安江农校任教。1960年，罕见的天灾人祸造成了严重的粮食饥荒。袁隆平目睹了严酷的现实，辗转反侧不能安睡。他决心努力发挥自己的才智，用学过的专业知识尽快培育出高产水稻新品种，让粮食大幅度增产，用农业科学技术战胜饥饿。1964年，袁隆平开始着手研究杂交水稻。1971年，他找到雄性不育系；1973年，找到三系配套模式，成立了"全国杂交水稻研究协作组"；1976年，成功推广了杂交水稻……1971—1976年前后不到六年时间，成就了国际上都尤为震惊的杂交水稻育种"中国速度"。正是因为袁老的不懈努力，我国才能成为最早在生产上利用不育系培育杂交水稻的国家。

1985年，袁隆平提出杂交水稻育种的战略设想，为杂交水稻的进一步发展指明了方向；1995年，成功研制了两系杂交水稻；1997年，提出了超级杂交水稻育种技术路线。袁隆平育成了超级杂交水稻，并促使杂交水稻走向世界，同时把帮助国内和其他国家研究机构发展杂交水稻当作为人类谋幸福的崇高事业和远大理想。他希望杂交水稻的研究成果不但能增强我们国家解决吃饭问题的能力，同时也为解决人类仍然面临的饥饿问题做出更大的贡献。袁隆平历尽艰辛发现了对杂交水稻育种有极其重要的作用的"野败"植株后，慷慨地把"野败"材料奉献出来，把专利无私地贡献给了国家，如果他申请专利的话，或许他现在是中国乃至世界上最富有的人之一。

袁隆平把个人理想同国家、民族的奋斗目标统一起来，把个人理想同国家的前途、民族的命运相结合，使个人的向往和追求同社会的需要和人民的利益相一致，经过不断努力，克服各种困难，培育出了杂交水稻。杂交水稻成果不但使水稻的单产和总产大幅提高，而且还可以在沙漠和盐碱地种植。袁隆平的杂交水稻成果使我们14亿的人口大国实现了"把饭碗牢牢端在自己手中"的愿望，解决了14亿人的吃饭问题；袁隆平的杂交水稻还种到了非洲乃至全世界，为解决世界粮食短缺问题做出了很大的贡献。同时，袁隆平也实现了自己的人生理想和人生价值，袁隆平被称为

"杂交水稻之父"，2019年，袁隆平被授予"共和国勋章"。①

可见，个人理想的确立要以社会理想为引导，个人理想的实现依赖于社会理想的实现。个人理想必须要与国家前途、民族命运相结合。个人追求只有同社会的需要和人民的利益相一致，才是有意义的。如果个人追求脱离了国家、民族和时代的需要，它往往难以实现，甚至会导致自我毁灭。

3. 社会理想是个人理想的汇聚和升华

社会是个人的联合体，社会理想与个人理想密不可分。社会理想不是凭空产生的，也不是由外在力量强加的，而是建立在众人的个人理想基础之上的。个人理想体现着社会理想，社会理想包含着千百万人的个人理想。社会理想归根到底要靠全体社会成员的共同努力来实现，并具体体现在每个社会成员为实现个人理想而进行的活生生的实践中。

个人只有把人生理想融入国家和民族的事业中，才能最终成就一番事业。大学生对自己未来生活的追求和向往，不能脱离当代中国的社会现实。坚持和发展中国特色社会主义，实现中华民族的伟大复兴是当代中国最大的现实，也是全体中国人民共同的社会理想。大学生要在社会理想的指引下，珍惜韶华，奋发有为，勇于追求个人理想，在实现社会理想的过程中努力实现个人理想。

（三）为实现中国梦注入青春能量

青年的前途离不开国家的前途，没有国家的前途也就没有青年的前途。大学生肩负实现中华民族伟大复兴的中国梦的历史重任，只有把实现理想的道路建立在脚踏实地的奋斗上，才能放飞青春梦想，实现人生理想。

---

① 参见《壮丽70年·奋斗新时代——共和国荣光袁隆平：把对祖国的热忱结成饱满的稻穗》，中央纪委国家监委网站百度百家号，2019年9月24日，见 https://baijiahao.baidu.com/s?id=1645530579440140329&wfr=spider&for=pc；参见《跨越世界水稻育种"禁区"，他的论文"孕育"了杂交水稻》，《科技日报》百度百家号，2021年5月22日，见 https://baijiahao.baidu.com/s?id=1700440961434879236&wfr=spider&for=pc。

1. 立鸿鹄志，做奋斗者

墨子说："志不强者智不达。"诸葛亮说："志当存高远。"王守仁说："志不立，天下无可成之事。"这里的"志"具有双重含义：一是对未来目标的向往，二是实现奋斗目标的顽强意志。志向，就是理想信念；立志，就是确立理想信念。远大的志向如太阳，唯其大，才有永不枯竭的热能；如灯塔，唯其高，才能照亮前进的航程。有大志者，人生事业才能辉煌。

【案例】

王阳明立圣贤之志

王阳明十二岁在京师念书时问老师："何为第一等事？"老师说："只有读书获取科举名第。"他却说："第一等事恐怕不是读书登第，应该是读书学做圣贤。"王阳明十二岁就确立了读书做圣贤的志向，一生也朝着这个方向努力。古人把王阳明称为"真三不朽"的人，所谓"三不朽"指立德、立功、立言，王阳明在这三个方面成就都很圆满，这样的成就在中国古代也不多见。尽管中国历史悠久，文化灿烂，很多历史人物为整个民族的文化建设做出了很大的贡献，但是像王阳明这样在立德、立功、立言三个方面成就皆圆满的人物也极少。

王阳明确立了做圣贤的伟大志向后，他基本上就沿着自己的理想不断努力、不断摸索、不断探索，一步步朝这个志向靠近。最终，他也成为圣贤。人总是成为他期盼成为的样子。王阳明在追求成为圣贤的路上，创立了良知学说，也就是阳明心学，阳明心学是圣人之学。王阳明一生取得这么大的成就，并成为圣贤之人，与他十二岁就立志做圣人的志向休戚相关。人一定要有志向，有了志向就有了方向，也有了奋斗的目标，就不会蹉跎岁月，方能成就事业，志向越远大，成就的人生事业也越伟大、越辉煌。①

---

① 参见董平《浙江大学公开课：王阳明心学》，网易公开课第一讲，2022年10月3日，见 https://open.163.com/newview/movie/courseintro? newurl＝IHE4FMOQV。

第四章 追求远大理想，坚定崇高信念

立志贵在高远。一个人坚持的理想会有力地把他塑造成相应类型的人。历史上，那些常常以伟人事迹激励自己的人，大都在以后的实践中干出了轰轰烈烈的事业，许多人名垂青史。一介草民的陈胜喊出了"王侯将相宁有种乎"的不平，受到奚落后慨然答道："燕雀安知鸿鹄之志哉！"他最后成为我国第一次大规模农民起义的起义军领袖，建立了张楚政权。诸葛亮年轻时隐居乡野，"躬耕陇亩"，但胸怀大志，"每自比为管仲、乐毅，时人莫之许也"。诸葛亮坚信自己的才干，矢志不移，终于经刘备三顾茅庐而出仕，成为历史上的一代名相。[①] 秦末豪杰项羽见秦始皇时说："彼可取而代之也。"刘邦在咸阳见到秦始皇时说："嗟乎，大丈夫当如此也。"拿破仑青年时即立志做"创造历史的人"。毛泽东年轻时，"身无分文"而"心忧天下"。上述历史人物的成就与其青年时期的伟大志向是分不开的。

大学生处于人生发展的重要转折期。他们的心智快速走向成熟，已经具备了确立理想信念的理性前提。大学生应确立自己的理想信念，而且大学生确立什么样的志向，对大学生及其大学毕业后人生道路的影响是不言而喻的。大学生确立了远大的志向，就像提前种下了一棵大树的种子，将来自己就能长成"参天大树"，成才，成栋梁之材；大学生确立了一个只为自己和小家庭的小目标，就像种下了一棵小草的种子，将来自己只能长成"小草"，不可能长成"参天大树"。希望我们的大学生都能树立鸿鹄之志，种下一棵大树的种子，将来长成"一棵大树"，成就一番事业。

2. 心怀"国之大者"，敢于担当

青年应以国家民族的命运为己任，而不要仅以个人的荣华富贵为人生的理想。如果一个人不顾自身所处时代的召唤，脱离自己所归属的国家和民族繁荣发展的需要，一切以自我为中心，那么，不仅他的人生价值取向是错误的，而且这种追求因为脱离了国家、民族和时代的需要，往往也是难以实现的。

---

① 参见方徽聪《思想道德修养与法律基础》，南海出版公司2006年版，第133页。

【案例】

"两弹一星"元勋——邓稼先

邓稼先受父亲影响，年轻时就树立了科技救国的理想信念。邓稼先赴美留学，不到 2 年，26 岁的他就获得了美国普渡大学的物理学博士。他的导师希望他留在美国，给他提供了更好的科研条件和生活条件，但邓稼先在拿到博士学位的 9 天后就义无反顾地回来建设一穷二白的祖国。回国后，邓稼先参加组织和领导了我国核武器的研究、设计工作。

为了中国核武器的研制事业能够发展起来，为了使中国尽快强大起来，邓稼先在西北荒漠的核试验基地工作了 28 年，差 3 年就是他生命的一半时间，他 28 年远离妻子，不能陪伴在孩子身边。在一次航投试验的事故中，原子弹被摔裂了，此时，邓稼先深知危险，一个人抢上前去把摔裂的原子弹碎片拿到手里仔细检查，把自己暴露在核辐射下，放射性物质侵入了他的身体。离开家的 28 年后，他回家时，已经是一个晚期癌症病人。

邓稼先学成归国后，承担起作为一个中国人的责任，投入到中国社会主义建设中。为了中国的核武器事业，他离开妻儿，放弃了家庭的天伦之乐，错过了孩子们的成长，在荒漠中吃苦耐劳，全身心地投入到我国核武器的研制中，肩负起自己的历史使命，为中国社会主义的建设事业做出了巨大的贡献。在病床上，他对看望他的同事说得最多的一句话是："你们快去工作吧，别让那些国家把我们中国落得太远了。"在弥留之际，邓稼先对妻子说："假如生命终结后可以再生，那么，我仍选择中国，选择核事业。"[1]

邓稼先是我国第一颗原子弹和第一颗氢弹的理论设计者，是我国核武器理论研究的奠基者之一，为我国的核事业做出了重大贡献，被称为"中国原子弹之父"。1999 年，中共中央、国务院、中央军委为邓稼先追授

---

[1] 参见梁植《我的偶像》，豆丁网，2016 年 4 月 1 日，见 https://www.docin.com/p-1514758010.html。

"两弹一星功勋奖章"。

在今天,做大事就是投身于新时代中国特色社会主义伟大事业。无论从事什么具体、平凡的工作,只要是与中国特色社会主义伟大事业相联系、服务于祖国和人民的,就值得我们去做。新时代的大学生应该肩负历史使命,把个人的命运与国家和人民的命运联系在一起,立为国奉献之志,立为民服务之志,让青春在为祖国和人民利益的不懈奋斗中绽放绚丽之花。

3. 自觉躬身实践,知行合一

理想在实践中产生,也只有在实践中才能实现。光想不做,就像不结果的果树一样,是不会有收获的。大学生要把崇高的理想变为现实,必须脚踏实地为崇高理想而奋斗终生。

【案例】

陈景润攻克"哥德巴赫猜想"

陈景润的中学数学老师在上课时告诉学生:"'哥德巴赫猜想'一直被视作'数学王冠上的明珠'。200多年来,有不少科学家试图征服它,并耗费了很多的精力,都没有成功。"陈景润听后,暗暗立志摘取这一"明珠",把它当作自己的理想。为了使自己的梦想成真,陈景润不管是酷暑还是严寒,都在那不足6平方米的斗室里,食不甘味、夜不能寐,潜心钻研,光是计算的草稿纸就足足装了几麻袋。最后陈景润用自己的智慧和意志的合力,摘取了"数学王冠上的明珠",发明了"陈氏定理"。[①]

如果陈景润只有理想,没有潜心研究,就不可能发明"陈氏定理"。青年是理想的形成时期,是立志成才的关键阶段,大学生应当立下远大理想。千里之行,始于足下。实现崇高的理想,要从我做起,从现在做起,从平凡的工作做起。古人说得好:"道虽迩,不行不至;事虽小,不为不

---

① 参见罗本琦、孙晓峰《"思想道德修养与法律基础"课教学案例解析》,合肥工业大学出版社2008年版,第30页。

成。"(《荀子·修身》)列宁说:"要成就一件大事业,必须从一点一滴做起。""少说些漂亮话,多做些日常平凡的事情。"伟大来自平凡,任何伟大成就,都是由无数具体的、平凡的工作积累、发展起来的。实现理想如同登台阶,要经过许多中间步骤才能到达目的地。而每一步、每一个小目标的完成都会给人一种踏实感、满足感,同时也增强了实现理想的信心。因此,在实现人生理想的过程中,必须脚踏实地,一步一个脚印,才能从身边的小事做起。

漫长征途需要一步步走,崇高理想的实现需要一点一滴奋斗出来。通往理想的路是遥远的,但起点就在脚下,就在一切平凡的岗位上,就在扎扎实实的学习和工作中。大学生要牢记"空谈误国,实干兴邦",志存高远、脚踏实地、埋头苦干,充分展现自己的抱负和激情,在"真刀真枪"的实干中成就一番事业。

【总结】

理想和现实是对立统一的。二者的矛盾与冲突,属于"应然"和"实然"的矛盾,我们不能用理想来否定现实,也不能用现实来否定理想;理想受现实的规定和制约。一方面,现实中包含着理想的因素,孕育着理想的发展;另一方面,理想中也包含着现实,既包含着现实中必然发展的因素,又包含着由理想转化为现实的条件,在一定的条件下,理想就可以转化为未来的现实。实现理想是一个长期的、艰巨且曲折的过程,我们在实践中艰苦奋斗,才能实现理想。大学生要敢于吃苦、勇于奋斗,树立远大的志向,只有个人理想同国家的前途、民族的命运相结合,个人的向往和追求同社会的需要和人民的利益相一致时,脚踏实地,一步一个脚印,才能在实践中实现自己的理想。

三、知识拓展

2019年1月17日,习近平在天津南开大学同部分师生代表交流时指出:"我们现在迎来了从站起来、富起来到强起来的阶段,我们要把学习的具体目标同民族复兴的宏大目标结合起来,为之而奋斗。只有把小我融入大我,才会有海一样的胸怀,山一样的崇高。"①

四、课后作业

请思考以下五个问题:
(1) 论述理想信念对大学生成长成才的重要作用。
(2) 为什么要把个人理想融入社会理想之中?
(3) 为什么要树立远大的理想?
(4) 怎样认识立志高远与始于足下的关系?
(5) 在现代条件下,我们如何看待"艰苦奋斗"?

---

① 张晓松、鞠鹏、丁林:《习近平寄语南开师生:只有把小我融入大我,才会有海一样的胸怀,山一样的崇高》,中国政府网,2019年1月18日,见http://www.gov.cn/xinwen/2019-01/18/content_5359055.htm。

第五章　继承优良传统，弘扬中国精神

第一节　中国精神是兴国强国之魂

一、教学说明

（一）教学目标

教师引导学生把握中国精神的科学内涵和现实意义，理解中国精神是民族精神和时代精神的统一，明白"实现中国梦必须弘扬中国精神"的必要性，让学生从情感上体会到做一名爱国者的责任和自豪，并"以热爱祖国为荣，以危害祖国为耻"，激发强烈的爱国之情和社会责任感，培养其主动担当的意识和家国情怀；让学生从行动上懂得如何以伟大的中国精神、爱国主义精神融入建设中国特色社会主义事业、实现中华民族伟大复兴之中。

（二）教学重点与难点

（1）理解中国精神的历史传承、内容及内在关系。
（2）掌握"实现中国梦"与"必须弘扬中国精神"之间的内在关系。

（三）教学方法

教师采用理论讲授、案例分析、情感体验、课堂讨论、创设场景、多媒体影音教学、"头脑风暴法"等教学方法教学。

二、教学内容

【导入】

战山火"逆行者"

2022年8月,重庆多地发生山火,这是重庆1961年以来最严重的极端高温天气气候事件,面对山火肆虐,众多志愿者逆行而上,展现出大义为先、众志成城的一面。在2022年度"感动重庆十大人物"颁奖典礼上,战山火"逆行者"获得了特别奖。这座奖杯不属于某一个人,也不属于某一个职业群体,而是属于全市消防救援队、应急专业救援队、武警部队及无数干部群众、志愿者,乃至属于所有为扑灭山火做贡献的人。无数平凡的中国人,在灾难面前展现出"众志成城、守望相助"的民族精神,感动全国,震惊世界。[1]

【分析】

教师通过分析以上资料,激发学生对伟大的中国共产党、伟大的祖国、中国精神、中华民族、骨肉同胞、中国特色社会主义的热烈情感,引导学生思考自己作为中国人应用什么实际行动来热爱自己的祖国。

看到以上材料,大家有什么感想呢?

请学生思考问题:中国人民为什么愿意勇于奉献、团结协作、共克时艰?

【总结】

让学生掌握以下的内容:

(1)执政理念:人民至上,生命至上。

---

[1] 参见《2022年度感动重庆十大人物 | 战山火"逆行者":共同谱写抗击山火的赞歌》,《重庆日报》百度百家号,2023年4月9日,见 https://baijiahao.baidu.com/s?id=1762651456681732682&wfr=spider&for=pc。

(2) 制度特点:"在中国特色社会主义制度下,集中力量办大事"的制度优点。

(3) 雄厚的综合国力:改革开放40多年以来,特别是党的十八大之后积累的雄厚综合国力。

(4) 高效的国家治理能力:国家治理体系和治理能力的现代化建设成效显著。

(5) 伟大的中国精神以及优秀文化传统:中国人民的伟大创造精神、伟大奋斗精神、伟大团结精神、伟大梦想精神;以及中华民族守望相助、同舟共济的文化底色,中国人民深厚的家国情怀、天下情怀。

中国之所以能取得今天的发展成就,归根结底,是源于全国人民的"四个自信"——道路自信、理论自信、制度自信、文化自信,源于中国共产党的领导、社会主义制度、国家治理体系的强大的生命力和显著的优越性,所有的这一切汇聚成强大的合力,能够战胜一切的艰难险阻。

教师首先通过这个材料进行教学,激发青年学生对伟大的中国共产党、伟大的祖国、中国精神、中华民族、骨肉同胞、中国特色社会主义热烈的情感,让这种感情与学生的生命产生共鸣,让他们更自觉地担当起对国家、对社会和对人民的责任。其次,请学生思考并回答以下问题:做什么样的爱国者,具体对谁用情、在哪用力、如何用心?

今天这节课就是讲述这一内容:继承优良传统,弘扬中国精神。

【讲授】

中华文明是世界上唯一未曾中断过的古老文明。

"一个高度文明的国家,存在了四千年以上,而且现在依然生机勃勃。这样的国家,世界上只有一个。古罗马、古希腊、古埃及都已成过眼云烟,美洲文明也已经逝去。可是,中国还在。"[①]

中华文明五千年来绵延不绝,而且至今仍充满活力。[②]

[①] 张维为:《中国超越:一个"文明型国家"的光荣与梦想》,载《当代贵州》2018年第33期,第76页。
[②] 参见《德国前总理施密特评〈习近平谈治国理政〉:使我受益匪浅》,中国政府网,2014年12月3日,见http://www.gov.cn/xinwen/2014-12/03/content_2786329.htm。

第五章　继承优良传统，弘扬中国精神

（一）崇尚精神是中华民族的优秀传统

1. 对物质生活与精神生活关系的独到理解

古圣先贤认为：人，因为有了道德，有了精神追求，所以异于禽兽。

基于对精神生活重要性的认识，中国古人在义利观上，主张先义后利、以义制利、见利思义；在理欲观上，主张节欲、导欲，强调用精神品格、道德理性对欲望进行控制、引导，并对私欲、贪欲时刻保持警惕。

2. 对理想的不懈追求

仁爱、和谐被儒家视为最高理想，为实现"仁"的理想，即使献出生命也在所不惜。

墨家提出为兴天下之利、除去天下之害而摩顶放踵，将"兼相爱，交相利"视为最高理想。

怀揣这种理想主义情怀，志士仁人"为天地立心，为生民立命，为往圣继绝学，为万世开太平"，他们利济苍生，心怀天下，实现理想，为追求道义而上下求索。

3. 对品格养成的重视

儒家的理想人格是"君子""圣人"，道家的理想人格是"真人""至人"，梁启超的理想人格是"新民"。这些理想人格有其共同点，就是关注人的精神品格。

古代思想家对道德修养、道德教化理论进行系统论述，提出修身养性的具体方法，以及乡规民约、家箴家训等教化方式。教化的目的是"明人伦"，培养有道德的人，这表明了中华民族对人的精神世界有着高度的关注。

（二）中国精神的丰富内涵

在几千年的历史进程中，中国人民用勤劳和智慧书写了辉煌的中华历史，也培育铸就了独特的中国精神，为中国发展和人类文明进步提供了强大的精神动力。伟大创造精神、伟大奋斗精神、伟大团结精神、伟大梦想精神，传承中华民族的宝贵精神基因，汲取时代的丰厚精神滋养，是对中国精神内涵的系统阐释。

1. 伟大创造精神

在几千年的历史长河中，中国人民始终辛勤劳作、发明创造，我国出现了老子、孔子、庄子、孟子、墨子、孙子、韩非子等闻名于世的伟大思想巨匠，发明了造纸术、火药、印刷术、指南针等深刻影响人类文明进程的伟大科技成果，创作了诗经、楚辞、汉赋、唐诗、宋词、元曲、明清小说等伟大文艺作品，传承了格萨尔王、玛纳斯、江格尔等震撼人心的伟大史诗，建设了万里长城、都江堰、大运河、故宫、布达拉宫等气势恢宏的伟大工程。今天，中国人民的创造精神正在前所未有地迸发出来，推动着我国日新月异地向前发展，大踏步走在世界前列。只要14亿多中国人民始终发扬这种伟大创造精神，就一定能够创造出一个又一个人间奇迹！

2. 伟大奋斗精神

在几千年的历史长河中，中国人民始终革故鼎新、自强不息，开发和建设了祖国辽阔秀丽的大好河山，开拓了波涛万顷的辽阔海疆，开垦了物产丰富的广袤粮田，治理了桀骜不驯的千百条大江大河，战胜了数不清的自然灾害，建设了星罗棋布的城镇乡村，发展了门类齐全的产业，创造了多姿多彩的生活。中国人民自古就明白，世界上没有坐享其成的好事，要幸福就要奋斗。今天，中国人民拥有的一切，凝聚着中国人的聪明才智，浸透着中国人的辛勤汗水，蕴含着中国人的巨大牺牲。只要14亿多中国人民始终发扬这种伟大奋斗精神，就一定能够达到为人民创造更加美好生活的宏伟目标！

3. 伟大团结精神

在几千年的历史长河中，中国人民始终团结一心、同舟共济，建立了统一的多民族国家，发展了56个民族多元一体、交织交融的融洽民族关系，形成了守望相助的中华民族大家庭。特别是近代以后，在外来侵略寇急祸重的严峻形势下，我国各族人民手挽着手、肩并着肩，英勇奋斗，浴血奋战，打败了一切穷凶极恶的侵略者，捍卫了民族独立和自由，共同书写了中华民族保卫祖国、抵御外侮的壮丽史诗。今天，中国取得的令世人瞩目的发展成就，更是全国各族人民同心同德、同心同向努力的结果。中国人民从亲身经历中深刻认识到，团结就是力量，团结才能前进，一个四分五裂的国家不可能发展进步。只要14亿多中国人民始终发扬这种伟大团结精神，就一定能够形成勇往直前、无坚不摧的强大力量！

4. 伟大梦想精神

在几千年的历史长河中,中国人民始终心怀梦想、不懈追求,我们不仅形成了小康生活的理念,而且秉持着天下为公的情怀,盘古开天、女娲补天、伏羲画卦、神农尝草、夸父追日、精卫填海、愚公移山等我国古代神话深刻反映了中国人民勇于追求和实现梦想的执着精神。中国人民相信,山再高,往上攀,总能登顶;路再长,走下去,定能到达。近代以来,实现中华民族伟大复兴成为中华民族最伟大的梦想,中国人民百折不挠、坚韧不拔,以同敌人血战到底的气概、在自力更生的基础上光复旧物的决心、自立于世界民族之林的能力,为实现这个伟大梦想进行了180多年的持续奋斗。今天,中国人民比历史上任何时期都更接近、更有信心和能力实现中华民族伟大复兴。只要14亿多中国人民始终发扬这种伟大梦想精神,就一定能够实现中华民族伟大复兴![1]

【互动】

教师:同学们,刚才我们一起学习了中国精神的相关理论,现在请大家结合自己的亲身经历和所见所闻,用心去体验和感受,然后讨论这一问题——"如何彰显中国精神?"

(三) 实现中国梦必须弘扬中国精神

【导入】

通过"民族精神、爱国"等话题的提问,引出学生在成长过程中相关的记忆。

1. 自由联想

当你听到"中国、中华人民共和国、中国共产党、中国人民、民族精神、中华民族、革命先烈"这些词语时,你的脑海中会出现什么意象、什么图景,你的耳边会响起什么声音,你的脑海里会出现什么想法?比如视觉的、听觉的、触觉的,抑或是对未来的某个希望的意象和图景。

---

[1] 参见《思想道德与法治(2021年版)》编写组编《思想道德与法治(2021年版)》,高等教育出版社2023年版,第70—72页。

此刻，你的身体会有什么感觉呢？

比如，你是否会觉得心脏跳动加快、肺部呼吸加重、血流上涌、眼眶微微发热、喉咙有些发紧、鼻腔辣辣的，抑或是皮肤毛孔扩张、肌肉绷紧、拳头紧握？身体上的这些反应，就是你的一种情绪状态。

这一情绪是由你刚才听到的"中国、中华人民共和国、中国共产党、中国人民、民族精神、中华民族、革命先烈"这些词语，触动了你曾经的经历和记忆所引发的。

丰富的情感有激动、兴奋、自豪、骄傲、感动、震撼、心痛、悲愤、愤慨、欢喜、崇拜、希望等。

2. 早期记忆

（1）还记得最早接受爱国主义教育是什么时候吗？

（2）当时的爱国主义教育的内容和形式是怎样的？

（3）当时的爱国主义教育的情感体验还记得吗？能否描述一下这种情感用肢体语言如何表达？

（4）闭上双眼，尽量回忆那时候的场景，那时的体验和影响至今还能感受到吗？

3. 总结

将情感唤醒、理论引导和实践体验结合起来，通过情感这个桥梁，理论和实践的结合会有一个更自然的过程，让学生能更真实地去行动，成为一个爱国情感、思想、行为一致的人，做忠诚的爱国者。

"早期记忆"很重要，因为这些早期经历体验所形成的观念会影响到我们对当下教育内容的吸收和接纳度，理解这一点，才能把当下的教育内容和过去、未来的体验整合起来。当下的教育内容才能对我们产生更真实的影响，这种影响对我们今后的实践和进一步的学习会有很大的帮助。

【讲授】

接下来，我们讲实现中国梦必须弘扬中国精神的内容。

（1）凝聚民族复兴的磅礴伟力。

首先，凝聚中国力量的精神纽带。

第五章 继承优良传统，弘扬中国精神

【提问】

近代中国为什么会遭遇百年国耻？第一次鸦片战争、第二次鸦片战争、甲午中日战争、"九一八"事变，中国为什么战败，甚至不战而败？抗日战争、解放战争、抗美援朝战争、中印边界自卫反击战、"两弹一星"的研制、2021年全面脱贫，中国靠什么取得成功？

开启全面建设社会主义现代化国家的新征程，推进民族复兴的时代伟业，必须要有众志成城、万众一心的精神凝聚力。如果缺乏强大的精神力量，就会重演中国近代以来一盘散沙、四分五裂的悲惨局面。

其次，激发创新创造的精神动力。中国特色社会主义事业的建设，是一项前无古人的创造性事业，必须要有强大的精神奋发力，这些动力都要从发展、改革、创新中来，要在关键技术上突破创新，增强硬核实力和国际竞争力，中国精神的价值和意义就更为凸显。

最后，推进复兴伟业的精神支柱。只有正确认识世界和中国发展大势，正确认识中国特色和国际比较，不断增强民族自尊心和自信心，让全体人民拥有坚定的精神和信仰力量，才能把中国特色社会主义事业推向前进，实现中华民族伟大复兴的中国梦。

（2）弘扬以爱国主义为核心的民族精神。

首先，民族精神是一个民族在长期共同生活和社会实践中形成的，是本民族大多数成员所认同的价值取向、思维方式、道德规范、精神气质的总和，是一个民族赖以生存和发展的精神支柱。

其次，爱国主义体现了人民群众对祖国的深厚感情，反映了个人与祖国的依存关系，是人们对故土家园、种族和文化的归属感、认同感、尊严感与荣誉感的统一。它是调节个人与祖国之间关系的重要道德要求、政治原则和法律规范，也是民族精神的核心。

最后，爱国主义的基本内涵有：爱祖国的大好河山，爱自己的骨肉同胞，爱祖国的灿烂文化，爱自己的国家。

爱祖国的大好河山。"一寸山河一寸血"，祖国的大好河山，既是壮丽的自然风光，还是主权、财富、民族发展和进步的基本载体。

【互动环节】

一起来朗诵毛泽东的《沁园春·雪》，爱祖国、赞家乡，大家一起来聊聊自己的家乡。

爱自己的骨肉同胞。同胞之爱，既反映了对民族利益共同体的自觉认同，也是检验对祖国忠诚度的试金石。

【互动环节】

谈谈"我"身边的人。

爱祖国的灿烂文化。爱祖国的灿烂文化，体现为对祖国优秀历史文化传统的尊重、认同、发扬和传承。

爱自己的国家。个体与国家之间密不可分、相互依存，国家是个体成长发展的坚实依托和基本屏障，每个人的发展都离不开国家的发展，这是最深刻的爱国理由。

【案例】

一个为相机而投降的小女孩

2014年，土耳其摄影师奥斯曼·萨厄尔在叙利亚阿特梅赫的难民营中碰到了一个女孩。她萌萌哒、非常可爱，当时的她才4岁，摄影师想为这可爱的孩子拍摄留影，小姑娘却赶紧举起了双手，示意投降，眼神中充满惊恐、害怕、无助、委屈，原来她把相机当成了武器。[①]

一个年仅4岁、本应充满童真的孩子，面对一个喜欢自己的、想为自己拍照留念的摄影师，是什么原因让她不会摆姿势、开心拍照呢？

是战争，使这个孩子的早期记忆充满了战争的血雨腥风和生活的颠沛流离；是战争，使这个孩子短短的人生体验充满了恐惧、害怕、伤痛；是战争，让他们失去了祖国母亲的保护；是战争，无情地剥夺了他们的童

---

① 参见《叙利亚一女童错将相机当武器惊恐举手投降》，观察者网，2015年4月1日，见 https://www.guancha.cn/military-affairs/2015_04_01_314395.shtml。

年,让他成为无家可归的游子,他们能做的只是无言地哭泣,因为他们身后没有站着一个伟大的祖国。

这个孩子只是叙利亚人民的一个缩影,自叙利亚战乱以来,至少有35万人死于战火,民生涂炭、国破家亡。

想到这些,我们会感觉很幸运,因为我们生活在一个和平安宁的国家。但是,一百年前的中国也是天灾人祸不断,国家四分五裂,在国际上也备受欺凌。当时,中国虽然是第一次世界大战中的战胜国,但是在华盛顿会议上,依旧任人鱼肉。一百年过去了,今天的中国,经历了从站起来、富起来到强起来的伟大飞跃。正是伟大的中国共产党,让中国在百年光阴中发生了翻天覆地的变化。

【案例总结】

"没有国哪有家,没有家哪有我。"这看似平常的话语,道出了最深刻的爱国理由:国家是小家的寄托,更是个人的寄托;国家是物质利益的寄托,更是精神家园的寄托。失去了祖国母亲的保护,人们就是无家可归的游子。

其实,每个人来到这个世界,都要在社会中生存,都要获取生存发展的物质条件,都要寻求慰藉心灵的精神家园,这一切首先得之于祖国。让学生自觉地把爱国情、强国志、报国行融入人生实践中。

因此,爱国是每个人发自内心的一种情感需求和精神支柱,是人世间最深层、最持久的情感,是一个人的立德之源、立功之本,是对祖国母亲的报答,也是每个人都应当自觉履行的责任或义务。

(3)弘扬以改革创新为核心的时代精神。

时代精神是一个国家和民族在新的历史条件下形成和发展的,体现了民族特质并顺应时代潮流的思想观念、价值取向、精神风貌和社会风尚的总和。

时代精神的核心是改革创新。

弘扬以改革创新为核心的时代精神,就是要树立突破陈规、敢于创造、大胆探索的思想观念,不能被束缚在不合规律、不合实际的观念和体制中,不能被错误和教条式的思想观念框住。

弘扬以改革创新为核心的时代精神,就是要培养不甘落后、追求进步、奋勇争先的使命感和责任感。

以爱国主义为核心的民族精神和以改革创新为核心的时代精神，是中国精神的重要组成部分，是中华民族赖以生存和发展的精神支撑。

【小结】

"当我们为实现中国梦注入青春能量的时候，也就是从小我走向大我的开始，我们要把自己的发展融入祖国的发展，将个人理想奋斗融入祖国建设，不断加强自身学习，提高自身的综合素质。"①

三、知识拓展

（一）什么是精神

（1）如果把精神解释为元神、精气，可用"圣人察阴阳之宜，辨万物之利以便生，故精神安乎形，而年寿得长焉"（《吕氏春秋·尽数》）来形容。

（2）如果把精神解释为意识，可用"道家使人与精神专一，动合无形，赡足万物"（《史记·太史公自序》）来形容。

（3）如果把精神解释为要旨、实质，可用"糟粕所传非粹美，丹青难写是精神"（北宋王安石《读史》诗）、"只顷刻间，而仍可借一斑略知全豹，以一目尽传精神"（鲁迅《三闲集》）来形容。

（4）马克思主义哲学认为，精神即人脑的产物，是人们在改造世界的社会实践活动中通过人脑产生的观念和思想上的成果。它源于物质，且精神与物质相对，对物质具有巨大的反作用。通过改造世界的客观实践活动，精神的东西可以转化为物质的东西。这种转化，称之为"精神的力量"。

（5）"提高劳动生产率，一靠物质技术，二靠文化教育，三靠政治思想工作。后两者都是精神作用。"②

---

① 陈东：《"为实现中国梦注入青春能量"教案》，载《思想理论教育导刊》2020年第10期，第117—119页。
② 毛泽东：《毛泽东文集（第8卷）》，人民出版社1999年版，第124—125页。

综上所述，精神包括两个方面：一是认知主体对客观世界的信息进行观察、转化和提取的能力，二是认知主体可以把它转化为对客观世界的改造能力。

认知主体的精神强大、持久说明认知主体具有出色的观察能力和思维能力，可以使其具有出色的财富创造力、战斗凝聚力和科学文化创造力，对于个人而言如此，对于国家、文明而言更是如此。

精神在某种程度上决定了一个国家、一种文明的兴衰存亡。

（二）什么是国家精神

以下的名人名言可以阐释何谓国家精神。

"凡一国之能立于世界，必有其国民独具之特质。上自道德、法律，下至风俗、习惯、文学、美术，皆有一种独立之精神。祖父传之，子孙继之，然后群乃结，国乃成。"[①]

这个国家必须以精神的力量，来弥补躯体的损失。（普鲁士国王威廉三世）

德国精神是理性、务实、严谨。法国精神是浪漫、艺术、自由。

国家精神是指一个国家在长期的历史发展进程和社会实践中，依照自身的生产力水平和社会的发展需要，不断地进行创造性意识的活动的结果。它集中反映了一个国家在价值理念、民族文化、精神追求、国民性格、风俗习惯和宗教信仰等方面的共同特质，是维系、指导、协调和推动这个国家生存和发展的思想，集中体现了一个国家的生命力、凝聚力和创造力。

四、课后作业

请思考以下两个问题：

（1）在血雨腥风的战争年代，在激情燃烧的岁月，在春潮涌动的改革

[①] 梁启超：《新民说》，见《饮冰室合集·专辑之四》，中华书局1989年版，第6页。

年代，在砥砺奋进的新时代里，有没有令你感动的红色故事？请分析并讲述这些红色故事与中国精神的联系。

(2) 中国精神与我们个人有什么关系？

第二节 做新时代的忠诚爱国者

一、教学说明

（一）教学目标

教师引导学生理解：作为一名学生，应该坚持爱国和爱党、爱社会主义相统一；坚决维护祖国统一和民族团结；在坚持立足中国又面向世界的同时，尊重和传承中华民族历史文化。从情感上，教师引导学生体会到做新时代忠诚爱国者的责任感和使命感，在唤醒情感的同时，激发学生勇于在实践中去行动的信心和决心，并在人生道路上弘扬和践行爱国主义精神。从行动上，教师引导学生懂得如何做新时代的忠诚爱国者，把爱国情、强国志、报国行自觉地融入坚持和发展中国特色社会主义事业、建设社会主义现代化强国、实现中华民族伟大复兴之中。

（二）教学重点与难点

教师引导学生理解爱国和爱党、爱社会主义相统一的内在关系。作为一名学生，要维护祖国统一和民族团结；在坚持立足中国又面向世界的同时，尊重和传承中华民族历史文化。

（三）教学方法

教师采用案例和材料相结合的体验教学方式，以及理论、体验和实践相结合的方式进行教学。

二、教学内容

【讲授】

(一)坚持爱国和爱党、爱社会主义相统一

中华人民共和国是中国共产党领导的社会主义国家,国家的命运和党的命运、社会主义的命运密不可分。

《中华人民共和国宪法》(简称《宪法》)第一章第一条明确规定:"中华人民共和国是工人阶级领导的、以工农联盟为基础的人民民主专政的社会主义国家。社会主义制度是中华人民共和国的根本制度。中国共产党领导是中国特色社会主义最本质的特征。"我们爱的"国"是中国共产党领导的社会主义中国。

爱国和爱党、爱社会主义统一于实现中华民族伟大复兴的历史进程。爱国主义在不同的历史条件下的内涵和特点表现在以下三个方面。

(1)在新民主主义革命时期,爱国主义表现为在党的领导下,克服万难,前仆后继,推翻帝国主义、封建主义和官僚资本主义,建立中华人民共和国,为实现中华民族站起来而奋斗。

(2)在社会主义革命和建设时期与改革开放和社会主义现代化建设新时期,爱国主义表现为在党的领导下,建立和巩固社会主义基本制度,坚持社会主义初级阶段基本路线,赋予社会主义制度以强大的生命力和活力,为实现中华民族富起来而奋斗。

(3)在中国特色社会主义新时代,爱国主义表现为在党的领导下,全面建成小康社会,开启全面建设社会主义现代化国家新征程,为实现中华民族强起来而奋斗。

(二)维护祖国统一和民族团结

1. 维护和推进祖国统一

(1)推进祖国统一,必须保持香港、澳门长期繁荣稳定。香港、澳门与祖国内地的命运始终紧密相连,要准确把握"一国"和"两制"的关系，"一国"是根，是本，根深才能叶茂，本固才能枝荣。要坚定不移贯彻"一国两制"方针，确保"一国两制"方针不会变、不动摇，确保"一国两制"实践不变形、不走样。

（2）维护国家主权和领土完整，实现祖国完全统一。首先，坚持一个中国原则，这是两岸关系的政治基础。其次，推进两岸交流合作。最后，促进两岸同胞团结奋斗。

我们绝不允许任何人、任何组织、任何政党在任何时候、以任何形式把任何一块中国领土从中国分裂出去，要坚决维护国家主权和领土完整，反对和遏制任何形式的"台独"分裂主张和活动，要贯彻《反分裂国家法》。

2. 促进民族团结

多民族是我国的一大特色，中华民族和各民族的关系，是一个大家庭和家庭成员的关系；各民族的关系，是一个大家庭里不同成员的关系。

要铸牢中华民族共同体意识，加强各民族交往交流交融，促进各个民族像石榴籽那样紧紧抱在一起，共同团结奋斗，共同繁荣发展。

要认清各种分裂主义势力的险恶用心和反动本质，其险恶用心和反动本质是分裂国家，这些政治势力都有西方国家的"黑手"在背后支持着。我们要与破坏民族团结的行为做坚决斗争。叙利亚等国家的民族分裂、社会动荡的教训值得我们借鉴。

（三）尊重和传承中华民族历史文化

1. 历史文化是民族生生不息的丰厚滋养

【案例】

《流浪地球》背后的文化自信

《流浪地球》自上映以来，票房达到46亿多，创下了近5年来中国电影在海外的最好成绩。

为什么这部科幻电影会被当作中国科幻电影的一个里程碑呢？

有影评人认为："除了充分的前期准备、酷炫的特效、演员精湛的演技，呈现了以往在中国国产电影里所看不到的无人机、人工智能、汽车无

第五章 继承优良传统，弘扬中国精神

人驾驶等科学技术，更重要的在于影片所传达的中国文化。"

有观众认为："这辈子，我们可能无法成为蜘蛛侠、钢铁侠，仅凭一人之力就可拯救世界，但在《流浪地球》里，我们每个普通而平凡的人都可以成为超级英雄，没有种族歧视，没有国界之分，大家朝着同一个方向，奔着同一个目标，齐心协力干好一件事，这就是中国文化。"

很多专家认为，影片摆脱了美式科幻片的范式，扎根于中华民族优秀文化传统，是文化自信的生动反映。[①]

【讲授】

在世界文明中，中华文明源远流长，充满旺盛的生命力和蓬勃的生机。中华优秀传统文化蕴含着中华民族世世代代积累的思想营养和实践智慧，是中华民族的精神命脉和文化基因，是中华民族、中国人民自信和自豪的基石，是我们在世界文化交融中站稳脚跟的根基。

习近平指出："历史总是向前发展的，我们总结和吸取历史教训，目的是以史为鉴、更好前进。"[②] 历史是一面镜子，从历史中能够更好看清世界、参透生活、认识自己；历史也是一位智者，同历史对话，能够更好认识过去、把握当下、面向未来。历史是最好的教科书，我们要在历史中看成败、鉴得失、知兴替。历史是最好的清醒剂，不仅提供经验，还提供教训，可以使我们保持头脑清醒，吃一堑、长一智，使我们不再犯曾经犯过的同类错误。历史是最好的营养剂，要不断地向历史学习，汲取历史智慧，总结历史经验和历史规律，以回答和解决在新的历史条件下党和国家发展面临的重大理论和现实问题。

在文化传播以经济为载体的时代，如果没有强大的国力做支撑，再深厚的文化传统也很难铸就真正的自信。在强大国力的支持下，积极参与全球化交往，在交流过程中彰显中国文化的独特魅力，构建起中华文化的自我认同与世界认同。

[①] 参见《硬科技与软文化打造中国科幻大片》，环球网百度百家号，2019年2月27日，见 https://baijiahao.baidu.com/s?id=1626586517624621118&wfr=spider&for=pc。

[②] 习近平：《在纪念毛泽东同志诞辰120周年座谈会上的讲话（2013年12月26日）》，载《人民日报》2013年12月27日，第2版。

世界发现了不一样的中国,不一样的中国文化。

2017年,法国吉美国立亚洲艺术博物馆原馆长雅克·吉耶斯在接受《人民日报》采访时讲道:"中国文化的一切都令我着迷,对中国文化的误解和成见,我当年也曾有过。作为汉学家、中国文化研究者,有责任消解它们。"

多年来,海外中国文化中心和驻外旅游办事处建设取得了积极进展,在促进国际文化和旅游交流与合作中发挥了积极作用。截至2021年,我国已在全球设有45个海外文化中心和23个驻外及驻港台旅游代表机构。①

截至2017年12月11日,全球已有146个国家和地区设立了525所孔子学院和1113个孔子课堂,各类学员累计达916万人。②

2. 旗帜鲜明反对历史虚无主义

【导入】

习近平总书记指出:"要旗帜鲜明反对历史虚无主义,加强思想引导和理论辨析,更好正本清源、固本培元。"③

【案例】

美国中央情报局官员谈瓦解苏联的手段

1945年,美国前中央情报局局长艾伦·杜勒斯在国际关系委员会会议上说过:"要把布尔什维克的根挖出来,把精神道德的基础庸俗化,并加以清除。要从青少年抓起,把赌注压在青少年身上,要让他们变质发霉

---

① 参见《数说文旅这十年 | 海外中国文化中心和驻外旅游办事处建设取得积极进展》,文旅中国百度百家号,2022年10月9日,见 https://baijiahao.baidu.com/s?id=1746211238825164102&wfr=spider&for=pc。

② 参见《全球已建立525所孔子学院和1113个中小学孔子课堂》,中国日报网百度百家号,2017年12月11日,见 https://baijiahao.baidu.com/s?id=1586485476376527889&wfr=spider&for=pc。

③ 习近平:《学党史悟思想办实事开新局 以优异成绩迎接建党一百周年》,载《人民日报》2021年2月21日,第1版。

腐烂，要把他们变成无耻之徒和庸人。"①

【讲授】

把历史视为一种无主体的偶然结果，否定历史唯物主义与历史决定论，这种"虚无主义"就是历史虚无主义。历史虚无主义通过否定历史主体，颠覆唯物史观；历史虚无主义强调个体性叙事，通过对个案的展示，用个体历史的细节研究来演绎整体历史。曾经有一些人打着所谓"重评历史"的幌子来歪曲历史，否定近现代中国革命历史、中国共产党历史和中华人民共和国历史。他们通过抹黑英雄、诋毁革命领袖来扰乱人心、混淆视听，想从根本上否定马克思主义的指导地位和社会主义的历史必然性，想否定中国共产党的领导。

新时代大学生要树立大历史观和正确党史观，我们不是历史虚无主义者，也不是文化虚无主义者。我们要准确把握党的历史发展的主流本质、主题主线，深刻领悟中国共产党为什么"能"、中国特色社会主义为什么"好"、马克思主义为什么"行"的理论逻辑、历史逻辑、实践逻辑，真正理解历史、把握历史，增强历史自觉和历史自信。不能数典忘祖、妄自菲薄。

帝国主义亡我之心不死。他们以扭曲历史的手段来争夺青年意识形态的控制权。他们试图改写我们的记忆，希望我们忘掉历史。这种意识形态的战争从来没有停止过。

他们到处撒播言论："雷锋做好事是假的，是摆拍；狼牙山五壮士欺压村民，行踪才被告知日军；邱少云违背生理学；黄继光违背物理学；董存瑞炸碉堡，是因为炸药包贴了双面胶；甚至还有精日分子否认南京大屠杀，直接侮辱抗日英烈。"②

---

① 参见《一百年过去了，世界还是那个世界，可我们已经不一样了!》，共青团中央百度百家号，2021年3月17日，见https://baijiahao.baidu.com/s?id=1694420149234890989&wfr=spider&for=pc。

② 《一百年过去了，世界还是那个世界，可我们已经不一样了!》，共青团中央百度百家号，2021年3月17日，见https://baijiahao.baidu.com/s?id=1694420149234890989&wfr=spider&for=pc。

2015年，在邱少云牺牲60余年后，某企业官方微博与某知名微博账号一起，挑起刺痛舆论场的"烧烤"话题，开展恶意营销，引发公众愤怒。这一可耻之举让英烈家人无比震惊。

如果一个国家的精神脊梁真的被打断了，这个国家的未来会怎样？

1991年12月25日，拥有400万军队、手握核武器的超级大国苏联，红旗落地。解体后的苏联经济崩溃、民生凋敝，人民为此付出了惨痛的代价，欧洲粮仓乌克兰连年饥荒。①

在20世纪八九十年代，卓娅牺牲40多年后，苏联掀起了一股"重读历史"的歪风。一些所谓的独立调查者，宣称卓娅是去村里偷东西，放火烧毁村民的草料，被村民扭送德军处死的。英雄成了盗贼和纵火犯，而侵略者摇身一变，成为正义的化身。还有人说卓娅是精神病患者，开始"合理怀疑"卓娅的事迹，因为"只有精神病患者，才会喊什么'别怯懦'，人都是怕死的，怕死才符合生理学"。那个时期，不仅是卓娅，苏联历史上的英雄模范几乎都遭到了歪曲和抹黑。②

2018年4月27日，十三届全国人大常委会第二次会议全票表决通过了《中华人民共和国英雄烈士保护法》，英雄烈士的姓名、肖像、名誉、荣誉受法律保护，禁止歪曲、丑化、亵渎、否定英雄烈士的事迹和精神，宣扬、美化侵略战争和侵略行为，将依法惩处直至追究刑责。

（四）坚持立足中国，又面向世界

【讲授】

1. 维护国家发展主体性

在经济全球化的背景下，国家仍然是民族存在的最高组织形式，是国际社会活动中的独立主体，所以，经济全球化虽然是人类社会发展的必然

---

① 参见《一百年过去了，世界还是那个世界，可我们已经不一样了!》，共青团中央百度百家号，2021年3月17日，见 https://baijiahao.baidu.com/s? id =1694420149234890989&wfr = spider&for = pc。

② 参见《一百年过去了，世界还是那个世界，可我们已经不一样了!》，共青团中央百度百家号，2021年3月17日，见 https://baijiahao.baidu.com/s? id =1694420149234890989&wfr = spider&for = pc。

趋势，但不等于全球政治、文化一体化。在参与经济全球化的过程中，必须坚定地捍卫自己国家的利益，这就更需要爱国主义的支撑。在参与经济全球化的过程中，既要充分利用经济全球化所提供的机遇发展自己，又要坚决维护国家的主权和尊严，依照本国国情坚持、发展自己的政治制度和民族文化。

2. 自觉维护国家安全

（1）确立总体国家安全观。国家安全是指一个国家不受内部和外部的威胁、破坏而保持稳定有序的状态。国家安全问题事关国家安危和民族存亡。我们必须坚持总体国家安全观，坚持国家利益至上，以人民安全为宗旨，以政治安全为根本，以经济安全为基础，以军事、文化、社会安全为保障，以促进国际安全为依托，走出一条中国特色国家安全道路。

（2）增强国防意识，履行维护国家安全的义务。《宪法》第五十五条规定："保卫祖国、抵抗侵略是中华人民共和国每一个公民的神圣职责。"强大的国防是国家生存与发展的安全保障。

3. 推动构建人类命运共同体

构建人类命运共同体的理念，源于中国，属于世界，是中国与世界的交响协奏。共同建设一个持久和平、普遍安全、共同繁荣、开放包容、清洁美丽的世界，是全人类的共同利益和共同价值追求。

构建人类命运共同体思想，是一个科学完整、内涵丰富、意义深远的思想体系，其核心就是"建设持久和平、普遍安全、共同繁荣、开放包容、清洁美丽的世界"。

【总结】

中国与世界一起，共克时艰，一往无前。

三、知识拓展

（一）你知道爱国之"国"的内涵吗

我们爱的"国"是中国共产党领导的社会主义中国。拥护国家的基本制度，遵守国家的宪法法律，维护国家的安全和统一，捍卫国家的利益，为国家的繁荣发展贡献自己的力量,是爱国主义的基本要求。

(二) 为什么必须坚持爱党、爱国与爱社会主义相统一

1. 理论一致性

中国共产党是中国工人阶级的先锋队,是中国人民和中华民族的先锋队,是中国特色社会主义事业的领导核心。社会主义制度的建立,为中国的繁荣发展提供了可靠的保障。社会主义在中国集中代表着、体现着、实现着国家、民族和人民的根本利益。

2. 历史必然性

"十月革命一声炮响,给中国送来了马克思列宁主义。在中国人民和中华民族的伟大觉醒中,在马克思列宁主义同中国工人运动的紧密结合中,中国共产党应运而生。中国产生了共产党,这是开天辟地的大事变,深刻改变了近代以后中华民族发展的方向和进程,深刻改变了中国人民和中华民族的前途和命运,深刻改变了世界发展的趋势和格局。"[①]

3. 现实必要性

本质上,爱国和爱党、爱社会主义高度统一,都统一于实现中华民族伟大复兴的中国梦的鲜活实践之中。

四、课后作业

请完成这个实践作业:"以行动践履——做新时代的忠诚爱国者"。请结合"做新时代的忠诚爱国者"的教学内容,以"行动践履爱国"为主题,举办爱国主义演讲比赛。

---

① 习近平:《在庆祝中国共产党成立100周年大会上的讲话》,载《人民日报》2021年7月1日,第2版。

第三节　让改革创新成为青春远航的动力

一、教学说明

（一）教学目标

教师帮助学生掌握这些知识点：了解改革开放是当代中国的显著特征，理解改革创新是新时代的迫切要求，明白如何做改革创新的生力军。在情感上，教师唤醒学生做改革创新的生力军的使命感和责任感，并激发学生勇于在实践中去行动的信心和决心，使学生在人生道路上不断弘扬和践行改革创新精神。从行动上，使学生懂得做改革创新的生力军的要求和途径，即在生活中，要努力学习，掌握报效祖国的本领，并把自己的真才实学和报效国家的志向结合起来，才能真正成为一名改革创新的生力军和新时代的忠诚爱国者。

（二）教学重点与难点

教师引导学生理解改革开放与当代中国、改革创新与新时代的内在关系；使学生掌握做改革创新生力军的方法和路径。

（三）教学方法

教师采用理论讲授、案例分析、课堂讨论、情感体验等教学方式进行教学。

二、教学内容

【导入】

教师：同学们，请大家阅读以下材料。

中国航天强国建设迈出坚实步伐

2023年1月18日，中国航天科技集团有限公司发布了《中国航天科技活动蓝皮书（2022年）》（以下简称《蓝皮书》）。《蓝皮书》显示，2022年，中国全年完成了64次发射任务，研制发射了188个航天器，总质量达197.21吨，居世界第二位，各项数据均创历史新高。其中，长征系列运载火箭实现了128次连续发射成功。

在发射活动方面，高密度发射任务有序实施，成功率保持在较高水平，航天器研制发射数量快速增长，研制能力大幅提升，发射活动保持增长态势，进入空间能力、利用空间能力有了跨越式发展。

在科技创新方面，运载火箭、载人航天、月球和深空探测、应用卫星、科学和技术试验等领域不断创新突破，取得了多项重大科技成就，推动了航天科技自立自强。

在应用服务方面，北斗导航服务全球，中星、亚太提供连续服务，空间基础设施形成全天时、全天候对地观测能力，各类应用卫星提供的通信广播服务、国土资源服务、海洋资源服务、气象观测服务、应急管理服务、农业生产服务、生态环境服务、交通运输服务、科教文体服务等，在经济社会发展各领域发挥了巨大作用。

在国际合作方面，开展了设施和数据共享、技术合作、应用服务、交流研讨等多种类型的多边、双边合作，积极促进了国际交流、产业发展和技术应用。

在商业航天发展方面，产业体系和市场体系初步形成，由基础制造、产品研发为主的阶段进入了应用牵引、市场主导的新发展阶段，商业航天正加快发展脚步，成为航天强国建设的重要力量。[①]

【总结】

一次次成功的背后是全体航天人的艰辛奉献。中国航天人是敢于追梦

---

① 参见《〈中国航天科技活动蓝皮书（2022年）〉发布》，光明网，2023年1月19日，见 https://m.gmw.cn/baijia/2023-01/19/36312818.html。

的奋斗者，向世界展现了中国速度、中国高度、中国精度和中国奇迹。

【影像资料】

教师让学生观看以下视频和文章。

视频资料：《"天问一号"成功着陆：火星中国来了!》《厉害了，我的国》《辉煌中国》《中国空间站天和核心舱发射成功，宇宙家园开建》。

文章：《中国科技的十年对比！网友：这是偷偷绑架了外星人?》（共青团中央公众号文章，2021年12月22日）。

【讲授】

（一）改革开放是当代中国的显著特征

1. 改革开放是当代中国最鲜明的特色

改革开放是党在新的历史条件下领导人民进行的新的伟大革命，是决定当代中国命运的关键抉择。党的十一届三中全会开启了我国改革开放新的历史征程。经过改革开放40多年的发展，中国发生了翻天覆地的变化。中国人民的生活实现了由贫穷到温饱，再到全面建成小康的跨越式转变，中国社会实现了由贫穷落后到开放富强的历史巨变：①从封闭型经济弱国到开放型全球经济大国；②从贫穷到温饱再到全面小康；③从世界舞台边缘日益走近世界舞台中央。

2. 创新是改革开放的生命

40多年来，正是因为中国共产党和中国人民的理论创新、实践创新、制度创新、文化创新以及各方面创新，才有改革开放创造的奇迹令世界瞩目。

（二）改革创新是新时代的迫切要求

1. 创新决定未来，改革关乎国运

在当代中国，经济社会的发展离不开改革创新。现在，我国已转向高质量发展阶段，全面深化改革，推进国家治理体系和治理能力现代化，必须将改革进行到底，攻克体制机制上的顽瘴痼疾，突破利益固化的藩篱，进一步解放和发展社会生产力，进一步激发和凝聚社会创造力。

2. 创新是推动人类社会发展的第一动力

生产力决定生产关系，人类社会的屡次发展飞跃和历次的科技革命密不可分，这是共性。18世纪以来，世界发生了几次重大科技革命。每一次科技和产业革命都改变了世界发展面貌和力量格局。第一次产业革命，英国走上了世界霸主地位；第二次产业革命，美国成了世界第一。

世界工业革命依次发生了四次大转变：第一次工业革命，蒸汽驱动促进了机械化生产；第二次工业革命，电力驱动促进了批量流水线生产；第三次工业革命，计算机信息技术驱动促进了高自动化柔性生产；第四次工业革命，人工智能驱动促进了智能化工厂、智能装备及信息通信的整合。[①]

3. 创新能力是当今国际竞争新优势的集中体现

21世纪以来，全球科技创新进入了空前密集活跃的时期，谁在创新上先行一步，谁就能拥有引领发展的主动权。

4. 改革创新是赢得未来的必然要求

当前，全球新一轮科技革命和产业变革正在孕育兴起，谁在创新上先行一步，谁就能拥有引领发展的主动权。我们能否后来居上，就看能否在创新驱动发展上迈出实实在在的步伐。

（三）做改革创新的生力军

1. 树立改革创新的自觉意识

（1）增强改革创新的责任感。改革创新表现为一种不甘落后、奋勇争先、追求进步的责任感。改革创新充满了艰辛、奉献甚至牺牲，大学生要以时不我待、只争朝夕的紧迫感投身于改革创新的实践，实现人生价值。

（2）树立敢于突破陈规的意识。陈规最易束缚人的思维和手脚，要创新，就要有强烈的创新自信。

（3）树立大胆探索未知领域的信心。

2. 增强改革创新的能力本领

（1）夯实创新基础。改革创新是在改革创新者具有扎实的专业知识基础上才能产生的。大学生应从扎实系统的专业知识学习起步和入手，不能空谈改革创新。

---

① 参见皋玉蒂、徐增英主编《容量与张力》，中国海洋大学出版社2018年版，第76页。

（2）培养创新思维。创新思维注重求异、批判而不甘落入窠臼和俗套；创新思维善于发现问题；创新思维灵活且开放、发散且多维；创新思维常常因"异想天开"而被怀疑，甚至被嘲讽。

（3）投身改革创新实践。大学生既置身于世界新一轮科技革命和产业变革同我国转变发展方式的历史性交汇期，又置身于我国全面建设社会主义现代化国家的新征程，应当在全面深化改革的伟大实践中勇做改革创新的实践者和生力军。

【总结】

教师：同学们，我们要将爱国之情、强国之志、报国之行融入坚持和发展中国特色社会主义事业、建设社会主义现代化强国、实现中华民族伟大复兴之中。

三、知识拓展

（1）据统计，中国"互联网+"大学生创新创业大赛自2015年创办以来至2019年，共五届大赛，124个国家和地区、4093所院校的947万名大学生、230万个团队参赛，涌现出一大批科技含量高、市场潜力大、社会效益好的高质量项目，展现了当代青年大学生奋发有为、昂扬向上的精神风貌，已成为我国覆盖面最大、影响最广的大学生创新创业盛会，也开始成为国际高等教育的一道亮丽风景线。

（2）《厉害了，我的国》讲述了许多高科技工程，其中一个高科技工程是上海洋山港四期，拥有10台岸桥、30台轨道吊、50辆自动导引运输车，是全世界规模最大、最先进的全自动化码头，但是，日常生产控制只需要9个人，他们是平均年龄不到28岁的年轻人，已经成为中国港机装备智能化的主力。在西安，平均年龄30岁出头的飞机研发团队，被国际同行誉为最年轻的设计大脑。在成都，一群年轻人正引领超导磁悬浮列车的未来。在无锡的国家重点实验室里，年轻的双手刚刚创造出全球晶硅太阳能电池效率的世界纪录。在合肥，平均年龄只有35岁的量子科学团队，接连实现了量子通信、量子计算的重大突破。平均年龄只有27岁的基因工程师，他们对世界基因测序的贡献已超过了50%。让全世界羡慕嫉妒的航天一线科研人员,他们的平均年龄只有30多岁。正是这群年轻人,打造出了国家辉煌的明天。

（3）哈尔滨工业大学组建了紫丁香学生微纳卫星团队。2012年,紫丁香学生微纳卫星团队正式成立。这支队伍以卫星技术研究所为依托,会集了100余人。他们来自航空宇航与科学技术、力学、计算机科学与技术、控制工程、机械工程等不同学科,实现了本硕博协同创新、集智攻关。2015年9月20日,我国首颗由高校学生自主设计、研制与管控的纳卫星"紫丁香二号"在太原卫星发射中心成功发射,"紫丁香一号"也在2017年成功发射。

四、课后作业

请思考以下两个问题:
（1）中国为什么要进行改革开放?
（2）大学生如何走在改革创新的时代前列?

第六章　遵守道德规范，锤炼道德品格

第一节　社会主义道德的核心与原则

一、教学说明

（一）教学目标

教师通过情景模拟教学、社会调研、读书报告会等体验式教学法，使学生了解道德的起源与本质，了解道德的功能与作用，了解社会主义道德的本质要求，了解社会主义道德因其先进性与广泛性的统一而成为崭新类型的道德，能在调节社会利益关系方面发挥突出作用，从而学习到社会主义道德的关键在于坚持马克思主义道德观，即坚持以集体主义为原则与坚持以为人民服务为核心相结合。

（二）教学重点与难点

教师使学生理解马克思主义道德观与社会主义道德的历史传承的内容及内在关系，理解马克思主义道德观、社会主义道德的内容及内在关系。

（三）教学方法

教师依托网络教学、课堂教学和实践教学等多种教学方式，采取"线上+线下"相结合、课堂内外相结合、"大水漫灌"和"精准滴灌"相结合的教学模式进行教学。

二、教学内容

【导入】

道德万能？道德无用？

在道德作用的问题上，有两种极端的看法，即"道德万能论"和"道德无用论"。"道德万能论"片面夸大道德的作用，认为道德决定一切、高于一切、支配一切，只要道德水平高，一切社会问题都可以迎刃而解。这种观点的根本错误在于，颠倒了社会存在和社会意识、经济基础和上层建筑之间的决定与被决定的关系，否定了物质资料的生产方式在社会发展中的决定作用。事实上，无论是在古代社会，还是在现代社会，道德都不是社会历史发展的最终决定因素。"道德无用论"则从根本上否认道德的作用，或者通过强调非道德因素的作用来否定道德的积极作用，或者通过强调道德消极因素的作用来否定道德的积极作用。这种观点的根本错误在于，忽视了道德作为上层建筑的重要组成部分，一方面由经济基础所决定，另一方面对经济基础和生产力发展有一定的反作用。

其实，道德发挥作用的性质与社会发展的不同历史阶段相联系，由道德所反映的经济基础、代表的阶级利益所决定。只有反映先进生产力发展要求和进步阶级利益的道德，才会对社会的发展和人的素质的提高产生积极的推动作用；否则，就不利于甚至阻碍社会的发展和人的素质的提高。总之，道德的力量是广泛的、持久的、深入的，既深刻地影响着人们的意志、行为和品格，也深刻地影响着社会的存在和发展。

【讲授】

（一）社会主义道德是坚持马克思主义道德观的崭新类型的道德

道德，是人类社会生活中所特有的社会现象；是由社会经济关系所决定的；是以善恶为评价标准的，依靠社会舆论、风俗习惯和内心信念所维系的，调整人与自身之间、人与他人之间、人与社会之间、人与自然之间

第六章 遵守道德规范，锤炼道德品格

的原则规范、心理意识和行为规范的总和。①

道德体系是整个社会体系的有机组成部分，属于社会体系中思想、精神的部分。道德体系具有一般的思想体系所不具备的特殊性，有"实践—精神"的特质，即它不仅是精神性的，而且还是实践性的；或者说它是以实践展现思想和精神，把思想和精神化于行为实践，集实践与精神为一体。道德作为一种思想、精神，体现在人们的日常生活和行为方式之中。道德是人内心深处的最高价值信念和最起码的行为基准，并把这种信念和基准融化为人的良心和良知。道德作为全社会所追求的高尚的、最好的生活和行为方式，总是通过少数道德先觉者得以建立和践行，并依靠榜样力量的感染才进而把影响逐步扩展至整个社会。这种生活和行为方式虽然愚夫愚妇亦能行之，但其至高境界即是智者亦难达致，故而总是带有某种神圣性。道德体系作为一种社会规则体系，主要不是靠强制性的手段而最终是靠人的内在自觉才得以运行的。道德体系无处不在。在其他规则不起作用的地方，在无人在场的独处之时，道德仍然能够发挥作用。②

社会主义道德建设是社会主义文化建设的重要内容。中华人民共和国成立以来，特别是改革开放以来，社会主义道德建设不断取得进展，社会主义道德的核心原则等也逐步确立，在培养全体人民的道德品质、提高全社会的道德素质、提升整个社会的文明水平方面发挥了重要指导作用。掌握社会主义道德的核心和原则，对大学生践行社会主义道德、锤炼道德品质具有重要意义。

首先，从理论的视角理解"为人民服务是社会主义道德的核心"这句话。道德建设的核心，决定并体现着社会道德建设的根本性质和发展方向，规定并制约着道德领域中的所有道德现象。道德建设核心的问题，实质上是"为什么人服务"的问题。《中共中央关于加强社会主义精神文明建设若干重要问题的决议》中明确指出："社会主义道德建设要以为人民服务为核心。"为人民服务作为社会主义道德建设的核心，是社会主义道德的集中体现，是社会主义道德区别和优越于其他社会形态道德的显著标

---

① 参见雷结斌《我国社会转型期道德失范问题研究》，南昌大学博士学位论文，2013年，第26页。

② 参见焦国成《论中国特色社会主义道德体系研究》，载《江西师范大学学报（哲学社会科学版）》2015年第1期，第3—9页。

志。当然，这里必须把握清楚几个问题。其一，"人民"的内涵，人民是一个历史的、政治的范畴。在现阶段，我国人民是指全体社会主义劳动者、社会主义事业的建设者、拥护社会主义的爱国者和拥护祖国统一的爱国者。其二，从历史唯物主义的视角去认识人民的作用，即历史是人民群众创造的，人民是推动历史前进的决定力量，人民是历史的主人。其三，全心全意为人民服务是中国共产党的一贯主张和根本宗旨。其四，强调社会主义道德建设以为人民服务为核心，具有深刻的理论依据和坚实的实践基础。为人民服务是社会主义经济基础和人际关系的客观要求。其五，对于个体而言，要讲清楚为人民服务体现着社会主义道德建设的先进性要求和广泛性要求的统一。

其次，从理论的视角理解"社会主义道德建设要以集体主义为原则"这句话。在社会主义社会，人民当家作主，国家利益、社会整体利益和个人利益根本上的一致性，使得集体主义应当而且能够在全社会范围内贯彻实施。长期以来，集体主义已经成为调节国家利益、社会整体利益和个人利益关系的最重要的原则。这里需要把握几个问题。其一，正确理解集体主义中的"集体"。从唯物辩证法的视角来看，集体主义中的"集体"有两个层次的内容：它既可以表现为国家、民族、社会等"普遍的集体"，也可以表现为当前市场经济条件下"各种不同的、局部的集体"。也可以说，这里的"集体"，既有"一般意义上的集体"，又有"个别意义上的集体"。这种一般和个别、普遍和特殊的关系，正好是复杂的现实生活的反映。集体主义中的"集体"应当体现全体成员的利益和意志。如果一个"集体"不能代表整个社会的普遍利益，也不能代表这个"集体"之中的各个成员的利益，那它就是一个"虚幻的集体"。"集体"应该是能真正"代表全体成员利益的"。其二，集体主义是社会主义道德建设的基本原则。随着社会主义市场经济的发展，我国的经济生活和道德生活正在发生着深刻的变化，在道德领域的确出现了许多新问题，我们必须不断补充、丰富和完善集体主义原则以适应变化了的现实。但是，这并不存在用个人主义代替集体主义的问题，相反，坚持集体主义，反对个人主义，依然是社会主义道德建设的基本要求。在社会主义市场经济条件下，集体主义仍然而且应当成为社会主义道德的基本原则。发展社会主义市场经济，是同社会主义基本制度有机结合的，从这个意义上讲，集体主义不但与社会主义市场经济相契合，而且也正是发展和完善社会主义市场经济的客观要求。其三，集体主义在具体的道德要求上有不同的层次。在社会主义市场经济条件下，根据我国经济生活和人们思想道德情况的实际，可将集体主义的具体道德要求分为三个层次：一是无私奉献、一心为公的层次。这是集体主义的最高层次，是共产党员、先进分子应努力达到的道德目标。二是先公后私、先人后己的层次。这是已经具有较高的社会主义道德觉悟的人们能够做到的要求。三是顾全大局、遵纪守法、热爱祖国、诚实劳动的层次。这是对社会主义社会的公民最基本的道德要求。当代大学生应正确认识和处理国家、集体、个人之间的利益关系。[①]

（二）社会主义道德坚持以为人民服务为核心

社会主义道德体系与以往社会的道德体系有着相同的共性，但它作为社会主义体系的有机组成部分，又与以往社会的道德体系相比有着本质的区别。社会主义道德体系是建立在"一切权力属于人民"和以公有制为基础的社会主义政治制度和法律制度之上的。为人民服务，忠于国家和公共利益，坚持社会主义集体主义，一切为了人民幸福，是这一体系的基本性质之所在。在最高道德价值信念和基本价值基准方面，它与社会主义核心价值观相一致；在基本道德规范方面，它与社会主义的政治、法律规范相呼应；在器物层面，它体现的应该是人与人之间的平等、诚信、友善和和谐，展示的是社会主义社会中人们的健康向上的精神风貌和幸福生活。[②]

人民是历史的创造者，也是时代答卷的"阅卷人"。中华人民共和国是中国共产党领导的社会主义国家。除了人民的利益，中国共产党没有自己的特殊利益。实现好、维护好、发展好最广大人民的根本利益是中国共产党领导的社会主义现代化建设事业的出发点和落脚点。习近平在党的十九大上指出："全党必须牢记，为什么人的问题，是检验一个政党、一个政权性质的试金石。带领人民创造美好生活，是我们党始终不渝的奋斗目标。必须始终把人民利益摆在至高无上的地位，让改革发展成果更多更公

[①] 参见王易《〈思想道德修养与法律基础〉教材道德教育部分的修订与重难点解析》，载《思想教育研究》2018年第8期，第58—64页。

[②] 参见焦国成《论中国特色社会主义道德体系研究》，载《江西师范大学学报（哲学社会科学版）》2015年第1期，第3—9页。

平惠及全体人民，朝着实现全体人民共同富裕不断迈进。"① 中华人民共和国人民民主专政的国家性质和中国共产党的马克思主义政党性质决定了中国的发展要依靠人民，同时中国的发展必须为了人民。②

在党的十九大对第二个百年奋斗目标做出分两阶段推进的战略安排中，人民利益始终是判定发展成效的根本依据，它被直接或间接地具体化为各方面各环节的发展要求。尤其是将人民利益直接转化为发展目标的设计，充分体现了发展的人民指向，如第一阶段发展目标就包含人民平等参与、平等发展权利得到充分保障，人民生活更为宽裕，全体人民共同富裕迈出坚实步伐等内容；第二阶段发展目标包含全体人民共同富裕基本实现，我国人民将享有更加幸福安康的生活等内容。《中共中央关于制定国民经济和社会发展第十四个五年规划和二〇三五年远景目标的建议》在此基础上进一步明确了第一阶段发展要求人民利益的价值取向，将人民生活更加美好，人的全面发展、全体人民共同富裕取得更为明显的实质性进展，纳入了第一阶段发展目标体系。发展目标的人民性保证了发展方向的人民性，最终将通过在政治、经济、文化、社会、生态、外交、国防等领域的一系列发展政策设计和配套措施得到落实和体现。

在我国的社会主义现代化建设中，无论是在科学技术领域的攻坚克难，还是制度机制改革事业中的革故鼎新，或者是文化艺术创作中的吐故纳新，都必须以人民利益作为中国特色社会主义现代化建设成效的检验标准。因此，无论是马克思主义道德观的建构与实践，还是社会主义道德吸收借鉴优秀道德成果并自我升华，或是中华传统美德进行创造性转化和创新性发展，都必须以为人民服务作为中国特色社会主义道德建设成效的检验标准。

（三）社会主义道德坚持以集体主义为原则

集体主义是社会主义道德的基本原则，在革命、建设、改革各个历史

---

① 习近平：《决胜全面建成小康社会　夺取新时代中国特色社会主义伟大胜利——在中国共产党第十九次全国代表大会上的报告（2017 年 10 月 18 日）》，载《人民日报》2017 年 10 月 19 日，第 1 版。

② 参见张智、陈怡帆《中国精神中的集体主义内核研究》，载《思想教育研究》2021 年第 3 期，第 96—100 页。

时期，集体主义教育都是我国社会主义思想道德建设的重要内容。党的十八大以来，习近平总书记在多个场合多次强调加强集体主义教育。习近平总书记关于集体主义的重要论述，深刻阐明了集体主义在坚持和发展中国特色社会主义、增强文化自信、团结全国人民攻坚克难等方面的重要价值和作用，为新时代加强和改进集体主义教育提供了理论指导和根本遵循。[①]集体主义是一种调整个体与整体关系的思想认识和行为准则，蕴含着在个体利益与整体利益间倾向性选择的价值判断。集体主义主张优先考虑整体价值，关照整体利益，认为整体是个体的依托和存在前提。就个人与国家、民族的关系而言，集体主义强调个人利益应当服从作为整体的民族、国家利益。集体主义注重个人间的相互依存关系，作为文化元素，它更加关注整体目标对个人目标的优先级和整体凝聚力的重要性。

集体主义作为一种道德原则，强调集体利益高于个人利益；作为一种哲学思想，强调人民群众创造历史；作为一种财产制度，维护社会主义公有制；作为一种政治学说，主要体现为社会主义民主集中制。迄今为止，集体主义与个人主义仍然是社会主义国家与资本主义国家在价值观层面的重要分水岭。

作为客观历史进程的产物，集体主义不是一成不变的，而是在保持其质的规定性的前提下，随着经济社会的发展进步而发展变化。党的十九大报告指出，中国特色社会主义进入了新时代，这是我国发展新的历史方位。在这个新时代，我国经济制度有了新发展，以公有制和按劳分配为主体的社会主义市场经济制度不断完善；民主政治有了新进步，形成了以人民当家作主为本质特征的中国特色社会主义制度体系；社会矛盾有了新变化，人民日益增长的美好生活需要和发展不平衡不充分之间的矛盾已成为我国社会的主要矛盾。集体主义在新时代更加强调个人与集体的辩证统一，更加注重人的共性发展。准确把握集体主义的时代内涵与特征，对坚持马克思主义道德观，明确中国特色社会主义道德教育的目标和内容，提高中华传统美德的现代性、针对性和有效性，具有重要意义。

---

① 参见孟庆涛《集体主义的时代内涵与特征》，载《中国特殊教育》2021年第10期，第3—6页。

集体主义强调集体利益和个人利益的辩证统一。回顾中华人民共和国成立以来的集体主义道德实践可以发现，个人与集体之间的关系经历了一个曲折的变化过程。中华人民共和国初期，我国人民迸发出巨大的爱国热情，自觉以主人翁的精神投身到新中国的建设事业中。他们爱岗敬业、一心为公，甘愿为集体无私奉献，涌现出雷锋、王进喜、焦裕禄等一大批集体主义道德模范。20世纪六七十年代，受极"左"思潮的影响和政治运动的裹挟，个人与集体的关系演变成了个人对集体的绝对服从。这一时期的集体明显站在了个人的对立面，与自由人联合体的理念背道而驰，集体主义被有意或无意地误解和歪曲，异化为片面的集体主义，集体主义道德实践也失去了个人意志自由与意识自觉的前提和基础。改革开放以来，党和国家的工作重心向社会主义现代化建设的转移，对集体主义价值观产生了重要影响，特别是在计划经济向市场经济转型的过程中，个人与集体的关系发生了重大变化。集体主义作为社会生活领域（特别是经济生活领域）的道德原则和利益平衡机制，一方面关注个体的独立和个人的正当利益，另一方面也关注社会的合作和集体利益，把保护个人正当利益看作实现集体利益的前提，把维护集体利益看作实现个人长远利益的基础。正是基于对马克思主义集体主义的准确理解和对中华人民共和国成立以来的经验教训的深刻认识，新时代集体主义特别强调正确处理个人与集体的辩证关系，既重视保护个人的独立、自主和创造，又重视保护集体的开放、包容和活力，力图实现社会的整体进步和个人的全面发展。[①]

新时代，集体主义更加注重人的共性发展。在我国，社会个体化进程深具中国特色：社会的"去传统化"突出表现为"去集体化"，个人离开计划经济时代的集体组织，形成了一个真正意义上的劳动力市场。个体的"制度化抽离和再嵌入"集中体现为规模宏大的城镇化运动，数以亿计的农民离开原来的农村社会关系，并再嵌入城市生活结构中，形成一种以个体为中心的新的社会关系与社会整合模式。总体上看，社会个体化进程极大地推动了个性化发展，使个人向着自由而全面发展的目标迈进，体现了集体和集体主义的应有之义。集体优先并不排斥个性，事实上，个性鲜明

---

① 参见孟庆涛《集体主义的时代内涵与特征》，载《中国特殊教育》2021年第10期，第3—6页。

第六章 遵守道德规范，锤炼道德品格

的个人可以更好地为集体服务。然而在个体化社会中，个人追求个性发展的根本目的是提高自身的独特性、不可替代性，以便在细分、发达的劳动力市场赢得一席之地。这种市场导向的个性发展极易削弱人与人之间的社会性联系，是滋生极端个人主义的温床，容易导致集体归属感和公共精神的缺失。马克思主义认为，社会性是人最重要的本质属性。如果人与人之间失去了社会性联系，那么个性发展不仅毫无意义，而且无从谈起。个体化社会显然不是社会的最高表现形式，为了保证社会个体化进程向着自由人联合体的终极目标迈进，体现集体主义导向的共性发展就变得十分重要。事实上，这些都是保障个人获得社会认可和接纳的底线要求，唯有具备这些最低限度的共性，个人才能在社会中找到发展个性的用武之地。因此，正确处理个性发展与共性发展的辩证关系，就成为社会个体化进程中集体主义原则的重要内容。从这个意义上讲，集体主义既是个体化社会中实现人与社会和谐发展的内在要求，也是个体化社会迈向更高级的社会形式的重要保障。

我国当前正处于并将长期处于社会主义初级阶段，多种所有制形式和分配方式并存，发展不平衡、不充分的矛盾依然突出，这些基本国情决定了我国现阶段的集体还不是真正意义上的"自由人联合体"，而是它的初级形式；我国现阶段的集体主义也不是终极意义上的集体主义，而是它的初级阶段。在这个初级阶段，复杂特殊的经济社会关系使人们的集体主义道德水平客观上分化为不同的层次，社会上既有"公而忘私，无私奉献"的集体主义道德楷模，也有"先公后私，先人后己"的社会主义集体主义者，还有"不损人利己，不损公肥私"的诚信守法的社会主义劳动者。集体主义表现形态的多样化，是个人与集体价值关系在新时代背景下的客观反映，体现了集体主义道德发展的阶段性。需要强调的是，这些阶段性特征和坚持集体主义价值观并无矛盾之处。事实上，我国以公有制和按劳分配为主体的基本经济制度，使真实的集体具备了赖以产生的经济基础；我国以人民为中心的发展思想，使个人与集体的根本利益趋于一致，从而内在地决定了集体主义是中国特色社会主义必然的价值选择。

【互动】

教师：同学们，刚才我们一起学习了社会主义道德的核心与原则，初步了解了社会主义道德是坚持马克思主义道德观的崭新类型的道德。现在请大家结合自己的亲身经历和所见所闻，用心去体验和感受，然后讨论这个问题：人为什么需要道德？

【分析】

道德是以善恶为评价标准，依靠社会舆论、传统习俗和人的内心信念的力量维系的，调整人与人之间以及个人与社会之间相互关系的行为规范的总和。道德贯穿于社会生活的各个方面，如社会公德、职业道德、婚姻家庭道德等。它通过确立一定的善恶标准和行为准则来约束和规范人们的相互关系和个人行为，调节社会关系，并与其他社会规范一起对社会生活的正常秩序起保障作用。现代人不仅关注如何处理人际关系、如何善待他人，同时也关注如何善待自己，如幸福、节制、智慧、自尊、珍惜生命等。现代人不仅关注如何处理人与社会的关系，同时也关注如何处理人与自然的关系。因此，道德规范的作用更加凸显。道德规范是道德的表现形式，是一定社会或阶级对人们行为和相互关系的基本道德要求的一定形式的概括，也是评价人们行为善恶的外在、显性标准。在社会生活中，道德规范对促使人们追求道德完善，逐步从道德他律走向道德自律具有极其重要的作用。道德规范是实现社会控制、形成良好社会秩序的基本手段。任何社会都需要建立与这一社会制度相适应的道德规范体系，使社会生活尽可能地规范化、有序化。在道德规范的社会环境中，道德的客观有效性对调节人们的行为发挥充分作用，人们对值得尊重和效仿的真善美行为与应该鄙视和唾弃的假恶丑行为，能够做出为一般人所普遍接受和广泛认同的价值判断，道德依靠社会外在的社会舆论、风俗习惯的监督控制力量，以及个人内在的内心信念、良知和自律，在调节人与自身、人与他人、人与社会和人与自然之间的关系中充分发挥调节作用。[①]

【总结】

当前，中国广大人民群众正在中国共产党的领导下，主动对社会进行

---

① 参见雷结斌《我国社会转型期道德失范问题研究》，南昌大学博士学位论文，2013年，第27页。

第六章 遵守道德规范，锤炼道德品格

改革、创新，使我国社会主义从初级阶段向更高阶段迈进。为达到这样的转型目标，中国共产党正领导我国广大人民群众对经济、政治、文化、社会等各方面的体制机制进行重大变革，使社会生活的主要方面发生人民群众预期的根本性变化。在社会深刻而急剧的转型过程中，道德与道德规范体系并没有过时，建立新的与社会深刻转型相适应的道德规范体系，既有助于对原有的道德规范体系进行一番认真的清理、消化和吸收，也有助于充分发挥其调节人们行为的作用，催生完全成熟并广泛地被人们认可和接受的新型的道德观念，缓解人们的道德世界在社会深刻而急剧的转型时期所经历着的冲突和混乱；催生具有普遍接受度的道德行为评价标准，减少人们道德观念中的困惑与迷茫，应对整个社会纷繁复杂的道德状况。

【分析】

经济建设是发展社会主义生产力、提高人民物质生活水平的重要前提，为我国其他方面的建设提供重要物质保障。然而，经济建设并不是一个单纯的经济过程，它要受到其他方面的影响或制约，其中，道德建设对于经济建设具有重要的反作用，正如德国社会学家马克斯·韦伯考察资本主义的兴起过程时曾深刻指出的："透过任何一项事业的表象，可以在其背后发现一种无形的、支撑这一事业的时代精神力量……在一定条件下，这种精神力量决定着这项事业的成败。"[①] 可以说，在一定条件下，道德建设决定经济建设的成败。改革开放以来，我国经济建设的重要内容是从计划经济转型为市场经济。这是经济运行机制从计划经济体制向市场经济体制的根本性改变。这种改变会引起人们的道德观念和行为方式的深刻变革。反过来，人们道德观念和行为方式的深刻变革会对市场经济体制作用的发挥产生影响。要正确发挥人们道德观念和行为方式对于经济建设的反作用，必须对人们的道德观念和行为方式进行引导，这就是道德建设的重要任务。

计划经济是一种经济体制，在这种体制下，国家在生产、资源分配以及产品消费各方面，都是由政府或财团事先制订计划，然后按计划执行。

---

① [德] 马克斯·韦伯：《新教伦理与资本主义精神》，马奇炎、陈婧译，北京大学出版社2012年版，第23—24页。

在计划经济体制下，主流的道德观念是利他主义、集体主义。市场经济是另一种经济体制。在这种体制下，产品和服务的生产及销售完全由自由市场的价格所引导，而不是像计划经济一般由国家所引导。市场经济以追求经济利益最大化为唯一目标，追求利润最大化是市场经济体制下人们从事经济活动的最大动力，自利性是市场经济的基本属性。对于自身利益的追求并不必然给社会和他人带来损害，可能带来整体社会财富的增加，也可能同时有益于他人。关键是这种对自身利益的追求，具有道德的约束、制度的规范。良性的市场经济，并不是没有自利性追求的经济体制。没有自利性的追求，市场经济就失去了发展的动力。良性的市场经济是既具有自利性的追求，又具有道德约束、制度规范的市场经济。没有道德约束和制度规范的自利行为，会变成为达目的而不择手段的短视行为、损人行为、损害社会行为，最终使经济建设的成果毁于一旦、经济建设的大厦顷刻坍塌。

【总结】

我国在经济社会急剧而深刻转型的过程中，取得的成就是有目共睹的，但是，存在的问题也很多。站在经济建设与道德建设关系的角度，我们认为，道德建设落后于经济建设是其中的一个问题。市场经济的自利性激发了人们自利的欲望，但是道德建设相对滞后，对这种自利的思想和行为、对这种利润最大化的追逐，我们还没有相应的道德约束和制度规范，导致一些人或其他利益主体，自利欲望无限膨胀，为了利润而不择手段，置他人于不顾、置社会责任于不顾、置长远发展于不顾。我国的经济社会发展到今天，有很多问题需要我们反思和解决，如环境污染、气候异常、资源枯竭、耕地锐减、矿难频发、食品安全危机、贫富分化、假冒伪劣等，已经严重影响人们生产、生活和我国社会的长远可持续发展。这些问题产生的根本原因还是在于一些人或某些利益主体对利润的追求没有受到应有的限制，既没有道德的约束，又缺乏有效的制度规范。只有建立在道德基石之上的经济大厦才是永续的、稳固的，道德建设是我国社会主义经济建设的精神基石。

三、知识拓展

道德发展的规律性：①人类道德发展的历史过程与人类生产方式的发展进程大体一致；②道德发展的总趋势是向上的、前进的，沿着曲折的道路向前发展。

四、课后作业

请联系实际，讨论议题：新时代的大学生如何进行自我修养。

第二节 社会主义道德吸收借鉴优秀道德成果

一、教学说明

（一）教学目标

通过参观调查、体验教育等体验式教学法，教师使学生了解中华传统美德的基本精神及其在实践过程中的创造性转化与创新性发展，了解中国革命道德主要内容的形成场域及其在发展过程中体现的当代价值，体会中华传统美德与社会主义道德的内在传承逻辑，体会中国革命道德对马克思主义道德观的发扬，从而懂得我国社会主义道德是吸收借鉴优秀道德成果的精华产物。

（二）教学重点与难点

教师使学生掌握实现中华传统美德与必须弘扬中国革命道德之间的内在关系，以及掌握中华传统美德、中国革命道德的基本内涵。

（三）教学方法

教师采用以语言传递为主的讲授法、谈话法、讨论法进行教学。

二、教学内容

【导入】

如何对中华传统美德进行创造性转化和创新性发展？

马克思主义认为，道德是一个历史的范畴，它不是永恒不变的，而是要随着时代和社会的发展而发展的，是由一定的社会物质生活条件和社会关系决定的。这就决定了作为道德的表现形式的道德规范，不是人们凭空想象的产物，而是对人们在社会实践中所形成的一定道德关系的反映和概括。道德规范随着社会的发展而不断发展，具有历史继承性和时代创新性。

中华传统美德亦是如此，必然要在实践中经历一个创造性转化和创新性发展的过程。中华传统美德要与社会主义市场经济相适应。经济基础决定上层建筑。在我国社会主义初级阶段，公有制为主体、多种所有制经济共同发展的基本经济制度是我国的经济基础。作为上层建筑内容之一的社会主义道德体系，受决定于这一基本经济制度，应当反映这一基本经济制度的要求，为坚持和完善这一经济基础服务。在坚持这一基本经济制度的前提下，为进一步解放和发展社会生产力，我国明确提出了建立和完善社会主义市场经济体制，以市场作为资源配置的基础性手段，这对社会主义道德体系建设提出了新要求，中华传统美德的创造性转化和创新性发展要使得我国中华传统美德与社会主义市场经济相适应。[①]

一方面，对中华传统美德进行了消化与吸收的社会主义道德体系，是上层建筑内容之一，对于经济基础而言，具有相对独立性，中华传统美德的创造性转化和创新性发展对经济基础具有反作用。中华传统美德同社会

---

① 参见雷结斌《我国社会转型期道德失范问题研究》，南昌大学博士学位论文，2013年，第106页。

第六章 遵守道德规范，锤炼道德品格

主义道德体系一同承担着为社会主义市场经济体制的建立和完善提供价值导向的重要任务，保证社会主义市场经济的正确发展方向，保障社会主义市场经济的健康发展。另一方面，社会主义道德体系的独立性是相对的；同理，中华传统美德的独立性也是相对的，中华传统美德的创造性转化和创新性发展受决定于经济基础。因此，作为社会主义道德体系的重要来源，中华传统美德不是一成不变、一劳永逸的，需要不断进行创造性转化和创新性发展才能适应社会主义市场经济的现实要求。我国社会转型期的中华传统美德必须与社会主义市场经济相适应。社会主义市场经济条件下各种矛盾关系错综复杂，个人合法权利和公民社会责任的关系、效率与维护公平的关系、个人价值与社会价值的关系、价值导向一元化与价值取向多样性的关系、竞争与协作的关系、个人自由与遵纪守法的关系、经济效益与社会效益的关系、义与利的关系等，都是我们在建立和完善社会主义市场经济过程中进行中华传统美德的创造性转化和创新性发展时应当正确处理的关系。这就是说，要根据我们在建立和完善社会主义市场经济的过程中出现的新情况、新问题、新矛盾，创造性地解决这些问题，创造性转化和创新性发展中华传统美德有利于化解这些矛盾和问题，协调各方面的利益关系，从而使社会主义道德体系更加有利于社会主义市场经济体制解放生产力、发展生产力作用的发挥。[①]

中华传统美德要与社会主义法律规范相协调。法律和道德都是规范和调整人们行为的社会规范，是社会有序运行和文明进步的基石。作为我国道德重要组成部分的中华传统美德也符合这一点。社会的进步与发展离不开法律和中华传统美德作用的发挥。从社会、国家的治理来说，法律与中华传统美德在其中所发挥的作用是相辅相成、相互促进的。从完备的法律制度建设与系统的中华传统美德建设来说，两者相互渗透、相互贯通、相互支撑。社会主义基本制度的建立和巩固为中华传统美德和法律的协调提供了现实基础。因为在社会主义条件下，道德和法律作为上层建筑都是以工人阶级为代表的广大人民群众利益和意志的体现。生产资料所有制以公有制为主体、多种所有制形式并存，国家主权属于全体人民，每个人都是

---

① 参见罗国杰《建设与社会主义市场经济相适应的思想道德体系》，人民出版社2011年版，第85页。

具有平等权利的主体，个体利益与他人利益、集体利益在根本上是一致的，没有根本的冲突。在此基础上建立的中华传统美德与法律之间的关系应当而且可以是相协调的。对中华传统美德进行创造性转化和创新性发展，要考虑到与社会主义法律规范相协调。在立法阶段，中华传统美德要为法律的正当性和权威性提供支持；在执法和司法阶段，中华传统美德要为法律的实施创造条件、营造氛围；在法律评价和完善阶段，中华传统美德要为评价法律成败提供重要标准。由此，我们才能够在中国特色社会主义现代化建设过程中使中华传统美德和法律相得益彰，发挥二者在和谐社会构建中的重要作用。①

【讲授】

（一）社会主义道德传承中华传统美德

中国特色的社会主义道德体系是指诞生并扎根于中华文明这块沃土上的、与优秀中国传统文化相承接的社会主义道德体系。历史是不能选择的。在中国这块土壤上建设社会主义道德体系，就必须立足于中国独特的文化传统、独特的历史命运和独特的基本国情，选择走适合中国特点的发展道路。正如习近平总书记所说："中华文化源远流长，积淀着中华民族最深层的精神追求，代表着中华民族独特的精神标识，为中华民族生生不息、发展壮大提供了丰厚滋养。中华传统美德是中华文化精髓，蕴含着丰富的思想道德资源。"② 中国连续五千多年的文明史，有博大精深的道德思想和文化，既是中国特色社会主义道德体系的精神命脉和根本之所在，也是中国特色社会主义道德体系在世界道德体系的相互激荡中得以站稳脚跟并最终胜出的根基。深入挖掘中华传统美德，阐发其具有时代价值的精华，推陈出新，使中华传统美德的优良基因得以传承和发扬光大，是建设

---

① 参见雷结斌《我国社会转型期道德失范问题研究》，南昌大学博士学位论文，2013年，第119页。

② 习近平：《把培育和弘扬社会主义核心价值观作为凝魂聚气强基固本的基础工程》，载《人民日报》2014年2月26日，第1版。

第六章 遵守道德规范，锤炼道德品格

中国特色社会主义体系的应有之义。[①]

党的十九大报告指出，要深入挖掘中华优秀传统文化蕴含的思想观念、人文精神、道德规范，结合时代要求继承创新，让中华文化展现出永久魅力和时代风采。一般来说，中国古代优良道德主要是指以儒家伦理传统为主要内容的道德思想精华，同时，它也吸收和融合了道家、墨家、法家、佛教等道德思想的优秀成果，有着极为丰富的内容。中华传统美德的基本精神主要表现为五个方面：一是重视整体利益，强调责任奉献；二是推崇"仁爱"原则，注重以和为贵；三是提倡人伦价值，重视道德义务；四是追求精神境界，向往理想人格；五是强调道德修养，注重道德践履。中华优秀传统文化是中华民族的突出优势，是我们最深厚的文化软实力。但是，突出优势与文化软实力的发挥并不是一个自然而然的过程，而是需要创造性转化与创新性发展的。作为中华文化的精髓，中华传统美德也需要处理好继承和发展的关系，只有充分挖掘其中蕴含的丰富的思想道德资源，批判继承、去糟取精、综合创新、古为今用，才能真正转化为中华民族的突出优势和最深厚的文化软实力。具体来说，就是要做好以下五个方面的工作。

第一，以马克思主义为指导，正确把握中华传统美德在当前道德建设与文化建设中的应有地位，正确看待马克思主义与儒学的"主导意识与支援意识关系"。

第二，与现代结合，在传统与现代的转化中适应当代中国社会发展的需要。中华传统美德唯有对社会现实做出积极回应，不断引入问题意识，不断拓宽研究视野，才能获得持续发展的源头活水。

第三，与大众贴近，在继承与创新中发挥中华传统美德人伦日用的化育功能。既要重视中华传统美德人伦日用的原则，使中华传统美德与日常生活水乳交融，让中华传统美德中蕴含的伦理精神点点滴滴地导入人们的生活，生根发酵，产生化育的功能，同时，还要在形式上尽可能采取人民群众喜闻乐见和通俗易懂的方式，综合运用各种有效手段，包括运用现代科技与传播手段，开发利用中华传统美德的丰厚资源，对人民群众进行启

[①] 参见焦国成《论中国特色社会主义道德体系研究》，载《江西师范大学学报（哲学社会科学版）》2015年第1期，第3—9页。

迪，加强中华传统美德的教育。

第四，与世界接轨，在全球文化激荡中实现传统美德的自主发展和更新。要加强与世界文化的交流，汲取世界各民族文化的长处，取长补短，以实现自我更新，并在这个过程中保持自身的独特性，增强中华传统美德的国际影响力。

第五，与未来对话，在启迪人类未来发展中为世界文明的进步做出新贡献。中国传统文化具有面向未来、与未来对话的能力和资格，这就要求中华传统美德的创造性发展要回应当代人类共同面临的诸多全球性问题，关心人类社会的可持续发展问题，关注人类社会的整体性发展问题，等等。①

中华传统美德是极为丰富的。思想家提出了具有深远影响力的道德理念和规范，例如，"讲仁爱、重民本、守诚信、崇正义、尚和合、求大同"的理念。他们提出的很多理念，例如，天人合一、道法自然、自强不息的思想，以及孝悌忠信、礼义廉耻等道德规范，至今仍然深深影响着中国人的现实生活。这些思想理念和规范是中国特色社会主义道德体系建设的资源。但这些资源毕竟是在过去的历史条件下提出来的，其中既有过时的成分，也有超时代的因素。其中，具有永恒价值的东西需要我们去挖掘，需要我们结合时代精神进行中华传统美德的创造性转化，即对蕴含在中华传统美德中的思想理论、价值观念、规范体系、实践模式等内容进行创造性转换、重组和改造，经过科学的鉴别和扬弃之后，使之符合现代社会发展的需要，并成为中国特色社会主义道德体系的有机组成部分。中华传统美德的创造性转化，必须以马克思主义为指导，坚持现代性、大众化和开放性的基本原则，其根本方法是立足现实、凸显问题，确立"转化"的合理对象；依据"取其精华、去其糟粕，古为今用、推陈出新"的原则，以马克思主义为指导思想，进行科学"转化"，探寻中华传统道德规范体系进行现代转化的具体方案，古为今用、推陈出新，使之成为涵养社会主义核心价值观的重要源泉。这部分内容主要可以分为三大部分：一是提炼中华传统道德规范体系中作为中国人安身立命之根基的、不朽性的元素，确立

---

① 参见王易《〈思想道德修养与法律基础〉教材道德教育部分的修订与重难点解析》，载《思想教育研究》2018年第8期，第58—64页。

作为传承和"转化"的资源;二是在前述基础上,提出中华传统道德规范体系进行现代转化的具体方案;三是阐释"转化"后的中华传统道德规范体系与中国特色社会主义道德体系之间的承接与融合。①

为了充分发挥中华传统美德对现代中国社会发展的潜在的资源性意义,使之成为涵养社会主义核心价值观的重要源泉,必须实现中华传统美德的创造性转化。所谓中华传统美德的创造性转化,就是依据一定的指导思想和原则,将蕴含在中华传统美德中的思想理论、价值观念、规范体系、实践模式等挑选出来,通过一定的方法和途径对其进行创造性转换、重组和改造,深入挖掘其时代价值和现实意义,使之符合现代经济社会的发展需求,为培育和践行社会主义核心价值观提供直接的思想道德资源。因此,中华传统美德的创造性转化,就是在保持传统美德的连续性的前提下,使中华传统美德在经过转化之后,既能符合现代社会的发展需要,又可以融入社会主义道德体系之中,并获得广泛的社会认同。②

中华传统美德的创造性转化必须以马克思主义为指导,正确把握中华传统美德在当前道德建设与文化建设中的应有地位。中华传统美德的创造性转化,必须立足于改革开放和现代化建设实践,使之与当代社会相适应,为经济社会发展提供动力,实现文化与经济社会的融合、互动发展。中华传统美德的创造性转化一定要立足于面向大众、服务人民,发挥传统美德人伦日用的化育功能,使传统美德与日常生活水乳交融,让传统美德中蕴含的伦理精神点点滴滴地导入人们的生活中,逐渐"生根发酵",产生化育的功能。中华传统美德的创造性转化需要着眼于世界文化发展的前沿,加强与世界文化的交流,汲取世界各民族文化的长处,取长补短,以实现自我更新,并在这个过程中继续发挥开放包容、兼收并蓄的优良传统,保持自身的独特性,增强中华传统美德的国际影响力。

(二)发扬中国革命道德

党的十九大报告指出:"中国特色社会主义文化,源自于中华民族五

---

① 参见焦国成《论中国特色社会主义道德体系研究》,载《江西师范大学学报(哲学社会科学版)》2015年第1期,第3—9页。
② 参见王易、黄刚《探求中华传统美德的创造性转化》,载《思想理论教育导刊》2015年第5期,第42—45页。

千多年文明历史所孕育的中华优秀传统文化,熔铸于党领导人民在革命、建设、改革中创造的革命文化和社会主义先进文化,植根于中国特色社会主义伟大实践。"① 社会存在决定社会意识,革命道德是革命文化的重要组成部分,发扬中国革命道德的当代价值,要做好以下工作。

第一,从历史发展与精神品质中提升总结中国革命道德的主要内容。革命精神是非常丰富的,例如红船精神、延安精神、西柏坡精神、长征精神、抗战精神、沂蒙精神等,要从精神的把握和历史事实的再现中提取革命道德的内涵。中国革命道德,是指中国共产党人、人民军队、一切先进分子和人民群众在中国革命、建设与改革中所形成的优秀道德,是马克思主义与中国革命、建设和改革的伟大实践相结合的产物,是中华民族极其宝贵的道德财富。中国革命道德萌芽于五四运动前后,发端于中国共产党成立以后蓬勃发展的伟大工人运动和农民运动,经过土地革命战争、抗日战争、解放战争以及社会主义革命、建设与改革的长期发展,逐渐形成并不断发扬光大。中国革命道德主要包括:为实现社会主义和共产主义理想而奋斗;全心全意为人民服务;始终把革命利益放在首位;树立社会新风,建立新型人际关系;修身自律,保持节操。

第二,从中国革命道德中把握中国共产党人的初心与使命,掌握全心全意为人民服务的真谛。习近平总书记在党的十九大报告中指出:"中国共产党人的初心和使命,就是为中国人民谋幸福,为中华民族谋复兴。"② 习近平总书记在学习贯彻党的十九大精神研讨班开班式上发表重要讲话时强调:"时代是出卷人,我们是答卷人,人民是阅卷人。"③ 我们要以时不我待、只争朝夕的精神投入工作,开创新时代中国特色社会主义事业新局面。走得再远,走到再光辉的未来,也不能忘记走过的过去,亦不能忘记为什么出发。我们在把握革命道德的具体内涵时,要站在时代与历史的交

---

① 习近平:《决胜全面建成小康社会 夺取新时代中国特色社会主义伟大胜利——在中国共产党第十九次全国代表大会上的报告(2017年10月18日)》,载《人民日报》2017年10月19日,第1版。

② 习近平:《决胜全面建成小康社会 夺取新时代中国特色社会主义伟大胜利——在中国共产党第十九次全国代表大会上的报告(2017年10月18日)》,载《人民日报》2017年10月19日,第1版。

③ 习近平:《以时不我待只争朝夕的精神投入工作 开创新时代中国特色社会主义事业新局面》,载《人民日报》2018年1月6日,第1版。

汇点上理解中国革命的力量是如何保存下来的、是如何深得人心的。"一切革命工作都是为人民大众谋利益,只要人民大众的利益问题解决了,革命者个人利益的问题也就解决了,假使参加革命而以解决个人利益为目的,那是绝对错误的。"① 这是革命先驱董必武同志在家书中所写的话语。为人民谋利益的宗旨,中国共产党从未改变过。

第三,从革命道德的核心探寻革命道德的当代价值及风险挑战。革命道德的核心就是为人民服务,把握这样的品质有利于加强和巩固社会主义和共产主义的理想信念,有利于培育和践行社会主义核心价值观,有利于引导人们树立正确的道德观,有利于培育良好的社会道德风尚。大学生发扬革命道德、传承红色基因,就要深入了解中国社会和中国革命的历史,了解中国共产党人带领广大人民群众进行革命斗争的艰苦实践,真正体会中国革命道德的本质内涵、历史意义和当代价值,自觉同各种歪曲历史、诋毁英雄的历史虚无主义思潮作斗争。②

【互动】

教师:同学们,刚才我们一起学习了社会主义道德吸收借鉴了优秀道德成果,初步了解了社会主义道德传承了中华传统美德,现在请大家结合自己的亲身经历和所见所闻,用心去体验和感受,然后讨论"如何理解社会公德、职业道德、家庭美德、个人品德的要求"这一问题。

【分析】

全面提高公民道德素质是社会主义道德建设的基本任务,要加强社会公德、职业道德、家庭美德、个人品德的教育。这些都明确规定了社会主义思想道德建设的基本任务,也直接指出了我国社会转型期道德规范建构的基本目标就体现在社会公德目标、职业道德目标、家庭美德目标和个人

---

① 李自强:《初心源自信仰 使命呼唤担当》,人民网,2019年6月11日,见 http://dangshi.people.com.cn/n1/2019/0611/c85037-31128770.html?ivk_sa=1024320u。
② 参见王易《〈思想道德修养与法律基础〉教材道德教育部分的修订与重难点解析》,载《思想教育研究》2018年第8期,第58—64页。

品德目标上。①

【总结】

《宪法》第二十四条明确规定:"国家倡导社会主义核心价值观,提倡爱祖国、爱人民、爱劳动、爱科学、爱社会主义的公德。"《宪法》第五十三条规定:"中华人民共和国公民必须遵守宪法和法律,保守国家秘密,爱护公共财产,遵守劳动纪律,遵守公共秩序,尊重社会公德。"可见,尊重社会公德是公民的宪法义务。社会公德的建设包括三个层次。一是人与人之间的层次,主要指个人在处理其与他人之间的关系时应该遵循的行为准则,如个体文明举止、自尊和尊重他人、诚实守信等。二是人与社会之间的层次,主要是个人在处理其与社会之间的关系时应该遵守的准则,正确认识到个人与集体、组织、社区、国家的关系,体现社会责任感。例如,遵守公共秩序,尊重与维护社会公益,爱护与保护他人的劳动成果,在遵守公共秩序时以不妨碍社会大众的权益和利益为准则,等等。有些社会公德是明文规定的,例如交通规则、考场纪律;有些则是约定俗成的,例如排队乘车。三是人与自然之间的层次,主要是指环境道德,是指个人在处理其与自然之间的关系时,对待周围自然环境的态度和行为应该遵守的准则。例如,保护自然环境,维护生态平衡。近来,"雾霾天气""地下水的污染"已让公众深刻地体会到自然环境的好坏不仅仅涉及每个人的利益,而且涉及子孙后代的幸福。因此,要牢牢树立生态观,明确一切与自然对立或分裂的、破坏生态环境的、造成生态失衡和环境污染的行为、观念就是恶。②

职业道德是指从事一定职业的人们在自己特定的工作或劳动中的行为规范的总和。恩格斯在批判费尔巴哈的形而上学道德论时曾经指出:"实际上,每一个阶级,甚至每一个行业,都各有各的道德。"③ 因此,职业

---

① 参见雷结斌《我国社会转型期道德失范问题研究》,南昌大学博士学位论文,2013年,第95页。

② 参见陈江旗《社会主义道德建设论:新时期社会主义思想道德建设体系研究》,中国建材工业出版社2011年版,第9页。

③ 中共中央马克思恩格斯列宁斯大林著作编译局:《马克思恩格斯选集(第4卷)》,人民出版社1995年版,第236页。

第六章 遵守道德规范，锤炼道德品格

道德具有内容针对性、形式多样性、调节效果稳定性的特征。在社会转型期，我国职业道德建设取得了一些成绩，例如，工作的双向选择，使人们的主人翁意识和服务群众、奉献社会的职业道德观念得到了进一步发展。但也出现了一些问题，如以权谋私、弄虚作假、态度冷淡、工作效率低下、趋利主义横行等。产生这些问题的主要原因是市场经济强调个人权责对等，监督机制不完善，分配结果不平等或利益不公，人际关系掺杂了太多的防备和利益，等等。因此，要建设好职业道德，需要每个人正确认识自己工作岗位的权责利以及社会价值。每个岗位上的工作人员都是为其他岗位服务的，所以人人都是服务者和被服务者，是平等的，不存在高低贵贱。通过职业认同感，让职业不仅仅是挣钱养家的工具，也是个人成长发展的途径，更是通过相互服务以谋求共同幸福的途径。职业道德在整个社会道德中占有举足轻重的地位。职业道德是一般社会道德在职业生活中的具体体现，是同人们的职业活动紧密联系的、符合职业特点要求的道德准则、道德情操与道德品质的总和，是所有从业人员在职业活动中应该遵循的基本道德准则和行为规范。职业道德调整从业人员与服务对象、从业人员与从业人员之间、职业与职业之间的关系。马克思主义认为，人类最基本的实践活动是生产活动。相应地，人们最主要的社会生活领域是人们的职业生活。职业道德当然也就成为社会道德的主体部分，因而职业道德建设成为社会主义道德建设的重点。职业道德与社会公德、家庭美德等比较起来，具有适用范围的有限性、发展的历史继承性、表达形式的多样性、强烈的纪律性等特点，是维系人们所希望的正常的工作秩序和良好的人际关系的重要前提。职业道德的状况是全社会道德水平高低的重要体现。职业道德调整职业交往中从业人员内部以及从业人员与服务对象间的关系。在职业道德充分发挥调整作用的社会里，人们工作愉悦，从社会获得尊重，职业所属的行业信誉高、发展可持续。在社会主义制度下，各行各业没有高低贵贱之分，在职业内部的从业人员之间、不同职业之间以及职业集团与社会之间没有根本的利害冲突。因此，不同职业的人们可以形成共同的要求和道德理想，树立热爱本职工作的责任感和荣誉感。社会主义社会里的职业道德水平应该而且可以比资本主义社会里的职业道德水平更高、更进步。当前，我们要以职业道德建设为重点，带动社会公德和家庭美德建设，大力倡导以"爱岗敬业、诚实守信、办事公道、服务群众、奉

献社会"为主要内容的职业道德,鼓励人们在工作中做一个道德建设的参与者、建设者。目标是使我们的职业道德能够促进社会主义市场经济体制的作用充分发挥,为社会主义法律规范提供职业道德支持,发扬光大中华民族的传统美德。

家庭是社会的基本组成细胞,是社会稳定和发展的重要基础。家庭问题是社会问题的根源。家庭包括抚养和赡养、满足情感需要、满足生殖和性的需要、社会化、经济功能、赋予成员地位六大功能。在社会转型期,家庭承担了许多现代社会应该承担的责任。在我国社会转型期,某些人受极端个人主义、利己主义、享乐主义、纵欲主义的影响,传统家庭美德受到冲击,导致"啃老"、虐待老人、推诿老人、未婚同居、包养情人、离婚率上升等现象逐年增加。传统家庭文化中的狭隘、落后观念的蔓延和复苏,腐蚀了家庭美德,导致家长制、父权制、买办婚姻等问题,造成家庭成员间关系淡漠、代与代之间不和谐。独生子女政策、老人对后辈的宠爱,让"小皇帝""小公主"大量滋生,破坏了尊老爱幼的传统美德,影响了后代独立性、责任感的培养以及家庭社会化功能的落实。[①]

家庭美德是指每个公民在家庭生活中调整家庭成员间关系、处理家庭问题时所遵循的高尚的道德准则和行为规范。它不仅调整家庭内部夫妻、长幼之间的关系,也调整邻里之间的关系。马克思主义认为,婚姻家庭关系是建立在两性和血缘关系基础上的一种特殊的社会关系,是社会关系的原点和重要组成部分,是人类实现自身繁衍的社会形式。因此,婚姻家庭制度是社会制度的重要组成部分,家庭美德是社会道德的良好开端和重要组成部分。家庭美德与社会公德、职业道德等比较起来,具有适用范围的狭小性、对人影响的直接性、表现形式的隐秘性等特点,是维系人们所希望的和睦的家庭氛围和友善的邻里关系的重要前提。家庭美德建设对社会整体文明的发展具有不可替代的作用,是社会精神文明发展的基石,为社会物质文明的发展提供动力。家庭美德调整人们家庭生活中家庭成员内部之间以及邻里之间的关系。在家庭美德充分发挥调整作用的社会里,人们生活幸福快乐,从家庭中和邻里之间获得帮助与认同,从而身心健康;相

[①] 参见雷结斌《我国社会转型期道德失范问题研究》,南昌大学博士学位论文,2013年,第98页。

第六章 遵守道德规范，锤炼道德品格

反，家庭美德不能正常发挥调整作用的社会里，人们生活痛苦郁闷，从家庭中和邻里之间得到的是无助与冰冷，从而身心受损。社会主义制度的建立，摒弃了"资产阶级撕破了家庭关系上面所笼罩着的温情脉脉的纱幕，并把这种关系化成了单纯金钱的关系"的资本主义制度劣根型，也逐渐清除了封建传统的不良影响，社会主义制度里的家庭道德水平应该而且可以比资本主义制度里的家庭道德水平更加先进。当前，我们要以家庭美德建设为出发点，在全社会大力倡导以"尊老爱幼、男女平等、夫妻和睦、勤俭持家、邻里团结"为主要内容的家庭美德，鼓励每一个公民在家庭中做好成员。目标是使我们的家庭美德能够促进社会主义市场经济进一步完善，使社会成员模范遵守社会主义法律规范，汲取和传递中华民族的传统美德。[1]

作为一般意义上的个人品德，是一定的社会道德在作为道德主体的个人的思想和行为中的表现，包括个体的道德认识、道德情感、道德意志、道德信念、道德行为等，它是客观内容和主观形式相结合的产物，是社会道德文化的个体化特性。[2]

社会由个人组成，无论是社会交往、公共生活，还是职业生活、家庭生活，都离不开个体的参与，社会生活的各领域都是建立在个人活动的基础之上的。个人品德是社会公德、职业道德、家庭美德的基础；社会公德、职业道德、家庭美德是个人品德的外在表现形式。"公民个体道德水平决定着整个社会的道德水平。"在进行社会主义道德建设的实践过程中，社会公德、职业道德、家庭美德建设都离不开个人品德建设。只有个人品德提升，才会有良好的社会公德、职业道德、家庭美德可言。

由于每一个具体的道德主体的生活阅历、社会经历、价值观念、理解能力、接受水平不尽相同，社会主义道德的主体呈现出复杂多样的特征，每一个具体的道德主体的个人品德客观上处于不同的水平。[3] 这决定了我

---

[1] 参见马奇柯《社会公德、职业道德、家庭美德、个人品德关系论析》，载《学术交流》2008年第2期，第47—51页。

[2] 参见蒋勇、邱国栋《论个人品德与社会公德、职业道德、家庭美德及其关系》，载《思想教育研究》2010年第9期，第39—43页。

[3] 参见李建华、易想和《论社会主义荣辱观的主体层次性》，载《伦理学研究》2006年第3期，第6—9页。

们在进行社会主义道德建设的时候,应该注意道德的层次性,针对不同的道德主体,根据实际情况,提出了不同的目标要求。针对一般的个体,提出的道德目标是一般性个人品德。在我国现阶段,一般性个人品德是指与我国现阶段社会主义初级阶段的基本国情相适应,能被最广大人民群众普遍接受和遵循的品德规范,具有广泛性特点。它是一般社会成员也就是普通道德主体必须遵守的一些最基础、最起码的社会道德规范,对整个现实生活普遍起调节作用。一般性个人品德通过社会公德、职业道德和家庭美德等表现出来。社会公德是每个社会成员在社会公共生活中必须遵循的基本道德,是社会对其成员的最起码的道德要求,是保证社会生活正常运行的一个重要条件。社会主义职业道德的基本规范主要包括:爱岗敬业、诚实守信、办事公道、服务群众、奉献社会,要求从事某一职业的道德主体能够普遍遵守。家庭美德是每个公民在家庭生活中应该遵循的行为准则,搞好家庭美德建设不仅是家庭自身发展和完善的需要,也是构建和谐社会的必要条件。

针对少数先进分子,提出的道德目标是先进性个人品德。我国现阶段的先进性个人品德,是指代表我国社会道德的发展方向的、融真善美于一体的个体道德,其本质就是全心全意为人民服务,为了党和人民的事业无私奉献。先进性个人品德的建设目的是建立一种价值导向来引导人们积极向上。先进性个人品德主要体现在两个方面:一是共产党员及其领导干部的个人品德。共产党员及其领导干部是社会的中坚力量,他们的道德水平是社会道德水平的风向标,引导着一般性个人品德。二是社会中的其他先进分子的个人品德。社会中的其他先进分子就是指相应的社会生活领域的典范,他们代表着各自领域的前进方向,释放着巨大的感染力,是先进性个人品德的优秀代表。社会中的其他先进分子的个人品德影响和提升一般性个人品德。[①]

【互动】

教师:同学们,刚才我们一起学习了社会主义道德吸收借鉴了优秀道

---

① 参见孙彤《社会主义精神文明视域中的个人品德建设》,天津师范大学博士学位论文,2010年,第128页。

德成果，初步了解了社会主义道德继承和发扬了中国革命道德，现在请大家结合自己的亲身经历和所见所闻，用心去体验和感受，然后讨论"大学生如何通过参与道德实践引领社会风尚"这一问题。

【分析】

青年大学生应重视家庭文化建设并积极投身其中。家庭文化是家庭美德建设的基石。良好的家庭文化分为三个层级：表层文化是干净、整齐、优美的家庭环境，适用的活动区域和器械，以及舒适幽静的学习空间。中层文化是体现平等、民主、互爱的家规条约，涉及青年大学生同父母之间的亲子关系、家庭成员角色、家庭沟通方式、生活习惯等。深层文化是良好的家风。家风是指家庭或家族的传统风尚或作风，其内涵主要包括信仰理念、处世哲学和行为规范等方面。

个人品德是社会公德、职业道德、家庭美德的基础；社会公德、职业道德、家庭美德是个人品德的外在表现形式。青年大学生加强道德建设不能忽视个人品德的建设。道德的生命力在于它的自律性。人的行为受到动机的影响。德国哲学家康德认为"法律管行为的结果"，"道德管行为的动机"。道德的主体是人，同时意志自由是一切道德活动的前提，不能意志自觉的行为不被认为是道德的行为。人的行为在个体、群体和社会层面不一定是相同的。在行为约束中，道德属于自律、自觉，青年大学生只有将各领域的道德标准内化为个人品德，才能自觉地在家庭、群体和社会层面采取符合社会公德、职业道德、家庭美德的行为。个人品德由许多因素构成，有着复杂的结构。个人品德的形成是一个从感性到理性、从情感到意志的合乎规律的过程，青年大学生加强个人品德建设必须遵循个人品德形成的基本规律。[①]

【总结】

当前，在家庭生活中，青年大学生时常使用"我爱你"等话语与家人进行情感性沟通，用直接清晰的沟通方式与父母进行亲子交流，在平等、

[①] 参见雷结斌《我国社会转型期道德失范问题研究》，南昌大学博士学位论文，2013年，第118页。

民主的氛围中，父母与子女表达各自的观点和态度，构建并分享权威性的家庭权力结构，培养良好的作息时间，等等。家庭教育应该把我国传统文化中的"仁、义、礼、智、信"融入家风建设中，并纳入西方文化中平等民主的思想。青年大学生要向家长传达改变家庭教育中"重智轻德"现状的信息，树立和完善一种"团结和睦、文明礼貌、催人奋进、勤奋好学"的良好家风。另外，家长的家庭教育要着眼于大局，站在"为家育人，为国育才"的高度，使子女树立远大目标，知道自己肩负着个人、家庭和社会责任。

当前，青年大学生加强个人品德建设应当从以下几个方面着手。首先，青年大学生要想加强个人品德建设，就要注重道德学习。青年大学生提高道德认知，不仅依靠知识灌输，更多的是依靠对现实生活中的种种现象、行为进行深刻的讨论、分析，理解道德的责任、义务、律令、原则、规范的应然性，然后进行自我剖析，内化为自己的价值观、信念、理想和修养，通过对道德情景的辨析、道德价值的权衡、道德技巧的选择、道德行为后果的预测来调整个人的行为方式。[①] 其次，青年大学生要想加强个人品德建设，就要分层次实施品德学习计划。每一个具体的道德主体的个人品德在客观上处于不同的水平。在个人品德的建设上，青年大学生应该尊重这种客观事实，分层次、"因材施教"式实施个人品德学习计划，既要以一般性个人品德来要求自己向一般的道德主体学习，更要以先进性个人品德来要求自己向少数先进分子学习。汲取传统道德建设和社会主义道德建设的有益做法，遵循先进性要求和广泛性要求的统一，用不同的标准去学习不同层面的道德主体的道德行为，针对不同主体，采取不同的学习方法，真正做到尊重差异、包容多样。[②]

【疑难解答】

道德是人类社会存续和发展所不可或缺的基本规范，青年学生应怎样继承和弘扬中华民族优良的道德传统，加强自身思想道德修养，做一个知

---

① 参见窦炎国《论道德认知》，载《西北师大学报（社会科学版）》2004年第6期，第15—20页。
② 参见孙彤《社会主义精神文明视域中的个人品德建设》，天津师范大学博士学位论文，2010年，第125页。

荣辱、讲道德的人呢？

社会主义道德建设的核心是为人民服务、原则是集体主义，青年学生应怎样自觉讲道德、尊道德、守道德，加强品德修养，锤炼道德品质，努力做到向上向善、孝老爱亲、忠于祖国、忠于人民呢？青年学生应怎样积极投身崇德向善的道德实践，以及如何确立正确的就业观和创业观呢？

【总结】

道德的力量是无穷的，是立身兴国之本，对个人和社会都具有基础性意义。社会主义道德是实现中华民族伟大复兴中国梦的重要精神力量。大学生要做到明大德、守公德、严私德，最重要的是弘扬和践行社会主义道德，传承传统美德，发扬中国革命道德，并自觉吸收和借鉴人类文明的一切优秀道德成果，遵守道德行为规范，在崇德向善的道德实践中锤炼道德品质，引领道德风尚。

三、知识拓展

中华传统道德的两种错误思潮是复古论和虚无论。

复古论认为，道德建设的最终目标就是要恢复中国"固有文化"，形成以中国传统文化为主体的道德体系。

虚无论认为，中国传统道德从整体上来说在今天已经失去了价值和意义，必须从整体上予以全盘否定。

四、课后作业

请结合日常见闻，讨论问题：作为中华传统文化中的一部分的中华优秀美德，具有什么时代价值？

第三节 遵守社会公德

一、教学说明

（一）教学目标

教师通过模拟、联想的体验式教学法，让学生了解并剖析社会公德失范的现状及成因，体会社会公德的意义与价值，自觉形成社会公德意识，主动维护社会公德并推动道德建设。

（二）教学重点与难点

教师让学生掌握公共生活的特征、公共秩序的重要性、社会公德的定义与内涵。

（三）教学方法

教师采用课堂讨论、案例分析、播放影像资料等教学方式进行教学。

二、教学内容

【导入】

近年来，一些社会道德失范现象引发人们重新思考"社会公德存在的意义与价值""为何社会公德在公共生活中屡屡失范""要如何才能使社会公德重新在大众中焕发生机"等问题。

【讲授】

社会性是人最主要、最根本的属性。通俗来讲，人类最主要的便是社会生活。公共生活是相对于私人生活而言的。私人生活以家庭内部活动和

第六章 遵守道德规范，锤炼道德品格

个人活动为主要领域，人们的行为在私人空间里是相对独立的，因而具有一定的封闭性和隐秘性。在公共生活中，一个人的行为必定与他人发生直接或间接的联系，具有鲜明的开放性和透明性，对社会的影响更为直接和广泛。那么，我们应当了解这几个当代公共生活的特征：活动范围的广泛性、活动内容的开放性、交往对象的复杂性、活动方式的多样性。

首先，活动范围的广泛性。公共生活的场所和领域不断扩展、空间不断扩大，特别是网络使公共生活进一步扩展到虚拟世界。现如今，任何一个国际航空公司的飞机在17个小时内都可以到达世界上任何一个国家；现代传媒手段的普及和推广，使人们可以真正做到"秀才不出门，能知天下事"。科技发展将人们从过去"坐井观天"一般的相对封闭的环境中解放出来，突破传统生活的地域和空间桎梏，使人们轻而易举地接触外面的万千世界。

其次，活动内容的开放性。公共生活是由社会成员共同参与、共同创造的公共空间，它涉及的活动内容是开放的。信息技术的发展更是使个人生活形态受到更多人的注视，形成更多的信息交流与互动。一方面，它增强了信息的传播速度和流动性，实现了高效的信息共享；另一方面，它模糊了公共生活与私人生活的边界，让个人隐私显露出明显的安全隐患。

再次，交往对象的复杂性。随着科学技术的迅猛发展，人们在公共生活中的交往从"熟人社会"阶段进入"陌生人社会"阶段；在传统社会中，人们的活动范围被限制在一定的地域内，社会结构相对稳定，周围基本都是相互熟悉的人；而现代社会，人口的流动性注定人们接触的对象不再局限于熟识的人，而是进入公共场所的任何人，这就增加了人际交往信息的不对称性和行为后果的不可预期性。而基于信息的不对称性和行为后果的不可预期性所产生的种类繁多的诈骗及其他犯罪行为，更为这种复杂性增添了一丝阴霾。

最后，活动方式的多样性。当代社会的发展使人们的生活方式发生了新的变化，人们可以根据自身的需要及年龄、兴趣、职业、经济条件等因素，选择和变换参与公共生活的具体方式。例如，休闲娱乐的方式发生了改变，文化产业的快速发展使人们在学习和工作之余可以有多种多样的选择，线下的休闲方式如明星演唱会、博物馆展览、歌舞剧、剧本杀、手工制作体验、旅游等，线上的休闲方式如电影、电视剧、综艺、动漫、游戏

等。在当代科技的大背景下，人们的创造力将不断拓展活动方式的多样性。

所谓"不以规矩，不能成方圆"，基于当代公共生活所呈现的特征，应该有相匹配的准则来规范其秩序。而秩序为何在公共生活中显得尤为重要和必要，让我们来看看下面这个案例。

【案例】

斯坦福大学监狱实验和 BBC 监狱实验

1971 年，斯坦福大学心理学教授菲利普·津巴多挑选了 24 名志愿者分别担任"狱警"与"囚犯"的角色，在一处模拟布置的监狱进行实验。实验中，通过一系列的道具和行为的推动，"狱警"被赋予绝对的权力，而"囚犯"被灌输了无权的思想。在相对平静的第一日后，其中一名"囚犯"拒绝服从命令，"狱警"在没有监督的情况下用灭火器暴力镇压"囚犯"，并试图用"特殊牢房"的优待来分化"囚犯"。35 小时后，一名"囚犯"开始精神崩溃退出实验，然而"狱警"的行为却更变本加厉。"狱警"强迫"囚犯"重复他们被分配的号码，以强化这就是他们的新身份的想法；利用这些"囚犯编号"来骚扰"囚犯"，以"囚犯"因"囚犯编号"犯错误而对其体罚，如持久运动；拒绝让一些"囚犯"在任何地方大小便，只允许他们在牢房中的桶里大小便，还不让"囚犯"倒掉卫生桶；惩罚"囚犯"时，把"囚犯"的床垫拿走，让他们睡在水泥地上；一些"囚犯"被迫赤身裸体，作为一种堕落的方法。随着实验的继续，一些"狱警"变得越来越残忍。"狱警"们肆意享受着不被约束的"绝对权力"，甚至实验的主持者菲利普·津巴多教授，还选择协助"狱警"转移实验场地并留在原址，防止之前被放走的实验者带人回来"救走囚犯"。直至第六日与之约会（后来结婚）的心理学研究生克里斯蒂娜·马斯拉赫对实验提出了质疑，津巴多教授才幡然醒悟，叫停实验。

2001 年，在斯坦福大学监狱实验的基础上，为把专制与反抗结合起来研究，艾力斯·斯莱姆和史蒂夫·赖彻与 BBC 合作，在英国挑选出了 15 名素质良好的实验者开始改进版的实验。实验中，教授们采用了评估分组与组内随机的办法，选出 5 名"狱警"，剩余的 10 人成为"囚犯"，

第六章 遵守道德规范，锤炼道德品格

其余的初始条件与斯坦福大学监狱实验大致相同。"囚犯"们在第一天就表现出对生活水平低下的不满，组织者进行第一次人为干预，告知"囚犯"们能成为"狱警"的可能性，以此来分化"囚犯"。而意外的是，"狱警"们开始质疑自己手中的"权力"甚至有不乐意享受手中的权力的想法。在第2天早餐时，"狱警"们未能吃完所有的香肠，他们感到内疚，并试图让尚未进餐的"囚徒"吃剩余的香肠。"囚犯"们意识到："狱警"想放弃他们的特权，而不是利用特权来控制监狱。"狱警"们的优柔寡断和给予香肠的"特权"行为，并不能在监狱里建立真正的平等，使得"囚犯"们享有吃香肠的权利。当"囚犯"们提升的通道被阻断，根据社会认同理论，在这种情形下，他们会开始认同自己的群体，并作为一个群体来行动。于是，第4天开始，"囚犯"们通过说闲话、涂鸦"狱警"画像、泼洒午餐等行为挑衅"狱警"的权威，而这也致使"狱警"们内部分化。这时，教授们进行第二次人为干预，他们引进了一个经验丰富的工会负责人作为新的"囚犯"，他熟于谈判、协商，巧于团结，善于推动形势发展。这名新"囚犯"以"丢失钥匙"事件为契机，主动代表"囚犯"一方与"狱警"谈判，并成功建立监狱中的"议会"，秩序被重建。在教授们的再次干预下，这名改写秩序的"囚犯"在第6天退出实验，没有了这个组织者，所谓的"民主系统"完全无法运行，"囚犯"们最终"叛乱"，监狱管理体制崩溃。在两个实验者退出实验后，剩余人员经商议，同意建立一个自治、自律的公社。然而好景不长，群体内的"异议者"发动了"军事政变"并夺取了领导权，在逐渐意志消沉的公社人员面前重提建立更严厉的"监狱制度"，甚至想使用暴力。最终，组织者在新的"专制"正式形成之前，叫停了这个实验。①

【案例分析】

虽然以上研究主要是探讨权力、境况对个体行为的影响，但我们也不难看出，没有规则的约束，人的行为可以有什么程度的异化，无序的公共

---

① 参见《斯坦福大学监狱实验（SPE）》，知乎网，2020年11月25日，见 https://zhuanlan.zhihu.com/p/311373718。

生活可以形成怎样的混乱。两则案例中，优势方虽然各不相同，但不难发现，在不受约束的前提下，无论是斯坦福大学监狱实验中"至高无上"的"狱警"，还是BBC监狱实验中"反抗成功""民主失败，试图重建更严厉的监狱制度"的"囚犯"，其思想和行为都有极为严重的扭曲，但这些人都是在实验前的各项测评中表现良好的，换言之，他们在现实社会中，都是遵纪守法的好公民。荀子所说的"人性本恶"，更多的是指人的天性不受拘束，就好比自然法则"物竞天择，适者生存"和丛林法则"弱肉强食"，而人之所以为"人"，在于能约束自身、遵循规则、形成秩序、建立文明。当不是所有人都能自觉约束自己之时，就需要外力来推动，这也可以部分阐释"盛世施仁政，乱世用重典"的意义所在。

公共秩序是社会生产活动的重要基础。公共秩序在资源分配与生产秩序中起着基础性作用。公共秩序是提高社会成员生活质量的基本保障。公共秩序规范着个体行为，使公共生活维系有序且平和的状态，保障着社会成员的生活质量。公共秩序是社会文明的重要标志；公共秩序摒除了"弱肉强食"的丛林法则，平等地对待老弱病残等弱势群体，约束强势者的不当行为，使人类脱离野兽的范畴，进入文明时代。

当我们了解了公共秩序在公共生活中的重要性，那自然就会谈到规则，而目前，在公共生活的领域里，我们主要受道德和法律的约束。法律是成文的道德，道德是内心的法律。法律是道德的制度保障，道德是法律的价值导向，二者相辅相成。那么，今天我们就来探讨一下公共生活中的道德规范——社会公德。

(一) 社会公德的含义

社会公德是指人们在社会交往和公共生活中应该遵守的行为准则，是维护公共利益、公共秩序、社会和谐稳定的起码的道德要求，涵盖了人与人、人与社会、人与自然之间的关系。

【互动】

教师：请同学们回想一下现实中出现的各类"强迫让座"事件，思考下让座是必要的行为吗？不让座是否属于道德性错误？

第六章 遵守道德规范，锤炼道德品格

（二）新时代如何建设社会公德

"社会公德失范"是因为"道德绑架"泛滥，社会信任缺失。

【案例】

春晚小品《扶不扶》

2014年的春晚小品《扶不扶》取材于生活中老人跌倒"扶还是不扶"的当下现实问题，既有当事人的矛盾心理纠结，又有路人"扶还是不扶"的道德拷问，现实观感强，台词既幽默又富有哲理，尤其是结尾处那句"人倒了，还可以扶起来；人心倒了，咱想扶都扶不起来了"，因其直指社会热点，爆笑吐槽中传达了正能量而受到观众强烈赞许。更有无数观众表达与小品一样的困惑："如果真是我遇到了，扶不扶还真是个问题。"[①]

【互动】

教师：如果有老人倒地，你会去扶吗？如果有人倒地了，你会去救吗？如果你将要救的人，他曾经骗过你，你会去救吗？如果你的亲人倒地，你希望有人去救他吗？为什么？

（三）如何建设社会公德

首先，深化道德教育引导，家庭、学校与社会同步进行社会公德教育，让个体从小培养遵守公德的习惯和意识。

其次，发挥制度保障作用，强化法律法规保障。及时把实践中广泛认同、较为成熟、操作性强的道德要求转化为法律规范，推动社会诚信、见义勇为、志愿服务、勤劳节俭、孝老爱亲、保护生态等方面的立法工作。

再次，加强组织领导，加强新时代公民道德建设，是推进中国特色社会主义事业的一项基础性、战略性工程。要坚持和加强党的领导，增强

---

① 参见《2014央视春晚郝健小品〈扶不扶〉》，腾讯视频，2016年10月7日，见 https://m.v.qq.com/play/play.html?coverid=&vid=v0334iaiwk2。

"四个意识",坚定"四个自信",做到"两个维护",确保公民道德建设的正确方向。

最后,公民个人自觉遵守社会公德,在公共生活中自觉用社会公德规范和约束自己的行为和活动,自觉维护公共秩序。

(四)网络生活中的社会公德

【互动】

教师:请同学们从网络生活中的社会公德出发,自行选取受害人、被告人、传播者、旁观者、国家公共机关等角度,发表对该事件的看法。

【评析】

第一,网络技术虚拟化滋生参与主体虚拟化和网络社群虚拟化。网络技术的虚拟化,滋生了参与主体及网络社群的虚拟化,导致公民道德意识的降低,增加了公民道德失范风险。

第二,网络空间的开放化增加了公民道德建设的难度。[①] 网络空间的开放性直接表现在网络空间的整体门槛较低这一方面。在虚拟的网络空间中,参与主体无论其性别、年龄、肤色、职业、文化程度等如何,均可以平等地参与和表达,但对同一问题的看法难以做到遵循其本质及其客观性,会把真实发生的事实扭曲后通过网络平台快速传播,使得网络空间秩序陷入混乱。

第三,资本逐利,蓄意操控网络舆论,理性人群多保持沉默。

在流量经济盛行的当下,许多人只关注流量带给自己的经济效益,为了获取更多的关注度,甚至蓄意引发公众的争议来引爆网络热度,理性人群被迫选择沉默。

【互动】

角色扮演/主题演讲:请以网络生活中的社会公德为主题,以小组为

---

① 参见刘亚、范跃红《遭遇网暴:普通人如何"社会性死亡"的》,载《方圆》2021年第9期,第12—20页。

单位（建议6～8人一组），自行选取角度，可设计剧本，现场演绎或拍摄视频，展现当今网络生活的社会公德现状，多角度剖析其成因，并通过对话等方式展示小组成员对该现状的看法；或结合现今网络生活中的真实案例，通过制作PPT等方式，阐述小组的观点。

【疑难解答】

问：沉默和不作为符合社会公德吗？

答：当然不符合。社会中偏激的人缺乏理智、容易冲动，而理智的人保持沉默。若发声的成本过于高昂，也许大多数人就会选择明哲保身，所以需要相关部门的介入和法律的干预。

【小结】

社会公德是社会共同利益的反映，是社会文明程度的标尺，是社会主义道德体系的重要组成部分。在一定的社会生活中，为了维持正常的生活秩序，人们总要共同遵守一些最简单、最起码的公共生活秩序，即社会公德。

三、知识拓展

国家出台的相关法律维系社会公德、保护道德。例如，《中华人民共和国民法典》（简称《民法典》）第一百八十三条规定："因保护他人民事权益使自己受到损害的，由侵权人承担民事责任，受益人可以给予适当补偿。没有侵权人、侵权人逃逸或者无力承担民事责任，受害人请求补偿的，受益人应当给予适当补偿。"《民法典》第一百八十四条规定："因自愿实施紧急救助行为造成受助人损害的，救助人不承担民事责任。"

纵然道德有法律"撑腰"，但"造谣一张嘴，辟谣跑断腿"，背德者只需要轻描淡写的几句话，或是解开约束己身的"束缚"；而受害者要证明并非自己的错误，则艰难得多，甚至在过程中和过程后要承担无法被弥补的伤害与后果，因为很多人都是"吃瓜不嫌事大"，这些人并不在乎事情的真相是什么，而是为了通过批判和诋毁使自身获得"正确性和道德满足"。更多的人出于"规避风险"就"绕道而行"或不去触碰。

"国无德不兴，人无德不立。"社会公德是维系公共生活的重要公共秩序，是人们在社会交往和公共生活中应该遵守的行为准则，是维护公共利益、公共秩序、社会和谐稳定的起码的道德要求。社会公德的基本要求是文明礼貌、助人为乐、爱护公物、保护环境、遵纪守法。

四、课后作业

请青年大学生结合自身的经历，分享在网络生活中遇到的违反社会公德的那些事。

第四节 树立正确的家庭观、婚姻观和爱情观

一、教学说明

（一）教学目标

教师采用参观考察式情境体验的教学方式，使学生了解家庭的概念，体会家庭的意义和作用，树立良好的家庭观念。教师采用社会调研式情境体验的教学方式，使学生体会爱情和婚姻的真谛，树立合理的恋爱观和婚姻观。

（二）教学重点与难点

教师使学生理解以下知识点：家庭、爱情与婚姻对个人与社会的意义和作用，家庭美德的内涵，以及如何树立正确的家庭观、婚姻观和爱情观。

（三）教学方法

教师采用课堂讨论、案例分析、播放影像资料、社会调查、角色扮演、主题演讲等教学方式进行教学。

二、教学内容

【导入】

习近平强调:"广大家庭都要重言传、重身教,教知识、育品德,身体力行、耳濡目染,帮助孩子扣好人生的第一粒扣子,迈好人生的第一个台阶。"①

作家安东尼·勃朗特说:"其他的事情可能会改变我们,但我们开始并终结于家庭。"(Other things may change us, but we start and end with family.)

(一) 家庭

家庭是社会的基本细胞,是人生的第一所学校。

原生家庭是一个社会学概念,指个人出生后成长的家庭,是个体情感经验学习的最初场所。注重家庭、家教、家风是家庭美德的释义。

家庭的意义及影响:家庭是人生的第一个课堂,父母是孩子的第一任老师。研究表明,12岁以前的孩童时期是塑造人格与价值观最重要的时期。家庭教育涉及很多方面,但最重要的是品德教育,是如何做人的教育,也就是古人说的"爱子,教之以义方""爱之不以道,适所以害之也"。家庭环境往往可以影响一个人的一生。正如奥地利精神病学家阿尔弗雷德·阿德勒所说:"幸运的人用童年治愈一生,不幸的人用一生治愈童年。"

【案例】

教师播放影像资料——《以家人之名》(选取片段)。

【互动】

教师:有血缘关系的才能称为"家人",才能组成"家庭"吗?请阐述对"家人"与"家庭"的理解与看法。

---

① 习近平:《动员社会各界广泛参与家庭文明建设 推动形成社会主义家庭文明新风尚》,载《人民日报》2016年12月13日,第1版。

【互动】

教师：在很多刑事案件中，原生家庭的因素是很多犯罪者的主要归因之一。请同学们思考并探讨，曾经受到家庭伤害，是否能完全阐释罪犯的成因？有童年阴影的人是否一定会内心扭曲，成为潜在的罪犯？

【课后拓展】

课后观看影片《罪爱》。

【案例】

孟 母 三 迁

邹孟轲之母也，号孟母。其舍近墓。孟子之少也，嬉游为墓间之事，踊跃筑埋。孟母曰："此非吾所以居处子也。"乃去。舍市傍，其嬉戏为贾人衒卖之事。孟母又曰："此非吾所以居处子也。"复徙居学宫之傍。其嬉游乃设俎豆，揖让进退。孟母曰："真可以居吾子矣。"遂居之。及孟子长，学六艺，卒成大儒之名。君子谓孟母善以渐化。[①]

【案例】

湖南浏阳市沙市镇秧田村出了 26 名博士、176 名硕士

1977 年中国恢复高考以来，湖南省浏阳市沙市镇秧田村这个 5000 多人的村子，有 800 多个孩子考出了农村，其中包括 26 名博士和 176 名硕士。这是村民们引以为豪的。秧田村用一堵两层楼高的墙面，展示了它当下所珍视的东西：墙上是村子迄今为止考出的 26 名博士的信息，以及哈佛大学、清华大学、北京大学、南开大学等大学的校名。

在罗泽及眼中，博士是一种"文化资源"。他的设想是展示村子的"耕

---

① 金振华、陈桂声主编，张珊编著：《文史合璧（两汉卷）》，苏州大学出版社 2016 年版，第 212 页。

第六章 遵守道德规范，锤炼道德品格

读文化"，并激励村中孩子读书，甚至以此作为村子发展的支点。村里还花费3万多元去省会长沙买了一尊近2米高的孔子像，将从网上下载的这位教育家的简介刻在基座上。基座是一位搞建筑的村民做的。罗泽及认为，孔子是古代的一个文人，立在那儿"有文化氛围"，"希望孩子们能像博士们一样，读好书，出大才"。在博士们的头像上面，是用博士帽装饰的大字——"知识改变命运，文化孕育美德""勤耕重教，耕读传承"。这些话都是罗泽及设计的。它概括了村民们的日常：耕种，养家，供养后辈上学。

秧田村村民罗碧波说："自家的学风，是母亲带了好头。"正是因为罗碧波母亲对待知识严肃认真，"对书爱得一发不可收拾，现在每天还要坚持读书两三个小时"，深刻地影响了这家人对学习的热情和对知识的渴求。

秧田村村民罗建植的平板电脑里装满了孩子有关学习的家庭照片——"高考成绩单""博士研究生的录取通知书"照片。这些照片是孩子生活的记录，家长在翻看照片、回顾生活点滴时，会告诉孩子努力学习可以取得怎样的成就、可以创造怎样的奇迹，家里的长辈如何以他们为荣，这样做，在无形中会激发出孩子们最浓厚的学习兴趣。

67岁的罗建植是地地道道的浏阳农民，他的两个儿子罗洪涛和罗洪浪都曾是上海交通大学的博士生。罗建植只有初中文凭，但他相信，即使借米吃饭，也要让孩子读书，那时候家里穷，孩子读书回来都要割牛草、挑水，从小就锻炼了吃苦耐劳的精神。

陈永流是秧田村文光书院的英语教师，他的学生中有4个全日制博士，他的儿子也是博士毕业。陈永流所在的文光书院，每天早晨都有琅琅书声传出。据村民介绍，书院是清朝举人彭子铨变卖家产，带领当地开明乡绅、各姓祠堂、名人踊跃捐资筹款兴建的。如今，乡贤们组织成立了村教育基金会，对上大学、获得硕士和博士学位的村民家庭进行奖励并张榜表扬。乡贤李昌开成立了教育教学奖励基金，为学校师生伙食费买单；黄蔚德捐出了100万元成立敬老爱亲个人奖励基金……

勤耕重读的好家风、崇文重教的传统和重视荣誉的仪式感在这个传奇般的村庄中不断延续。[①]

[①] 参见《湖南浏阳秧田村博士墙：26名博士和176名硕士激励孩子读书》，闽南网，2019年5月22日，见http://www.mnw.cn/edu/news/2162635.html。

【评析】

社会塑造并弘扬积极的家庭观念。

我们要注重家风。家风是指一个家庭或家族的传统风尚或作风。良好的家风，对家庭成员的个人修养产生着重要的作用，也对整个社会道德风尚的形成产生着重要的影响。家风好，就能家道兴盛、和顺美满；家风差，难免殃及子孙、贻害社会，正所谓"积善之家，必有余庆；积不善之家，必有余殃"。诸葛亮诫子格言、颜氏家训、朱子家训等，都是在倡导家风。

当前我国随着社会的变革、家庭结构的变迁、家庭教育理念的变化，家风也呈现出新特点和新问题，如大家族意识淡化，小家庭观念增强；传统与现代家风并存；对未成年子女"重智轻德"现象较普遍；等等。为了进一步发挥当代家风在个人发展、家庭幸福、社会和谐等方面的积极作用，就必须进行有指导性的家风建设。在进行家风建设时，应坚持马克思主义理论指导，确保家风的方向性；传承优秀传统家风，彰显家风的民族性；把握世情、国情和民情，体现家风的时代性；结合现代家庭教育理念，提升家风的科学性；尊重家庭性特征发展，包容家风的多元性。

在价值内蕴上，当代优秀家风应当是与社会主义核心价值观相一致的。在内涵体系上，当代优秀家风应表现为：以国家层面的核心价值观为引领，体现爱国爱家、家国共建的新型家国关系；以社会层面的核心价值观为引领，体现共生共荣、共享发展的新型发展理念；以个人层面的核心价值观为引领，体现敬业奉献、向上向善的新型处世原则。当代优秀家风与社会主义核心价值观具有共同的历史和文化渊源，产生于共同的时代背景之下，有着共同的培育对象，这就为实现社会主义核心价值观的家庭培育，用优秀家风涵养社会主义核心价值观提供了可能。但同时也要看到，社会主义核心价值观是面向不同价值主体的，"富强、民主、文明、和谐"的价值主体是国家，是国家的建设目标；"自由、平等、公正、法治"的价值主体是社会，是社会的建设目标；只有"爱国、敬业、诚信、友善"才是直接面向个人的。而家庭培育的对象仅仅是个人，如果不对社会主义核心价值观进行再次整合和主体转化，就可能在家庭培育中忽略国家和社会的价值目标，从而造成社会主义核心价值观在家庭培育中的部分缺失。

（二）爱情与恋爱

爱情，是指一对男女基于一定的社会基础和共同的生活理想，在各自内心形成的相互倾慕，并渴望对方成为自己终身伴侣的一种强烈、纯真、专一的感情。

爱情的主体：一对男女。

爱情的平台：①社会平台，包括出身、学历、经历等；②精神（心理）平台，包括思想、心灵的共鸣。

爱情的方向：双向（相互倾慕），单恋不是爱情。

爱情的特征：强烈（与亲情、友情的热烈程度区别开来）、纯真（无条件、无目的）、专一（排他性）。

恋爱是指男女双方在培养爱情的过程中或在爱情基础上进行的相互交往活动。恋爱作为一种人际交往，必然也受到道德的约束。恋爱是建立幸福婚姻家庭的前奏，恪守恋爱中的道德规范关系到未来婚姻家庭生活的幸福。

【课后拓展】

学生课后观看电影《秒速五厘米》。

【互动】

教师：请同学们填写以下测试问卷。

测试问卷：当代大学生的婚恋观

结果现场解析（以第一题区分不同类型的人，剖析不同类型的人的婚恋观念。可借助问卷星进行现场统计与分析，此处仅列出部分示范）。

1. 请问你有谈恋爱或者结婚的打算吗？

A. 只想专注事业，是不婚主义者，不想谈恋爱，更没有结婚的打算。

B. 只想体验和享受谈恋爱的过程，没有结婚的打算。

C. 什么阶段就该做什么事，到了合适的年龄就打算结婚，为家族延续香火。

D. 宁缺毋滥，没有遇到合适的人就绝不谈恋爱，也绝不考虑结婚。

2. 恋爱/择偶时你看重颜值、才能和人品吗？

A. 恋人的颜值重于一切，人品和才能无所谓，在恋爱中只是需要一个可以炫耀的伴侣，而婚姻中只是需要一个合法的孩子和长相良好的基因。

B. 人品更重要，在人品过关的基础上，可以适当放宽颜值要求，但颜值仍然有一定的标准；不求他才华出众、成就斐然，但也要有自己的一技之长和目标。

C. 只要人品好，颜值和才能无所谓。

D. 作为一个有不错颜值、有才能、有野心的人，我希望我选择的人也有匹配的条件，人品次要，重要的是能理解我的想法且能并肩作战。

E. 上述都不重要，只想榜上富豪，躺平当"米虫"。

3. 在恋爱或家庭关系中，你如何看待奉献与回报？

A. 我可以为对方奉上一切，但对方必须予以同等的回应。

B. 我可以牺牲自我为对方奉献，不求同等的回报，只求对方知道我的付出。

C. 我希望我一定程度的付出基本都能得到同等的回报。

D. 为维系恋爱或婚姻，我可以有一定程度的付出，这样的付出有回报固然好，没有回报也无所谓。

【案例】

警惕 PUA 行为

PUA（pick-up artist）是英文"搭讪艺术家"的首字母缩写，原指一方（通常是男性）为了发展恋情，去学习如何提升情商和互动技巧以吸引对方，直至发生亲密接触。PUA 提出者的初衷也许是帮助那些害羞的人学会自我展示，掌握与异性沟通的社交技巧。然而，在当今的互联网语境下，PUA 的应用场景和范围与其最早的含义已相去甚远，逐渐演变为恋爱关系中的一方通过精神打压等方式，对另一方进行情感控制的代名词。有观点认为，PUA 的核心是通过刻意扭曲事实，采用持续打击、否认、误导和欺骗等方式，使被操纵者怀疑自己的价值，从而不得不对操纵者百依百顺。

第六章　遵守道德规范，锤炼道德品格

2019年10月9日，北京大学法学院女生包丽（化名）在北京市某宾馆服药自杀，送医救治期间被宣布"脑死亡"，后于2020年4月11日去世。据事后曝光的微信聊天记录，在恋爱期间，牟某对包丽使用了大量侮辱性言语，要求包丽称自己为"主人"，甚至要求她在自己身上文"牟某的狗"，并且录制文身的整个过程；除此之外，牟某更进一步要求包丽为他怀一个孩子，然后去把孩子打掉，他留下病历单，或是让包丽去做绝育手术，然后把病历单给他。对于牟某的冒犯和虐待倾向，包丽曾提出警告乃至提出分手，但在牟某多次以自杀为威胁的情况下，最终未能与牟某摆脱关系。

【互动】

教师：同学们，我们现在来谈谈当代大学生的恋爱观。有调查显示，当代大学生的恋爱呈现以下五种特征：①普遍化和低年级化。大学生的恋爱从准大一新生开始。②积极和消极并存。大学生的恋爱观和恋爱动机呈现出多元化特征。③理想化和现实性。大学生的择偶标准表现出一定的矛盾性。④大学生的婚前性行为态度与性知识之间严重失衡，性观念开放但性知识缺乏。⑤大学生婚前性行为态度存在"双重标准"——"我可以，你不可以"。[1] 请同学们讨论这样的恋爱特征的成因及合理性。

【总结】

要树立正确的恋爱观，必须处理好以下四个方面的关系。

首先，处理好恋爱与学习的关系。学习是大学生的主要任务，大学生应把爱情作为奋发学习的动力，同时还应把是否有利于促进学习作为衡量爱情价值的一个重要且特殊的标准。

其次，正确认识、处理好性与爱的关系。大学生在恋爱中要加强对自己负责、对对方负责的责任意识，深刻把握爱情的本质，正确认识性与爱的关系，克制一时的性冲动，谨慎面对性行为。

---

[1] 参见魏晓娟《当代大学生的恋爱问题及教育应对》，载《山东青年政治学院学报》2021年第37期第6卷，第35—41页。

再次,处理好恋爱与关心集体的关系。恋爱中的双方不应把自己禁锢在两个人的世界里。脱离集体,疏远同学,会妨碍自身的全面发展与进步。

最后,处理好恋爱与关爱他人和社会的关系。爱的情感丰富博大,不仅有恋人之爱,还有对父母之爱、对兄弟姐妹之爱、对社会和国家之爱。只专注于对恋人的爱而忽视对他人和社会的爱,这样的爱情就会显得自私和庸俗;相反,对他人和社会具有爱心则会使爱情变得高尚和稳固。

(三)婚姻

【导入】

白 头 吟
〔汉〕卓文君

皑如山上雪,皎若云间月。
闻君有两意,故来相决绝。
今日斗酒会,明旦沟水头。
躞蹀御沟上,沟水东西流。
凄凄复凄凄,嫁娶不须啼。
愿得一心人,白头不相离。
竹竿何袅袅,鱼尾何簁簁!
男儿重意气,何用钱刀为!

离思五首·其四
〔唐〕元稹

曾经沧海难为水,除却巫山不是云。
取次花丛懒回顾,半缘修道半缘君。

1. 婚姻的定义及意义

婚姻是指由法律所确认的男女两性的结合以及由此而产生的夫妻关系。

家庭是指在婚姻关系、血缘关系或收养关系基础上产生的亲属之间所构成的社会生活单位。婚姻是家庭产生的重要前提，家庭又是缔结婚姻的必然结果。婚姻的成功体现为家庭的幸福，家庭的美满又彰显婚姻的意义。

婚姻是社会发展到一定程度的产物，是基于爱情的稳固关系的两性关系形式。马克思主义婚恋观认为，爱情与事业是辩证统一的，共同的理想和事业是爱情的基础和主要内容，爱情因为有了事业的充实才更巩固和持久。

2. 当代社会婚姻现状及成因现状

根据《2020年民政事业发展统计公报》的数据显示，2020年，我国全年依法办理结婚登记814.3万对，比上年下降了12.2%，其中涉外及华侨、港澳台居民登记结婚1.7万对。结婚率为5.8‰，比上年下降了0.8‰。依法办理离婚手续433.9万对，比上年下降了7.7%，其中：民政部门登记离婚373.6万对，法院判决、调解离婚60.3万对。离婚率为3.1‰，比上年下降了0.3‰。[①] 结婚率下降、离婚率居高不下、家暴出轨等事件频发，当代社会婚姻现状使很多人看不到婚姻的幸福与美满，丧失了对婚姻的信心，甚至选择不结婚。

我国婚恋领域已经形成了以《中华人民共和国宪法》为保障之本，以《中华人民共和国民法典》《中华人民共和国反家庭暴力法》《中华人民共和国人口与计划生育法》《中华人民共和国母婴保健法》为核心，以《中华人民共和国未成年人保护法》《中华人民共和国预防未成年人犯罪法》《中华人民共和国残疾人保障法》《中华人民共和国妇女权益保障法》《中华人民共和国涉外民事关系法律适用法》等法律中有关婚恋的条款为重要来源，以行政法规、部门规章、司法解释、地方性法规为补充的青年婚恋法律体系。[②]

当代社会婚姻现状成因有以下三个方面。

（1）社会生活压力大。随着人们生活水平的提高，生活的压力也随之

---

① 参见《2020年民政事业发展统计公报》，中华人民共和国民政部网，2021年9月10日，见http://www.mca.gov.cn/article/sj/tjgb/202109/20210900036577.shtml。

② 参见张晓冰《中国青年婚恋法律、政策现状研究》，载《中国青年研究》2020年第4期，第111—119页。

增加，尤其是在一线城市，让人望而却步的房价是很多人一辈子的"负担"，同时，高强度的工作与经常性的加班使私人时间受到了极大的压缩，致使未婚青年无暇考虑结婚之事，已婚者也分身乏术，在一定程度上会忽视家庭，致使婚姻出现矛盾。

（2）责任意识淡薄，婚姻教育不到位。以独生子女身份长大的一代人，大部分都受到父母一定程度的溺爱，过分强调以自我为中心，个体独立人格还未完全成熟，缺乏足够的责任担当意识。而婚姻相较于恋爱，更为强调双方自觉承担家庭的责任，不仅是承担为夫为妻的责任，更要承担对子女和双方父母等的责任。对于这种责任的教育，在当今一代的成长过程中，无论是家庭还是学校，都存在不同程度的缺失。

（3）理想与现实的落差，"懒婚"现象逐渐增多。在婚姻的选择中，男女双方"势均力敌"有利于婚姻的稳固。然而在现实生活中，尤其是一线城市，优秀的女性数量远远大于同水平的男性。而在婚姻中，女性的牺牲更多，所以更多的女性选择"宁缺毋滥"，不着急结婚，致使优秀女性的单身比例居高不下。近几年来，做"懒婚族"的观念在青年群体中悄然流行起来。广大中国青年在面对婚姻大事时表现出了极强的个体意识，部分年轻人表示与其要忍受低质量的婚姻，不如享受高质量的单身。"懒婚族"习惯单身，不习惯和别人亲密生活，从不主动追求别人，也懒得接受别人的追求，有时享受单身的感觉，有时又羡慕别人成双入对，逃避婚姻家庭的责任，被动对待婚姻。①

3. 婚姻关系中的家庭美德

家庭美德以尊老爱幼、男女平等、夫妻和睦、勤俭持家、邻里团结为主要内容，在维系和谐美满的婚姻家庭关系中具有重要且独特的功能。

（1）尊老爱幼。我国自古以来就倡导"老有所终，幼有所养"，形成了尊老爱幼的良好家庭道德传统。子女要孝敬、赡养父母及长辈，父母要抚育、爱护子女，这不仅是每个公民必须遵守的道德准则，也是应尽的社会责任和法律义务。要保护老人、儿童的合法权益，坚决反对虐待、遗弃老人和儿童的行为。

---

① 参见卢娜《当代大学生婚恋观研究》，大连海事大学硕士学位论文，2020 年，第 18—25 页。

（2）男女平等。家庭生活中的男女平等既表现为夫妻权利和义务上的平等、人格地位上的平等，又表现为平等地对待自己的子女。坚持男女平等，特别要尊重和保护妇女的合法权益，反对歧视和迫害妇女的行为。

（3）夫妻和睦。夫妻关系是家庭关系的核心。夫妻和睦是在男女平等基础上的互敬互爱、互助互让。

（4）勤俭持家。勤俭是家庭兴旺的保证，也是社会富足的保证。勤俭持家既要勤劳致富，也要量入为出。大学生要尊重父母劳动所得，体谅父母的辛苦操劳，在日常生活中注意节俭，尽量减轻父母和家庭的生活负担，这就是对父母和家庭最实际的贡献。

（5）邻里团结。邻里团结重要的是相互尊重，尊重对方的人格、民族习惯、生活方式、兴趣爱好等，做到互谅互让、互帮互助、宽以待人、团结友爱。

4. 正确的婚姻观

（1）谨慎对待结婚成亲。婚姻是人生大事，婚姻是神圣的。婚恋必须以纯真爱情为基础，任何在婚恋中掺杂其他目的的行为都是不道德的。只有纯真的爱情才是男女双方自愿结合的唯一标准。因此，不要为结婚而结婚。

（2）担当责任和履行义务。要培养和加强婚恋责任意识。要意识到爱情是权力与责任义务的统一体，选择了爱情也就选择了相应的责任，只有履行了相应的责任才能最终实现爱情的升华，最终成就幸福的婚姻。要保持婚姻中的幸福必须要自觉承担婚姻中对配偶及家庭成员的责任和义务。

（3）正确处理家庭关系。正确处理好家庭关系，正确处理好各种家庭矛盾、纠纷和家庭事务，是建设和谐幸福家庭的关键。

（4）构建正确的婚姻观的方法与途径。在个人层面，首先，教育与自我教育通过课堂教育和自己自学与婚姻家庭相关的理论与知识，形成自己的婚姻观。其次，榜样示范。榜样示范法就是指通过具有典型意义的人或事的示范引导、警示警戒作用，引导人们提高思想认识、规范自身行为的方法。榜样的力量是无穷的。找寻身边或社会上的模范夫妻、文明家庭去了解学习。再次，亲子互教。良好的家庭教育对个体的健康成长和正确价值观念的形成有着极其深远的影响。良好的沟通有助于促进父母与子女之间的情感交流，进而增进双方的相互理解、相互包容。父母与子女在平等的基础上相互沟通、相互学习、共同进步。面对当代大学生婚恋观中存在的诸多问题，学生与家长要能主动及时沟通，共同面对自己在婚恋观中存在的问题和误区，及时进行调整和解决，使自己能够树立科学的婚恋观。最后，朋辈互动。在婚恋观教育的过程中，朋辈互动法是教育者对受教育者群体中的某个个体或是受教育者的某种婚恋观进行充分肯定，引导其他的受教育者以此为标准来反思自己的婚恋观或婚恋行为的一种教育方法。与榜样示范法相比，基于同辈之间积极的心理效应的朋辈效应法更能够在实际的婚恋观教育过程中发挥好群体的同化作用，达到真正地发挥集体效应的目的。应充分利用各种正式群体和非正式群体，共同促进婚恋观教育的发展。

在家庭层面，注重家风、家教。习近平总书记多次在会议上强调好的家风、家教建设对一个人成长的重要性，父母要承担起家庭教育的责任，"帮助孩子扣好人生第一粒扣子，迈好人生第一个台阶"[①]。家风作为体现家族成员精神风貌、道德品质、审美格调和整体气质的家族文化风格，能够在思想道德上影响家庭成员，优良的家风能够促使家庭成员在一种和谐、向上的家庭氛围中不断进取。

在社会层面，首先，营造健康向上的社会婚恋氛围。当代大学生的健康成长不仅需要学校和家长的协同培养，还需要良好社会环境的影响和熏陶。应通过采取有效的措施，加大对社会群众婚恋观的引导力度，倡导遵守恋爱道德规范，弘扬婚姻家庭美德，净化社会风气，为大学生创建良好的社会婚恋氛围。其次，加大对报纸、电视、网络等大众媒体的监管力度，做好大众传媒的净化工作是促进青年健康成长的客观要求。应积极鼓励大众传媒通过影视作品等来引导正确的婚恋舆论导向，形成对社会的辐射作用。最后，良好的社会婚恋环境同样需要在完善婚姻法律制度的同时辅之以道德约束的手段，才能达到促进良好社会婚恋环境形成的效果。应推进法律体系建设，加强对婚姻的立法保护，完善结婚和离婚的相关法律规定。这是为当代大学生创造一个良好的社会婚恋环境的另一项基本手段。[②]

---

① 习近平：《动员社会各界广泛参与家庭文明建设 推动形成社会主义家庭文明新风尚》，载《人民日报》2016年12月13日，第1版。
② 参见卢娜《当代大学生婚恋观研究》，大连海事大学硕士学位论文，2020年，第18—25页。

第六章 遵守道德规范，锤炼道德品格

【总结】

千千万万个家庭是国家富强、民族复兴、社会和谐的重要基点，是人们梦想启航的地方。当代大学生应该积极参与家庭文明建设，推动形成爱国爱家、相亲相爱、向上向善、共建共享的社会主义家庭文明新风尚。

三、知识拓展

（一）注重法律法规的完善，切实用制度为家庭保驾护航

平等与尊重是维系家庭的重要因素。然而并不是所有家庭都能很好地做到这一点，女性与孩子在客观因素的影响下容易处于弱势地位，所以需要有相应的制度作为家庭生活中的平等与尊重的后盾，如《中华人民共和国家庭教育促进法》《中华人民共和国反家庭暴力法》《中华人民共和国妇女权益保障法》等。然而在现实情况中，受传统观念与世俗眼光等的影响，很多人不敢因在家庭中受到的不平等待遇站出来，使法律没有真正落到实处。所以要加强相关法律法规的普及与宣扬，并鼓励弱势人群维护自己在家庭中的正当权益。

（二）当代社会的爱情困境与误区

1. 误把友谊当作爱情

有些人在与异性的交往中，不能准确区分友谊与爱情两种性质不同的感情体验。日久生情确实存在，但男女之间并非只有爱情，异性之间要理智地把握好友谊与爱情的界限，异性之间完全可以建立和保持健康的友谊。

2. 错置爱情的地位

有些人把爱情放在人生最高的地位，奉行爱情至上主义，沉湎于感情缠绵之中，俗称"恋爱脑"。没有人不渴望一份热烈而真切的感情，但这样的恋爱观存在巨大的风险，会导致极端的结果。一方面，有极小的概率，你付出的对象接收了你的感情并予以同等的真挚回应，你可能会有一个幸福的结果。但在此之后，若是激情消退，或是对方并未如同你一般将

爱情放在最重要的位置，而你的人生只有爱情，你会因为人生没有其他的东西而对你仅有的爱情产生极度的控制欲，因为一旦失去爱情会一无所有，就会在紧张中产生极度的焦虑，并可能做出一些与初衷相违背的极端行为，最终在面目全非的爱情中毁灭自身。另一方面，你情感所寄托的对象并不值得你这样付出，比如对方是"渣男"或"渣女"，而你付出了全部身心却没有得到想要的回报，这时你会很容易在极度的绝望中走向自我毁灭，可能会患上抑郁症、自杀或者做出其他的极端行为。

3. 片面或功利化地对待爱情

无论是在自己心中勾画出一个脱离现实的恋爱偶像，还是只追求外在形象，或者只看重对方的经济条件，或者仅仅把恋爱看成是摆脱孤独寂寞的方式，都无法产生真挚的感情，也得不到真正的爱情。女生总憧憬着"完美男友"，男生总憧憬着"完美女友"，这是所有人的理想化结果。所谓越缺什么越想要什么，我们不难推断出，现在市场上无论是小说还是电视剧，"甜宠"题材经久不衰，正是因为人们在现实生活中见过太多的不幸与不如意，所以宁愿给自己一个幻想的空间来暂时逃避现实中的不如意。然而也正是这种幻想中的美好，显得现实越发荒芜，致使人们不愿意再度面对现实中的不如意，由此形成了一个恶性循环。理想化与现实的极度落差，致使一部分人拒绝恋爱与婚姻，而另一部分人树立片面功利化的恋爱观。后面的这一部分人，或是开始追逐颜值，把恋爱的对象作为一种炫耀自身的"工具"；或是追逐金钱，恋爱只是为了让自己获得足够的金钱去购买自己想要的东西或者做自己想做的事情；或是追逐一种陪伴的感觉，并不对恋爱对象有任何想象，只是需要一段关系来绑定一个人来陪伴自己、来摆脱孤独。

4. 只重过程不顾后果

责任是爱情得以长久的重要保障，是坚贞爱情的试金石。自愿担当的责任，丰富了爱情的内涵，提升了爱情的境界。如果"不在乎天长地久，只在乎曾经拥有"，把爱情当成游戏，既会伤害对方，也会伤及自己。现代社会的发展似乎使恋爱观念走向了极度的"开放"——无原则。不少人存着"只是玩玩而已"的心态，致使大批"花花公子"与"花花公主"出现，更有"万花丛中过，片叶不沾身"的"美谈"。或许是因为家庭的纵容，或许是因为道德教育的缺失，在责任感淡漠和过度以自我为中心的新一代人群中，游戏人生的态度不在少数，恋爱观念只是其中的一个方面。

5. 因失恋而迷失人生方向

恋爱过程是恋爱双方互相熟悉和情感协调的过程，恋爱成功与失败都是正常现象。大学生应该正确对待失恋，做到失恋不失志、失恋不失德，不影响学业和生活，不丧失对爱的憧憬和追求。

（三）恋爱中的道德规范

1. 尊重人格平等

恋爱的双方在人格上都是独立的，如果把对方当作自己的附庸或依附对方而失去自我，就是对爱情实质的曲解。恋爱双方在相互关系上是平等的，都有给予爱、接受爱和拒绝爱的自由。放纵自己的情感，束缚或强迫对方，都不符合恋爱的道德要求。

2. 自觉承担责任

自愿地为对方承担责任，是爱情本质的体现。爱一个人或接受一个人的爱，就要自觉地为对方承担责任。责任常常体现在生活的点点滴滴之中，责任的担当是需要见诸行动的自觉。

3. 文明相亲相爱

文明的恋爱往往是恋爱双方既相互爱慕、亲近，又举止得体、相互尊重。恋人在公共场所出入，要遵守社会公德，不要对他人生活和公共生活造成不良的影响。

四、课后作业

请完成这个角色扮演（主题演讲）活动：以小组为单位，结合现实案例来编写剧本，剧本内容主要反映现代社会婚姻现状，通过演绎剧本或案例分析等方式，展示自己的观点与看法，并阐释"大学生应怎样树立正确的家庭婚姻观以及如何实践这一理念"。

第七章　学习法治思想，提升法治素养

第一节　法律的概念和特征

一、教学说明

（一）教学目标

教师使学生了解以下知识点：法律的概念、特征及其历史发展过程，法律思维与法治思维的区别，法律权利与法律义务的关系。

（二）教学重点与难点

教师使学生掌握法律的概念、特征，透过法的外部特征，进而把握其本质，以深刻揭示法律的一般含义；帮助学生正确认识法律这种社会历史现象。

（三）教学方法

教师采用理论讲授、案例分析、小组研讨、全班辩论等教学方法进行教学。

二、教学内容

【导入】

相传在原始氏族社会，有一个部落联盟生活在黄河流域，部落联盟的

第七章 学习法治思想，提升法治素养

首领舜任命了一位司法官，名叫皋陶。皋陶治狱，正直无私、执法公正。他在处理疑难案件时，就令人牵出一头神兽叫"廌"（zhì）。这头神兽俗称独角兽，"性识有罪"，只要见人争讼，便将触角向无理的一方触去，是非曲直立见分晓，这就是"神兽决狱"的故事。"法"的古体字写作"灋"，是一个绝妙的象形文字，其中的"廌"是公平、正义的象征，"氵"旁意为公正得像水一样平，"去"有惩罚的意思。"律"，在《说文解字》中意为"均布"，也就是古代调音律的工具，说明"律"有规范人的行为的作用，"法""律"两字连用，是指体现国家判断人们行为的是非曲直标准的人人必须遵守的规范性文件。

（一）法律的概念

树立正确的法治观，首先要准确理解法律的含义。列宁曾经说过："人对事物、现象、过程等等的认识是从现象到本质、从不甚深刻的本质到更深刻的本质的深化的无限运动。"[①] 从法律的发展史来看，法律是一种复杂的社会历史现象，只有透过各种法律现象，把握深藏其后的本质，才能深刻揭示法律的一般含义。

从法律制定和实施的运作过程、法律的现象特征来讲法律，法律是由国家创制并保证实施的行为规范。作为社会规范，法律区别于道德规范、宗教规范、风俗习惯、社会礼仪、职业规范等其他社会规范的首要之处在于，它是由国家创制并保证实施的社会规范。[②] 国家创制法律规范的方式主要有两种：一是制定。国家制定法律一般以一定的规范性文件的形式表现出来，所以被称为制定法。二是认可。国家机关赋予某些既存的社会规范以法律效力，或者赋予先前的判例以法律效力的活动。法律不但由国家创制，而且由国家保证实施。也就是说，法律具有国家强制性。法律的国家强制性既表现为国家对违法行为的否定和制裁，也表现为国家对合法行为的肯定与保护。国家强制力并不是保证法律实施的唯一力量。法律意识、道德观念、纪律观念也在保证法律的实施过程中发挥着重要作用。这

[①] 参见中共中央马克思恩格斯列宁斯大林著作编译局编译《列宁全集（第38卷）》，人民出版社1986年版，第239页。

[②] 参见郑成良《论法治理念与法律思维》，载《吉林大学社会科学学报》2000年第4期，第3—10页。

里突出了法律的来源和起作用的机制——国家，没有国家就没有法律，同时，国家职能的实现也离不开法律，即法律与国家是相辅相成的，谁也离不开谁。

从决定法律产生、制约法律发展的因素来讲法律，法律是由社会物质生活条件决定的。法律不是凭空出现的，而是产生于特定时代的物质生活条件基础上的。社会物质生活条件是指与人类生存相关的地理环境、人口和物质资料的生产方式等。其中，物质资料的生产方式既是决定社会面貌、性质和发展的根本因素，也是决定法律本质、内容和发展方向的根本因素。生产方式包括生产力与生产关系两个方面，对法律产生决定性的影响。在一定社会中，有什么样的生产关系，就有什么性质和内容的法律。奴隶制生产关系、封建制生产关系、资本主义生产关系和社会主义生产关系，相应地产生了四种历史类型的法律。同样，生产力的发展水平也制约着法律的发展程度。因此，在生产力水平较低的奴隶社会，不可能制定出保护科技发明创造的知识产权法；在大工业时代之前的社会，也不可能制定出保护自然环境的环境法。这是从马克思主义的唯物史观基本原理得出的结论。

从法律的本质特征的角度来讲法律，法律是统治阶级意志的体现。在阶级社会中，法律是统治阶级意志的体现，这一命题包含着丰富的内容。首先，法律所体现的是统治阶级的阶级意志，即统治阶级的整体意志，而不是个别统治者的意志，也不是统治者个人意志的简单相加。统治阶级不仅迫使被统治阶级服从和遵守法律，而且要求统治阶级的成员也遵守法律。其次，法律所体现的统治阶级意志，并不是统治阶级意志的全部，而仅仅是上升为国家意志的那部分意志。统治阶级的意志还体现在国家政策、统治阶级的道德、最高统治者的言论等形式之中。

综合以上三个方面，我们将法律定义为：法律是由国家制定或认可并依靠国家强制力保证实施的，反映由特定社会物质生活条件所决定的统治阶级意志的规范体系。

第七章 学习法治思想，提升法治素养

【案例】

长春长生生物疫苗案件

2018年7月15日，国家药品监督管理局发布通告指出，长春长生生物科技有限公司冻干人用狂犬病疫苗生产存在记录造假等行为。这是长生生物自2017年11月被发现百白破疫苗效价指标不符合规定后不到一年，再爆出疫苗质量问题。2018年7月20日，中央第十一巡视组向市场监管总局党组反馈了巡视意见，国家市场监督管理总局在整改意见中提到，相关疫苗问题处罚偏轻、失察失责。2018年8月3日，深圳证券交易所发布了多个公告，经查明，长生生物科技股份有限公司董事、高级管理人员存在违规行为，深圳证券交易所拟给予公开谴责的处分。

2019年2月，吉林长春长生公司问题疫苗案件相关责任人被严肃处理。同年3月5日，在发布的《2019年国务院政府工作报告》中提出，加强食品药品安全监管，严厉查处长春长生公司等问题疫苗案件。同年3月12日，最高人民检察院检察长张军在作《2019年最高人民检察院工作报告》时说，长生公司问题疫苗案，吉林检察机关依法批捕18人。[①]

【课堂讨论】

请谈谈长春长生生物疫苗事件会带来什么影响？

【总结】

长春长生生物疫苗事件，对于个人而言，它侵害生命健康权、造成财产损失；对于社会而言，它引发社会恐慌、扰乱市场秩序、破坏社会稳定；对于国家而言，它损害国家形象和尊严。

---

① 参见《长春长生疫苗事件》，百度百科，2023年5月18日，见 https://baike.baidu.com/item/%E9%95%BF%E6%98%A5%E9%95%BF%E7%94%9F%E7%96%AB%E8%8B%97%E4%BA%8B%E4%BB%B6/22752278?fr = ge_ala。

（二）法律思维与法治思维的联系

党的十九大报告指出，要"坚持战略思维、创新思维、辩证思维、法治思维、底线思维"①。法律思维与法治思维作为思维的不同表现形式，它们都有思维所具有的概括性、间接性等一般特性，而且两者之间还有更为紧密的联系。法律思维与法治思维的联系表现在以下四个方面。

第一，法律思维与法治思维都是心理逻辑。作为认知过程中的心理逻辑，法治思维包含但不限于形式逻辑，这与法律思维具有一致性。这种心理逻辑的功能在于促进"法治解决意向"的理性，最终外化为一个权力行使的"可接受性"。这同法律思维对解决事实的理性运用以达到"可接受性"具有一样的逻辑基础。

第二，法律思维与法治思维都是理性思维。理性是认识之源，也是认识之本。法律作为人类主观认识和建构的结果，是人类理性的产物，也是人类理性的象征。当然，法治作为一种现代国家的治理理想，必定要求它符合比现行法律"更高理性"的标准。法治思维与法律思维一样都是追求"更高理性"的认知活动，它们本身就是一种理性思维。

第三，法律思维与法治思维都是价值判断。法治思维的最终目的是保障人权。然而，人权本身必定包含价值判断。法治思维的精神活动过程中对事实的判断与法律思维活动过程中对特定的事实以法律的视角去审视一样，最为重要的必定是价值判断。法治思维和法律思维的价值判断都是以一定的"价值经验"为基础的。当然，法治思维的难处正在于实际获得一种广泛一致的价值经验。②法治思维的价值判断与法律思维一样是要解决不同情形下不同价值的排序问题。

第四，法律思维与法治思维都是以法治理念和法律知识为依托的。不论是法律思维的主体还是法治思维的主体在应对各种具体问题时都会将这一问题纳入法律知识体系中。结合法治理念去思考、理解，也就是说两者的主体都会拥有法律知识背景和经验以及对法治理念的理解与把握，都强

---

① 习近平：《决胜全面建成小康社会　夺取新时代中国特色社会主义伟大胜利——在中国共产党第十九次全国代表大会上的报告（2017年10月18日）》，载《人民日报》2017年10月19日，第1版。

② 参见郑戈《人工智能与法律的未来》，载《探索与争鸣》2017年第10期，第78—84页。

调以"法"为中心,强调法律的地位,依法治理社会,以法律追求的价值为目标。

【案例】

全国首例斑马线通行被罚案

2015年1月31日,浙江省某县的贝先生在驾车途经海宁市某路口时,对正在人行横道上行走的行人没有停车让行,被执法中的海宁市公安局交通警察发现并拦下,以其行为违反《道路交通安全法》第四十七条第一款的规定,处以罚款100元并扣3分的行政处罚。在申请行政复议得到维持原处罚决定后,贝先生仍不服,向海宁市人民法院提起了行政诉讼。法院经审理认为,只要行人正在通过人行横道,机动车就必须停车让行,遂做出一审判决,支持了交警大队的主张,驳回了贝先生的诉讼请求。贝先生还是不服,依法提起上诉。2016年9月16日上午,全国首例不服"斑马线之罚"的行政案件在浙江省嘉兴市中级人民法院二审。法院宣判:驳回上诉,维持一审法院支持交警大队的主张,驳回原告贝先生的诉讼请求。①

【课堂讨论】

请学生讨论交流以下两个问题。

(1) 贝先生历时数月,从申诉到向法院逐级提起诉讼,只为请求撤回行政处罚。现在请同学们大胆猜想,贝先生为什么会这么坚持,法律在其中起到了什么样的作用呢?

(2) 贝先生的这段经历,能给他带来些什么呢?

【总结】

贝先生虽然对行政复议和诉讼一审的结果并不服气,但是他相信法律、相信司法机关,所以才能坚持不懈地向政府和法院提起行政复议与诉讼。因此,他的坚持体现了法律作为一种社会规范,具有指引人们行为的

---

① 资料来源:根据网络资料改编。

作用，同时也为我们追求更加美好、幸福的生活提供了途径和保障。这数月的行政复议和诉讼过程，相信会给贝先生带来很大的变化。首先，贝先生在这个过程中学习到了法律知识，理解了法治的精神，树立了法治信仰；其次，贝先生在运用法律维护自己权益的过程中，能够体会到我国法律在维护公民合法权益方面发挥的巨大作用；最后，对于其他社会成员来说，贝先生的经历也是帮助他们理解、认知中国特色社会主义法治内涵与精神，明白法律是具有教育人向善的作用的最好教材。

（三）尊重法律权威的基本要求

尊重法律权威是一个国家和社会的系统工程，要做到这一点需要从两个层面对我们提出严格要求。

首先，要对国家、社会层面提出要求，即对执政党、国家机关和国家工作人员的要求。在我国，中国共产党是执政党，法治中国建设的关键是依靠党的正确领导，法律权威树立的关键也是依靠党的尊重。因为法律是党领导人民制定的，党负有领导人民制定良善法律、切实尊重法律权威的职责。党坚持依法执政，依照法律治国理政，自觉在宪法法律范围内活动。我国的立法机关、执法机关和司法机关等国家机关是人民政权机关，其权力是人民通过法律授予的，尊重法律权威是其执行法律职责的应有之义。国家机关高度重视尊重法律权威，严肃制裁各种蔑视法律权威和尊严的行为，对全社会尊重和树立法律权威起决定作用。国家工作人员特别是各级领导干部，是尊重法律权威的"关键少数"，应当按照党的十八届四中全会决定的要求，把是否具有法治思维、是否能够依法办事、是否能够依法用权作为考核和提拔领导干部的重要标准，让他们在尊重法律权威方面发挥率先垂范的作用。

其次，要对公民层面提出要求。我国公民是国家的主人翁，是法治国家的建设者和捍卫者，尊重法律权威是其法定义务和必备素质。就大学生而言，要在尊重法律权威方面加强砥砺，在学习和生活中积极作为，养成自觉向法律低头的良好品质，努力成为尊重法律权威、信仰宪法法律的先锋。

总之，尊重法律权威要求一切组织和个人信仰法律、遵守法律、服从法律、维护法律。

第七章 学习法治思想，提升法治素养

【案例】

"高铁女子拦车"事件

2018年1月5日，某列高铁正在停站上客时，一名女性乘客以等老公为名，用身体强行阻挡车门关闭，铁路工作人员和乘客多次劝解，该女子仍强行阻挡车门，造成该列车晚点发车。[①]

【课堂辩论】

观点一：高铁应准点发车，女子不应强行阻挡列车发车。

观点二：该女子认为她只能坐这趟车，车票都买了，有权乘车，她老公迟到了，你们就得等他们。

【总结】

高铁最密集的时候，每隔4分钟就会有一列高铁发车，这意味着如果晚点5分钟以上，全国的高铁列车运输秩序都会被打乱。该女子阻碍高铁发车，打乱了高铁运营计划，有可能导致乘客无法赶上下一班列车。前后两辆车的发车时间间隔短暂，如果前车晚点，后车来不及反应，这会对乘客的生命财产以及公共安全造成严重危害。该女子的行为涉嫌"非法拦截列车、阻断铁路运输"，扰乱了铁路车站、列车正常秩序，违反了《铁路安全管理条例》第七十七条规定。依据《铁路安全管理条例》第九十五条规定，公安机关责令该女子认错改正，对该女子处以2000元罚款。

（四）法律权利与法律义务的关系

法律上的权利和义务是法律关系的一个重要构成要素，没有法律权利和义务，也就不存在法律关系。法律关系就是法律关系主体之间在法律上的一种权利义务关系。

[①] 参见《女子为等老公拼命阻高铁发车 网友：可列入"黑名单"》，封面新闻，2018年1月9日，见 https://www.thecover.cn/video/549760。

第一，法律权利与法律义务相互依存。权利和义务作为构成法律关系的内容要素，是紧密联系、不可分割的。在法律关系中，权利和义务相互依存。义务的存在是权利存在的前提，权利人要享受权利，必须履行义务；任何一项权利都必然伴随着一个或几个保证其实现的义务；法律关系中的同一人既是权利主体又是义务主体，权利人在一定条件下要承担义务，义务人在一定条件下要享受权利。在权利和义务的关系上，义务占主导地位，法律的根本目的是保护人的权利，但是如果缺乏义务性规范的支持，权利就形同虚设，法律就会成为一纸空文。义务存在的合理性决定了权利存在的合理性。如果原有义务的合理性丧失，或新的合理性义务产生，那么已有的权利必然发生变化。权利的实现取决于义务的履行，一部分权利以他人履行义务而获得，另一部分权利以自己履行义务而获得，不自觉履行义务就无法获得相应的权利，离开了义务，权利就不复存在。也就是说，在权利和义务这一对矛盾统一体中，义务处于矛盾的主要方面和支配地位，发挥着主导作用，决定着权利的存在和实现。

第二，法律权利与法律义务相互独立。[①] 权利不能被看作是义务，义务也不能被视为权利。混淆两者的界限，必然会导致法律上的错误。也就是说，权利和义务有各自的范围和限度。超出了这个限度，就不为法律所保护，甚至是违反法律的。具体而言，超出了权利的限度，就可能构成"越权"或"滥用权利"，属于违法行为。而要求义务人做出超出其义务范围的行为，同样是法律所禁止的。

第三，法律权利与法律义务在一定条件下互为对应。权利意味着对利益的获取与实现，义务意味着对利益的付出与负担；法律确立的不同社会主体之间利益的获取或付出的状态，构成了在一定条件下他们相互之间可以自己做出或不做出某一行为，或者要求他人做出或不做出某一行为。权利以其特有的利益导向和激励机制作用于人的行为，义务以其特有的约束机制和强制机制作用于人的行为，最终达到不同的社会主体对自身权利和义务的准确理解与行使。

公民的基本权利是公民依照宪法规定在政治、人身、经济、社会、文化等方面享有的主要权利，也叫宪法权利。它是公民最主要的也是必不可

---

① 参见北岳《法律权利的定义》，载《法学研究》1995年第3期，第43—49页。

少的权利。根据我国宪法的规定，一般的教科书将我国公民的基本权利大致分为政治权利、人身权利、财产权利、社会经济权利、宗教信仰及文化权利等。

公民的基本义务是指公民在社会生活中应当承担的最根本的必不可少的义务。这些基本义务是由国家宪法规定的，不能随意产生或终止，也不允许任何人以任何借口不去履行，否则就要承担一定的法律责任，受到相应的法律制裁。我国宪法规定的公民的基本义务主要包括：维护国家统一和民族团结，遵守宪法和法律，维护祖国安全、荣誉和利益，依法服兵役，依法纳税，等等。

三、知识拓展

"法律面前人人平等"的制度性差异表现在，资本主义社会的"法律面前人人平等"，是在占社会人口比重少于工人阶级的资产阶级占有社会大量财富的前提下的"平等"，其实质是保护资产阶级的利益，即少数人的利益。而社会主义的"法律面前人人平等"的经济前提是"生产资料公有制"，从而使"法律面前人人平等"具有实质性意义。

四、课后作业

请完成以下两道思考题。

（1）联系实际，谈谈为什么说我国社会主义法律是党的主张和人民意志的共同体现。

（2）结合自身实际，谈谈如何在日常生活中知法、学法、守法。

第二节　坚持全面依法治国

一、教学说明

（一）教学目标

教师使学生掌握全面依法治国、党的领导与依法治国的关系、依法治国和以德治国相结合的内容，引导学生增强宪法意识，维护宪法权威。

（二）教学重点与难点

教师使学生掌握党的领导与依法治国的关系，维护宪法权威。

（三）教学方法

教师采用理论讲授、案例分析、小组研讨、全班辩论等教学方法进行教学。

二、教学内容

【导入】

大学生毒害室友，被判死刑

黄某，1985年出生，四川自贡荣县人，家里的独子。复旦大学2010级硕士研究生，耳鼻喉科专业，2013年考取博士。黄某因喝饮水机里的被投放有毒物质N-二甲基亚硝胺的水，经抢救无效，于2013年4月16日在复旦大学附属中山医院去世。在黄某以"急性肝损伤"被送往中山医院后，正在此见习的嫌疑人林某亲自为黄某做B超检查，还告诉黄某：没有什么事。其后林某还亲自带着水果前去看望过。2015年12月9

日，最高人民法院下发核准林某死刑的裁定书。11 日，林某被依法执行死刑，终年 29 岁。①

(一) 全面依法治国的基本格局

党的十八大提出了"科学立法、严格执法、公正司法、全民守法"的十六字方针，党的十八届四中全会将其作为全面依法治国的基本格局，并做出了更加明确具体的部署。

1. 科学立法

"立善法于天下，则天下治；立善法于一国，则一国治。"（王安石《周公》）法律是治国之重器，立法是法治的龙头环节。科学立法以完善以宪法为核心的中国特色社会主义法律体系、加强宪法实施为目标。要坚持以民为本、立法为民的理念，使每一项立法都符合宪法精神，反映人民意志，得到人民拥护。要把公正、公平、公开的原则贯穿于立法全过程，完善立法体制机制，增强法律法规的及时性、系统性、针对性、有效性。要加强党对立法工作的领导，完善党对立法工作中重大问题决策的程序，健全有立法权的人大主导立法工作的体制机制，依法赋予设区的市地方立法权。要深入推进科学立法、民主立法，完善立法项目征集和论证制度，健全立法机关主导、社会各方面有序参与立法的途径和方式，拓宽公民有序参与立法的途径。要加强重点领域立法，加快完善体现权利公平、机会公平、规则公平的法律制度，编纂《民法典》，保障公民人身权、财产权、基本政治权利等各项权利不受侵犯，保障公民各方面的权利得到落实。要实现立法和改革决策相衔接，做到重大改革于法有据、立法主动适应改革和经济社会的发展需要。

2. 严格执法

"盖天下之事，不难于立法，而难于法之必行。"（张居正《请稽查章奏随事考成以修实政疏》）法律的生命力在于实施，法律的权威也在于实

---

① 参见《复旦投毒案》，百度百科，2023 年 10 月 12 日，见 https://baike.baidu.com/item/%E5%A4%8D%E6%97%A6%E6%8A%95%E6%AF%92%E6%A1%88/2129522? fr = ge_ala。

施。严格执法以深入推进依法行政、加快建设法治政府为目标。要加快建设职能科学、权责法定、执法严明、公开公正、廉洁高效、守法诚信的法治政府，推进各级政府机构、职能、权限、程序、责任法定化，推行政府权力清单制度。要健全依法决策机制，把公众参与、专家论证、风险评估、合法性审查、集体讨论决定确定为重大行政决策法定程序，建立行政机关内部重大决策合法性审查机制，建立重大决策终身责任追究制度及责任倒查机制。要深化行政执法体制改革，坚持严格规范公正文明执法，依法惩处各类违法行为，加大关系群众切身利益的重点领域执法力度，建立健全行政裁量权基准制度，全面落实行政执法责任制。要全面推进政务公开，推进决策公开、执行公开、管理公开、服务公开、结果公开。

3. 公正司法

"理国要道，在于公平正直。"（房玄龄《贞观政要·公平》）公正是法治的生命线，是司法活动最高的价值追求。公正司法是维护社会公平正义的最后一道防线。要保证公正司法，提高司法公信力，努力让人民群众在每一个司法案件中都能感受到公平正义。要完善确保依法独立公正行使审判权和检察权的制度，建立领导干部干预司法活动、插手具体案件处理的记录、通报和责任追究制度，建立健全司法人员履行法定职责保护机制。要优化司法职权配置，推动实行审判权和执行权相分离的体制改革试点，最高人民法院设立巡回法庭，探索设立跨行政区划的人民法院和人民检察院，探索建立检察机关提起公益诉讼制度。要坚持严格司法，推进以审判为中心的诉讼制度改革，确保侦查、审查起诉的案件证据经得起法庭的检验，保证庭审在查明事实、认定证据、保护诉权、公正裁判中发挥决定性作用。要保障人民群众参与司法，完善人民陪审员制度，构建开放、动态、透明、便民的阳光司法机制。要加强人权司法保障，强化诉讼权利保障，健全落实罪刑法定、疑罪从无和非法证据排除等法律原则的法律制度，加强对刑讯逼供和非法取证的源头预防，健全冤假错案有效防范和及时纠正机制。要加强对司法活动的监督，完善人民监督员制度，重点监督检察机关查办职务犯罪的立案、羁押、扣押冻结财物、起诉等环节的执法活动。要规范媒体对案件的报道，防止舆论影响司法公正。

4. 全民守法

一切法律中最重要的法律，既不是铭刻在大理石上，也不是铭刻在铜表上，而是铭刻在公民的内心里。法律的权威源自人民的内心拥护和真诚信仰。全民守法以增强全民法治观念、推进法治社会建设为目标。要弘扬社会主义法治精神，建设社会主义法治文化，增强全社会厉行法治的积极性和主动性，形成守法光荣、违法可耻的社会氛围。要推动全社会树立法治意识，深入开展法治宣传教育，把法治教育纳入国民教育体系和精神文明创建内容。要推进多层次多领域依法治理，坚持系统治理、依法治理、综合治理、源头治理，深化基层组织和部门、行业依法治理，支持各类社会主体自我约束、自我管理，发挥市民公约、乡规民约、行业规章、团体章程等社会规范在社会治理中的积极作用。要建设完备的法律服务体系，推进覆盖城乡居民的公共法律服务体系建设，完善法律援助制度，健全司法救助体系。要健全依法维权和化解纠纷机制，建立健全社会矛盾预警机制、利益表达机制、协商沟通机制、救济救助机制，畅通群众利益协调、权益保障的法律渠道。要完善立体化社会治安防控体系，保障人民生命财产安全。

【案例】

温州假冒劣质皮鞋事件

20世纪80年代，部分温州皮鞋厂以次充好，严重损害了消费者的利益，一时间，温州的产品似乎成了"假冒劣质"的代名词，温州的经济发展受到了严重的阻碍。1991年，温州市鞋革行业协会成立，立即主动协助有关执法部门关停了300多家不合格鞋厂。1994年，温州市政府颁布了《温州市质量立市实施办法》，这是我国第一部质量立市的地方性法规，该法规实施后，使温州鞋业乃至温州经济得到了巨大发展。

【课堂讨论】

温州的假冒劣质产品造成了什么后果？上述材料对我们有什么启示？

【总结】

温州的假冒劣质产品破坏了温州经济的发展，损害了消费者的利益，不利于发展社会主义市场经济。要使社会主义市场经济健康有序地进行，必须制定相应的法律法规，严厉依法打击经济活动过程中的各种违法犯罪行为，走依法治国之路。

（二）党的领导与依法治国的关系

党和法的关系是一个根本问题，处理得好，则法治兴、党兴、国家兴；处理得不好，则法治衰、党衰、国家衰。党的十八届四中全会明确强调："党的领导是中国特色社会主义最本质的特征，是社会主义法治最根本的保证。把党的领导贯彻到依法治国全过程和各方面，是我国社会主义法治建设的一条基本经验。"[①] 这一论断抓住了党和法之间关系的要害。

党的领导是中国特色社会主义最本质的特征，是社会主义法治最根本的保证。党的领导地位，首先是历史形成的，是党带领人民群众经过 28 年的浴血奋战才建立了中华人民共和国。党的领导地位也是经过现实证明的，是党带领人民走上了民族复兴的伟大道路，使中国进入了历史上最好的时期。尽管西方敌对势力一直卖力地兜销他们的多党制、三权分立，但他们也无法回答这样一个问题：在中国，谁可以取代中国共产党的领导地位？

坚持中国特色社会主义法治道路，最根本的是坚持中国共产党的领导。依法治国是党提出来的，把依法治国上升为党领导人民治理国家的基本方略也是党提出来的，而且党一直带领人民在实践中推进依法治国。全面推进依法治国，要有利于加强和改善党的领导，有利于巩固党的执政地位、完成党的执政使命，绝不是要削弱党的领导。

社会主义法治必须坚持党的领导，党的领导必须依靠社会主义法治。在我国，法是党的主张和人民意愿的统一体现，党领导人民制定宪法法律，党领导人民实施宪法法律，党自身必须在宪法法律范围内活动，这就是党的领导力量的体现。全党在宪法法律范围内活动，这是我们党的高度自觉，也是坚持党的领导的具体体现，党和法、党的领导和依法治国是高度统一的。

---

① 《中共中央关于全面推进依法治国若干重大问题的决定》，载《人民日报》2014 年 10 月 29 日，第 1 版。

（三）坚持依法治国和以德治国相结合

依法治国是实现国家治理体系和治理能力现代化的必然要求。全面推进依法治国，总目标是建设中国特色社会主义法治体系，建设社会主义法治国家，促进国家治理体系和治理能力现代化。要实现这个总目标，必须坚持依法治国和以德治国相结合的原则。

法与德都是维护社会稳定、保障经济社会发展的必要条件，二者相辅相成。[1] 法是外在的刚性约束，重在对恶的惩戒；德是内在的弹性守则，重在对善的弘扬，两者有着相同的社会目的，即构建一个有序的、美好的社会。将法治与德治结合起来，既重视法的硬性约束作用，同时也重视人在美德的支配下正确调节自身行为的主观能动性，将德视为官僚选拔任用的重要标准之一，是中国政治文化的独特性。

党的十八届四中全会通过的《中共中央关于全面推进依法治国若干重大问题的决定》指出："国家和社会治理需要法律和道德共同发挥作用。必须坚持一手抓法治、一手抓德治，大力弘扬社会主义核心价值观，弘扬中华传统美德，培育社会公德、职业道德、家庭美德、个人品德，既重视发挥法律的规范作用，又重视发挥道德的教化作用，以法治体现道德理念、强化法律对道德建设的促进作用，以道德滋养法治精神、强化道德对法治文化的支撑作用，实现法律和道德相辅相成、法治和德治相得益彰。"[2]

习近平总书记指出："发挥好法律的规范作用，必须以法治体现道德理念、强化法律对道德建设的促进作用。"[3] 一方面，道德是法律的基础，只有那些合乎道德、具有深厚道德基础的法律才能为更多的人所自觉遵行。另一方面，法律是道德的保障，可以通过强制性规范人们行为、惩罚违法行为来引领道德风尚。没有道德滋养，法治文化就缺乏源头活水，法律实施就缺乏坚实社会基础。

---

[1] 参见奚广庆《依法治国需与以德治国相结合》，载《中国特色社会主义研究》2015年第1期，第12—16页。

[2] 《中共中央关于全面推进依法治国若干重大问题的决定》，载《人民日报》2014年10月29日，第1版。

[3] 《六、全力推进法治中国建设——关于全面依法治国》，载《人民日报》2016年4月27日，第9版。

绝对的权力导致绝对的腐败，因此，法治首先要强化对权力的制约和监督，约束干部严以用权。硬权力带来的是服从，软权力带来的是认同。硬权力需要法治，这是第一位的。软权力则需要德治，德治要以法治为基础，二者相得益彰，依法治国和以德治国要有机结合起来。软权力来自广大干部的严以修身、严以用权、严以律己和谋事要实、创业要实、做人要实。修炼和运用软权力有助于增强执政的硬权力，夯实党的领导之基。

总之，国家和社会治理需要法律和道德共同发挥作用，依法治国和以德治国相辅相成、不可偏废。

（四）"法治"与"人治"的区别

"法治"与"人治"的区别主要有以下四点。

第一，"法治"与民主相容，"人治"与专制相合。"法治"是与市场经济、工业文明相适应的一种治国方式。现代民主政治建立在法治基础之上。法治化的程度是衡量一个国家是否现代化的重要指标。"人治"是与自然经济、农业文明相适应的一种治国方式，君主专制是人治国家的主要统治形式。在人治国家中，一切人只服从拥有权力的人及其意志。

第二，"法治"强调"权自法出"，"人治"强调"法自权出"。"法治"强调"权自法出"，即所有的公共权力都应当具有合法性根据，没有合法性基础便不得行使任何权力，即使人们在法律之外行使了相关权力，也不发生法律效力。"人治"强调法律出自君主，正所谓"朕即国家""朕即法令"。在人治国家，君主和统治阶层既能创生法律，又能超越法律。他们只是用法律管制和镇压民众，维护自己的统治。

第三，"法治"强调"法大于权"，"人治"强调"权大于法"。"法治"强调一切公权力都应当服从法律，法律是最高的公共理性，也是公权力的产出之所。没有法律根据的一切权力均为非法。即便是紧急状态下政治权力的运用也要遵循依法行使的原则。"人治"是最高统治者不受法律约束的"权治"，最高统治者的权力大于法律。谁拥有国家权力，谁就主宰国家和民众。在人治国家，官本位观念盛行，人们普遍地崇拜权力、漠视法律。

第四，"法治"强调法律至上，"人治"强调领袖至上。"法治"强调法律至上，包括两方面的内容：其一是和任何其他规则相比较，法律在治理社会活动中、在规范人们交往行为中具有至上性和首选性；其二是与任何组织和个人相比较，法律是至上的，任何组织和个人都要服从法律。因此，法治国家要求执政党和国家领导人与普通公民一样遵守法律。"人治"强调领袖至上，包括两方面的内容：其一是掌握国家权力的领袖的意志高于法律，他可以一言立法，也可以一言废法；其二是掌权国家权力的领袖决定国家的重大事务。他依靠至高无上的绝对权威，把自己的意志贯彻到整个社会并使之得以执行。所以，政治领袖的个人权威成为维系国家统一和社会稳定的基础。

总之，"法治"与"人治"的本质区别在于国家权力是否严格依法运作。法治国家要求树立"法大于权"的观念，创设"法大于权"的制度。我们建设社会主义法治国家，应当把民主与法治紧密结合在一起，"把坚持党的领导、人民当家作主和依法治国有机统一起来"，逐步清除"人治"和"权治"等遗留下来的不良影响。

【案例】

首例违反《香港国安法》案件

自第十三届全国人民代表大会常务委员会第二十次会议后，《中华人民共和国香港特别行政区维护国家安全法》（简称《香港国安法》）得到实施，时任中华人民共和国香港特区国安委主席林郑月娥称《香港国安法》是香港的"定海神针"，曾因扰香港市民和企业多月的街头暴力几近绝迹，社会恢复平静。只有国家安全得到保障，"一国两制"才能行稳致远，香港才能安定繁荣。

《香港国安法》实施后，还有人触法。首例违反《香港国安法》案件中，被告唐某于2020年7月1日在湾仔驾驶电单车，车上插着写有"港独"标语的旗帜，冲破3道警方防线并导致3名警员受伤。一个月后，法院对其做出监禁9年的判刑。

【课堂讨论】

怎么评价违反《香港国安法》的行为？

【总结】

香港"乱港分子"扰乱社会治安，企图分裂国家，思想错误且幼稚，《香港国安法》的实施对恢复香港社会秩序起到了关键作用。相比于香港"乱港分子"，同样身为新时代大学生，我们要始终站在国家和法律这边，坚定不移地维护国家统一，为维护社会秩序献出一份力。

三、知识拓展

中华法系的代表性法典是《唐律疏议》。

中华法系形成于秦朝，隋唐时期逐步成熟，到清末以后中华法系影响日渐衰微。中华法系是在我国特定历史条件下形成的，显示了中华民族的伟大创造力和中华法制文明的深厚底蕴。中华法系凝聚了中华民族的精神和智慧，有很多优秀的思想和理念值得我们传承。

四、课后作业

请完成以下两道思考题。
（1）请结合实际，谈谈如何理解中国特色社会主义法治道路。
（2）如何深刻领悟习近平法治思想？

第三节　维护宪法的权威

一、教学说明

（一）教学目标

教师使学生掌握我国宪法的建设历史、宪法的内容和重要作用，维护宪法权威；引导当代大学生自觉加强宪法宣传教育，只有正确认识宪法，才能自觉维护宪法、弘扬宪法精神。

（二）教学重点与难点

教师使学生理解宪法的根本地位，维护宪法的权威，阐明宪法的基本原则。

（三）教学方法

教师采用理论讲授、案例分析、小组研讨、全班辩论等教学方法进行教学。

二、教学内容

【导入】

孙某事件

2003年3月17日晚，孙某在前往网吧途中，因缺少暂住证被警察送至广州市"三无"（即无身份证、无暂住证、无用工证明的外来人员）人员收容遣送中转站收容。3月19日晚，因孙某大声喊叫求助，引起救治站护工不满，指使病友对孙某进行殴打。3月20日，救治站宣布孙某不治身亡。经鉴定，孙某系因背部遭受钝性暴力反复打击，造成大面积软组织损伤，致其创伤性休克死亡。孙某案发生后，三位法学博士联名上书全国人大常委会，建议对《城市流浪乞讨人员收容遣送办法》进行审查。2003年6月20日，时任中华人民共和国国务院总理的温家宝同志签署了国务院令公布《城市生活无着的流浪乞讨人员救助管理办法》（以下简称《救助管理办法》），两天后，国务院第12次常务会议通过了《救助管理办法》并将其正式公布，《救助管理办法》于2003年8月1日起正式实施，1982年5月12日国务院颁发的《城市流浪乞讨人员收容遣送办法》被依法废止。2003年6月27日，广东省高级人民法院对孙某案进行了公开审理，护工乔某被判处死刑，其他参与殴打的人也都被依法判处死刑或无期徒刑。一系列存在失职渎职行为的政府工作人员也都被处以相关处分。

（一）我国宪法的建设历史

宪法是治国安邦的总章程。不同的国家、不同的历史时期的宪法是不同的。

我国宪法的产生和发展，是伴随着我国社会制度的变迁而发展的。自1908年（光绪三十四年）清政府颁布《钦定宪法大纲》起，至1949年国民党政府垮台的40多年中，在社会动荡不定、政权更迭频繁的情况下，我国先后颁布过10部宪法。

中华人民共和国成立前夕，中国人民政治协商会议第一届全体会议制定了《中国人民政治协商会议共同纲领》，该纲领在中华人民共和国成立之初起到了临时宪法的作用。除此之外，中华人民共和国共制定过四部宪法。1954年，在毛泽东主席的亲自主持下起草了中华人民共和国第一部宪法《中华人民共和国宪法草案》（也称"1954年宪法"），《中华人民共和国宪法草案》主要内容如下：第一，规定了我国国家制度的基本原则。它确认了中华人民共和国是工人阶级领导的，以工农联盟为基础的人民民主国家；规定了我国的政权组织形式为实行民主集中制的人民代表大会制度。第二，规定了我国的基本经济制度，确认了生产资料的全民所有制、合作社所有制、个体劳动者所有制和资本家所有制四种基本形式。第三，确认了公民广泛的民主权利和自由。

"文化大革命"期间，在极"左"思潮的氛围下，国家制定了第二部宪法，即1975年宪法。这部宪法对1954年宪法的基本精神和许多内容及文字进行了全面否定，在指导思想、内容和宪法体系上有严重的缺陷。1978年起草的第三部宪法对1975年宪法做了修正，恢复了1954年宪法的一些内容，但仍然保留了1975年宪法极"左"路线的痕迹，是一部过渡性的宪法。1982年，在继承和发扬1954年宪法的基础上，根据社会主义建设新时期的实践需要和改革开放的正确路线，制定了1982年宪法。1982年宪法是改革的产物，加强了对公民权利的保障，宪法结构也做了符合世界宪法发展趋势的调整，是迄今为止最好的一部宪法。我国现行宪法即是1982年宪法。1988年、1993年、1999年、2004年，全国人大分别对我国宪法个别条款和部分内容做出必要的也是十分重要的修正，使我国宪法在保持稳定性和权威性的基础上紧跟时代前进步伐，不断与时

第七章 学习法治思想，提升法治素养

俱进。

2018年3月，十三届全国人大一次会议根据党的十九届二中全会提出的建议，审议通过了《中华人民共和国宪法修正案》。通过本次宪法修改，将党的十九大确定的重大理论观点和重大方针政策，党和国家事业发展的新成就、新经验、新要求，包括习近平新时代中国特色社会主义思想、把我国建设成为富强民主文明和谐美丽的社会主义现代化强国、实现中华民族伟大复兴、中国共产党领导是中国特色社会主义最本质的特征、倡导社会主义核心价值观、确立宪法宣誓制度、完善国家主席任期制度、深化国家监察体制改革等载入国家根本法。这对于全面贯彻党的十九大精神和习近平新时代中国特色社会主义思想，深化依法治国、依宪治国，在法治轨道上更好地坚持和发展中国特色社会主义，广泛动员和组织全国各族人民夺取新时代中国特色社会主义伟大胜利，具有重大且深远的意义。本次宪法修改体现了党和国家事业发展的新成就、新经验、新要求，在总体保持我国宪法连续性、稳定性、权威性的基础上推动了宪法与时俱进、完善发展，为新时代坚持和发展中国特色社会主义、实现"两个一百年"奋斗目标和中华民族伟大复兴的中国梦提供了有力的宪法保障。

回顾党领导的宪法建设史，可以得出以下四点结论：一是制定和实施宪法，推进依法治国，建设法治国家，是实现国家富强、民族振兴、社会进步、人民幸福的必然要求。[①] 二是我国现行宪法是在深刻总结我国社会主义革命、建设、改革的成功经验基础上制定和不断完善的，是党领导人民长期奋斗的历史逻辑、理论逻辑、实践逻辑的必然结果。三是只有中国共产党才能坚持立党为公、执政为民，充分发扬民主，领导人民制定出体现人民意志的宪法，领导人民实施宪法。四是党高度重视发挥宪法在治国理政中的重要作用，坚定维护宪法尊严和权威，推动宪法完善和发展，这是我国宪法保持生机活力的根本原因。宪法作为上层建筑，一定要适应经济基础的变化而变化。

---

① 参见周叶中《宪法至上：中国法治之路的灵魂》，载《法学评论》1995年第6期，第1—12页。

（二）我国宪法的基本原则

宪法的基本原则概括了该类型宪法的指导思想、民主制度的特点和作用，体现着该类型宪法的价值要求和基本精神，突出地反映着宪法的本质。我国宪法的基本原则包括党的领导原则、人民主权原则、尊重和保障人权原则、社会主义法治原则和民主集中制原则，既体现了宪法原则的一般性，又体现了中国特色社会主义宪法原则的特殊性。

1. 关于党的领导原则

党的领导是中国特色社会主义最本质的特征，是社会主义法治最根本的保证。我国《宪法》序言指出："中国新民主主义革命的胜利和社会主义事业的成就，是中国共产党领导中国各族人民，在马克思列宁主义、毛泽东思想的指引下，坚持真理，修正错误，战胜许多艰难险阻而取得的。""中国各族人民将继续在中国共产党领导下……把我国建设成为富强民主文明和谐美丽的社会主义现代化强国。"宪法序言是宪法的重要组成部分，同宪法其他章节一样具有最高法律效力。党的领导原则作为我国宪法的基本原则，于法有据，具有形式合法性。这也是近百年中国历史的选择、人民的选择，具有实质合法性。

2. 关于人民主权原则

人民是依法治国的主体和力量源泉，人民代表大会制度是保证人民当家作主的根本政治制度。我国《宪法》第二条规定："中华人民共和国的一切权力属于人民。人民行使国家权力的机关是全国人民代表大会和地方各级人民代表大会。人民依照法律规定，通过各种途径和形式，管理国家事务，管理经济和文化事业，管理社会事务。"这是人民主权原则的宪法依据。宪法规定我国是人民民主专政的社会主义国家，对人民实行民主，对敌人实行专政，通过公开限制和剥夺少数人的权利，来保障绝大多数人享有国家主权。

3. 关于尊重和保障人权原则

人权在本质上属于应有权利、道德权利，保障基本人权是宪法的终极目标追求。我国宪法确定的尊重和保障人权原则是与人民主权原则相对应的，两者有着紧密的联系。人民主权是从"国民全体"的角度来讲的，而人权是从"国民个体"的角度来讲的，两者的关系就是国家权力和公民权利的关系,公民权利是人权的具体化。我国宪法规定了公民权利,2004年,《中华人民共和国宪法修正案》将"国家尊重和保障人权"写入了宪法。社会主义人权观念不承认超越主权的人权,就像不能脱离国家权力而孤立地讨论公民权利一样,覆巢之下无完卵,主权范围内的人权,才是实实在在的权利。

4. 关于社会主义法治原则

我国《宪法》第五条规定:"中华人民共和国实行依法治国,建设社会主义法治国家。国家维护社会主义法制的统一和尊严。一切法律、行政法规和地方性法规都不得同宪法相抵触。一切国家机关和武装力量、各政党和各社会团体、各企业事业组织都必须遵守宪法和法律。一切违反宪法和法律的行为,必须予以追究。任何组织或者个人都依法治国不得有超越宪法和法律的特权。"这是法治原则的宪法依据,也明确规定了我国在治国方略上要法治,不要人治。早在先秦时期,法家就强调"不务德而务法",主张法治,以法治国。但是,古代的"以法治国"体现了法律的工具主义,尚存在法外之人和法外之权,未能完全摆脱人治的范畴,这和现代意义上的"依法治国"含义是不同的,"依法治国"体现了法律至上主义,不存在法外之人和法外之权。

5. 关于民主集中制原则

这是我国确立的又一条不同于西方的宪法原则。我国《宪法》第三条规定:"中华人民共和国的国家机构实行民主集中制的原则。"现行宪法根据民主集中制原则,确立全国人民代表大会为最高国家权力机关,即立法权最高,行政权和司法权由它派生、受它监督。

【案例】

维护宪法权威

2012年12月4日,首都各界在北京人民大会堂集会,隆重纪念现行宪法公布施行30周年。习近平总书记在大会上发表重要讲话:"我们可以清楚地看到,宪法与国家前途、人民命运息息相关。维护宪法权威,就是维护党和人民共同意志的权威。捍卫宪法尊严,就是捍卫党和人民共同意志的尊严。保证宪法实施,就是保证人民根本利益的实现。"①

【课堂讨论】

为什么要维护宪法权威?

【总结】

我国宪法是党和人民意志的集中体现,是国家的根本法。宪法规定了我国的国家性质、根本制度、根本任务、公民的基本权利和义务、国家机构的设置及其职权等国家生活中最根本、最重要的问题。

宪法是一切组织和个人的根本活动准则。宪法集中体现了党和人民的共同意志,具有至高无上的权威。一切组织和个人都必须在宪法和法律范围内活动。任何组织或者个人都不能凌驾于宪法之上,一切违反宪法的行为都必须予以追究。

中国共产党作为执政党,必须以宪法为根本的活动准则。中国共产党坚持把依法治国作为党领导人民治理国家的基本方略。党必须在宪法和法律的范围内活动。坚持依法治国首先要坚持依宪治国,坚持依法执政首先要坚持依宪执政。

(三)人民代表大会制度与"三权分立"制度的根本区别

人民代表大会制度是人民民主专政国家的政体,是我国人民创造的用以实现人民当家作主的政权组织形式,也是中国共产党民主执政的最好制度。与我国不同,西方国家普遍采用"三权分立"制度。"三权分立"是资本主义民主制度的重要组成部分,是实行资产阶级专政、保持资本统治的有力工具。虽然从形式上看,人民代表大会制度和"三权分立"制度都设置了体现行政职能、立法职能、司法职能的机关,但作为国家政体,两种制度是有根本区别的。

两种制度产生的历史背景和理论基础根本不同。"三权分立"是资产

---

① 习近平:《恪守宪法原则弘扬宪法精神履行宪法使命 把全面贯彻实施宪法提高到一个新水平》,载《人民日报》2012年12月5日,第1版。

第七章 学习法治思想，提升法治素养

阶级革命的产物，其理论基础是洛克和孟德斯鸠等倡导的分权学说。所以，最初的"三权分立"实质上是阶级分权，是社会变革的过渡状态，有削弱王权、反对封建的意义。人民代表大会制度则是在中国革命的烽火中，由中国共产党领导人民创立和发展起来的。它的理论基础是马克思主义国家学说，基本原则是民主集中制。

人民代表大会制度具有人民性、真实性，而"三权分立"制度则体现出虚假性、欺骗性。[①] 事实上，统治权力在任何国家都是统一而不可分割的。由于立法集中体现了党的主张与人民意志相统一的过程，而且法律是全国人民都必须遵守的行为准则，因此，立法机关居于主导地位，而不是像西方那样"三权分立，互相制衡"。

人民代表大会制度的治国效率优于"三权分立"制度。西方国家囿于"三权分立"的原则、程序和各种具体制度，其政权的运行不可避免地会遇到一些麻烦。人民代表大会制度在效率上远比"三权分立"优越。

总之，中国特色社会主义法律体系，是以宪法为统帅，以宪法相关法、民法商法、行政法、经济法、社会法、刑法、诉讼与非诉讼程序法等多个法律部门的法律为主干，由法律、行政法规、地方性法规等多个层次的法律规范构成的有机统一整体。

作为新时代的中国青年，为了彰显法律的重要性，大学生具体应该怎么做？

（1）学习法律知识。学习和掌握基本的法律知识，是培养法治思维的前提。

（2）严格遵守法律条约，考试不作弊，不参与敲诈勒索、校园欺凌等试探法律底线的行为。

（3）力所能及地参与普法活动，向身边的亲戚同学普及法律知识，或者积极地参与普法相关的志愿活动、普及法律的征文宣传海报活动。

（4）若在生活中发现违法行为，要不参与、不包庇，在确保自己安全的情况下果断举报。

---

① 参见蔡定剑《论人民代表大会制度的改革和完善》，载《政法论坛（中国政法大学学报）》2004年第22卷第6期，第8—18页。

三、知识拓展

宪法的生命和权威在于实施。

《中华人民共和国宪法》的宣誓制度是指国家工作人员在就职时,应当依照法律规定公开进行宪法宣誓。2018年2月24日,全国人大常委会对宪法宣誓制度做出修订,新的誓词为:"我宣誓:忠于中华人民共和国宪法,维护宪法权威,履行法定职责,忠于祖国、忠于人民,恪尽职守、廉洁奉公,接受人民监督,为建设富强民主文明和谐美丽的社会主义现代化强国努力奋斗!"

四、课后作业

请完成以下两道思考题。
(1)请结合实际,谈谈如何维护宪法的权威。
(2)宪法的基本原则是什么?

第四节 自觉尊法、学法、守法、用法

一、教学说明

(一)教学目标

教师使学生掌握以下知识点:推进全面依法治国需要全社会共同参与,大学生是未来国家建设的中坚力量,要努力做尊法、学法、守法、用法的模范。教师通过对法治思维和法律权利与义务的阐述,对我国宪法法律规定的权利与义务的介绍,引导大学生培养社会主义法治思维,树立正确的法律权利义务观,不断提升法治素养,自觉尊法、学法、守法、用法,成为社会主义法治的忠实崇尚者、自觉遵守者、坚定捍卫者。

第七章　学习法治思想，提升法治素养

（二）教学重点与难点

教师使学生掌握培养法治思维的重要意义、法律权利和法律义务的关系、我国宪法法律规定的权利（政治权利、人身权利、财产权利、社会经济权利等），使学生懂得依法行使法律权利，依法履行法律义务。

（三）教学方法

教师采用课堂讨论、案例分析、观看视频、社会实践等教学方法进行教学。

二、教学内容

【导入】

萝卜怎么办

某年，在山东省日照市一次110特别行动中，公安人员追歹徒到居民甲的菜园里，并发生了搏斗，公安人员最终制服了歹徒。正当公安人员押着歹徒准备离开时，甲对着众多记者和摄影机突然提出，要求公安人员赔偿被损害的20多颗萝卜。此事经媒体报道后，社会舆论一片哗然，邻居谴责说，公安人员是为了抓坏人，是为了大家，甲作为新时代的青年不应该要求公安人员赔偿。当事公安人员也表示不能理解，说："当时我们一个同事身负重伤，鲜血直流，可甲居然提出赔偿他20多颗萝卜。"[1]

【课堂讨论】

为什么人们对甲的行为都只是从道德视角去评价，而没有从法律视角去评价呢？

---

[1] 参见《萝卜怎么办》，中央电视台《今日说法》，1999年7月18日。

【总结】

人们的意识和观念还局限于道德领域，总是习惯于用道德的方式去分析解决问题，缺乏相应的法律意识和法治观念；在法治社会，就应当从法律的角度去思考与处理法律问题，这就是法治思维。培养社会主义法治思维，是学生成为法治社会合格公民的必然要求。

【讲授】

（一）培养社会主义法治思维

1. 法治思维及其内涵

法治思维是指以法治价值和法治精神为导向，运用法律原则、法律规则、法律方法思考和处理问题的思维方式。它和传统的思维方式不同，如果说，政治思维方式的重心在于利与弊的权衡，经济思维方式的重心在于成本和收益的比较，道德思维方式的重心在于善与恶的评价，那么，法治思维方式的重心则在于依据法律来进行合法与非法的预判，即把合法性当作思考问题的前提。法治思维将法律作为判断是非和处理事务的准绳，要求崇尚法治、尊重法律，善于运用法律手段协调关系和解决问题。

法治思维包含以下四层含义。

第一，法治思维以法治价值和法治精神为指导，蕴含着公正、平等、民主、人权等价值理念，是一种正当性思维。法治思维要求在思考、分析和解决问题时，不仅要把合法性作为处理问题的前提，而且要求围绕着合法与非法进行思考、分析、判断和处理。

第二，法治思维以法律原则和法律规则为依据指导人们的社会行为，是一种规范性思维；法治思维要求讲法律，用法律约束、指导人们的行为。

第三，法治思维以法律手段与法律方法为依托分析问题、处理问题、解决纠纷，是一种可靠的逻辑思维。法治思维的过程是一个逻辑分析、判断和推理的过程，追求缜密的逻辑。

第四，法治思维是一种符合规律、尊重事实的科学思维。法治思维以事实为依据、以法律为准绳来思考与处理法律问题。

第七章　学习法治思想，提升法治素养

【案例】

救命的假药

电影《我不是药神》播出后受到了大家的关注，尤其影片中展现的"情"与"法"的冲突引起社会各界广泛的关注和思考。故事中的主人公的真实原型是湖南沅江人陆勇，他是一位白血病患者，因服用的"救命药"在国内售价昂贵，实在难以负担，于是转而购买印度生产的价格低且疗效相同的仿制药。后来，他受托开始无偿帮助其他白血病病友从国外代购抗癌药，因此，被称为抗癌药"代购第一人"。陆勇因其代购印度仿制药使用了从网上购买的他人的银行卡及销售印度仿制药，在2015年1月被警方逮捕，后湖南省沅江市检察院以"妨害信用卡管理"和"销售假药"为罪名将陆勇公诉至沅江法院。2015年1月27日，沅江市检察院向法院请求撤回对陆勇的起诉，法院当天对"撤回起诉"做出准许裁定。2015年1月29日下午，陆勇获释。[①]

【讨论】

"陆勇案"体现了法治思维的哪些内涵？

【总结】

法治思维是正当性思维：对陆勇依法决定不起诉体现了司法为民、以人为本的法治理念。法治思维是规范性思维：检察院申请撤回起诉是查明事实后依照法律的规定做出的行为，并没有被法外因素如社会舆论等所裹挟左右。法治思维是逻辑性思维：检察院以法律手段及方法为依托对案件进行依法审查后，认为不构成犯罪。法治思维是科学思维：整个案件的审理和判决以事实为依据，以法律为准绳。这个案子启示我们，只有切实地运用法治思维去分析、思考、处理法律问题，才能维护社会的公平正义。

---

① 参见《救命的假药》，中央电视台《今日说法》，CCTV节目官网，2015年2月16日，见 https://tv.cctv.com/2015/02/16/VIDE1424072040888426.shtml。

"法治和人治问题是人类政治文明史上的一个基本问题，也是各国在实现现代化过程中必须面对和解决的一个重大问题。综观世界近现代史，凡是顺利实现现代化的国家，没有一个不是较好解决了法治和人治问题的。相反，一些国家虽然也一度实现快速发展，但并没有顺利迈进现代化的门槛，而是陷入这样或那样的'陷阱'，出现经济社会发展停滞甚至倒退的局面。后一种情况很大程度上与法治不彰有关。"①

习近平总书记在党的十八届四中全会上的重要讲话中指出："现在，一些党员、干部仍然存在人治思想和长官意识……"② 正如习近平总书记所言，实现社会主义现代化必须要依法治国，要彻底摒弃人治思想。在现实生活中，人治思维还一定程度存在，影响了法治社会的推进，要培养法治思维，就必须要彻底抛弃人治思维。法治思维与人治思维有什么区别？我们可以从以下四个方面来认识它们。

第一，在依据上，法治思维认为，国家的法律是治国理政的基本依据，处理法律问题要以事实为根据、以法律为准绳；而人治思维的本质是人高于法或权大于法，它主张凭借个人尤其是掌权者、领导人的个人魅力、德性和才智来治国平天下。例如，古希腊柏拉图提出的"哲学王"之治，我国古代推崇的"圣君""贤人"之治以及后世的"英雄""强人""能人"之治等，主要强调的都是依靠个人的能力和德行治国理政。

第二，在方式上，法治思维以一般性、普遍性的平等对待方式调节社会关系，解决矛盾纠纷，坚持"法律面前人人平等"原则，具有稳定性和一贯性；而人治思维漠视规则的普遍适用性，按照个人意志和感情进行治理，治人者以言代法、言出法随、朝令夕改，具有极大的任意性和非理性。

第三，在价值上，法治思维强调集中社会大众的意志来进行决策和判断，是一种"多数人之治"的思维，避免陷入无政府主义或以民主之名搞乱社会；而人治思维是个人说了算的专断思维，虽然有时也强调集思广益进行治理或做出决定，但主要表现为少数个人的集权专断。

---

① 中共中央文献研究室：《习近平关于全面依法治国论述摘编》，中央文献出版社2015年版，第12页。
② 习近平：《习近平：任何人都不得违背党中央的大政方针搞"独立王国"》，人民网，2015年5月19日，见 http://theory.people.com.cn/n/2015/0519/c40555-27021411.html。

第四，在标准上，法治思维与人治思维的分水岭不在于有没有法律或者法律的多寡与好坏，而在于最高的权威究竟是法律还是个人。法治思维以法律为最高权威，强调"必须使民主制度化、法律化，使这种制度和法律不因领导人的改变而改变，不因领导人的看法和注意力的改变而改变"[①]；人治思维则奉领导者个人的意志为最高权威，当法律的权威与个人的权威发生矛盾时，强调服从个人而非服从法律的权威。显然法治思维与人治思维本质相悖，以法治思维替代人治思维，是通向法治社会的必由之路，所以，当我们的权利诉求、利益关系、行为方式、思想感情等与法律的价值、规则或要求发生冲突时，我们必须服从法律，按照法律的要求实施自己的行为。

2. 法治思维的基本内容

法治思维的内涵丰富、外延宽广，主要表现为价值取向和规则意识两个方面。价值取向是指如何看待和对待法律，规则意识是指如何用法律看待和对待自身。一般来讲，法治思维主要包括法律至上、权力制约、公平正义、权利保障、程序正当等内容。

【名词解释】

法律至上是指在国家或社会的所有规范中，法律是地位最高、效力最广、强制力最大的规范。法律至上具体表现为法律的普遍适用性、优先适用性和不可违抗性。

权力制约是指国家机关的权力必须受到法律的规制和约束。权为民所赋，权为民所用。只有依法对权力的配置和运行进行有效制约和监督，才能防止权力私用、权力滥用和权力腐败。把权力关进制度的笼子里，让权力在阳光下运行，才能根本保障人民的权利。

公平正义是指社会的政治利益、经济利益和其他利益在全体社会成员之间合理、公平分配和占有。一般来讲，公平正义主要包括权利公平、机会公平、规则公平和救济公平。

权利保障主要是指对公民权利的法律保障，具体包括公民权利的宪法保障、立法保障、行政保障和司法保障。宪法保障是权利保障的前提和基

---

① 邓小平：《邓小平文选（第2卷）》，人民出版社1994年版，第146页。

础,立法保障是权利保障的重要条件,行政保障是权利保障的关键环节,司法保障是权利保障的最后防线。

程序正当是指任何事情只有按照程序做,才能防止主观任性、无序混乱。只有严格按照法律程序办事办案,处理结果才可能公正并具有公信力和权威性。程序公正才有可能实体公正。程序正当主要表现在程序的合法性、中立性、参与性、公开性、时限性等方面。(播放"上海警察教科书式执法"的视频或播放中央电视台社会与法频道《庭审现场》节目,让学生直观地了解刑事或民事诉讼程序法律制度,体会程序正当的意义。)

3. 新时代的大学生培养法治思维的重要意义

(1) 建设法治国家有赖于每个人法治意识的提升,培养大学生的法治思维方式,是建设法治国家的必要条件。大学生作为中国特色社会主义事业的建设者和接班人,他们的法律素质直接影响中国法治进程。为了中国特色社会主义事业后继有人,为了社会主义法治国家建设,我们必须加强大学生的社会主义法治思维的培养。新时代的大学生与祖国同向同行,是实现中国梦的见证者和践行者,肩负着民族复兴大任,没有法治思维,如何成为全面依法治国进程中的主力军呢?法治思维不是肤浅的表征,不是用来装潢门面的,更不是一朝一夕就可以速成的,而是需要一个长期的养成过程。因此,重视和加强对大学生的法治思维的培养,引导他们树立法治意识,是大学生将来能更好地承担历史使命的关键所在。

(2) 培养大学生的法治思维是提升他们的自身素质,保障他们健康成长的需要。大学生正是世界观、人生观、价值观形成的关键时期,是综合素质培养的关键时期,思维能力的训练和法治思维的养成尤为重要。在现实生活当中,我们常常看到或听到大学生上当受骗、自身权益受到损害的事情,也有一些大学生做错事,违法甚至犯罪,这些都暴露出他们法治思维的欠缺。法治思维显示的是我们深层次的法治态度,不仅仅是从形式上的守法与用法,而且要形成内心对法律的尊重和认同,将法治理念内化为思维方式,即"内化于心,外化于行"。法治思维和法治精神的养成是一个从形式到实质、从被动到主动、从工具到目的的过程。[①] "人们没有法

[①] 参见陈大文、孔鹏浩《论大学生社会主义法治思维的培养》,载《思想理论教育导刊》2015年第1期,第29—33页。

治精神、社会没有法治风尚，法治只能是无本之木、无根之花、无源之水。"[①] 法治的真正力量不在于立法和执法，而在于公民普遍的法律信仰，使法治思维成为一种习惯，所以，大学生要培养法治思维，这是健全人格养成的必要前提，是大学生健康成长的内在需要。

【案例】

苏格拉底以身殉法

古希腊的城邦依法治理，任何人的地位都不得高于法律。苏格拉底认为，城邦的法律是公民一致制定的协议，应该坚定不移地执行，只有遵守法律，才能使人民同心协力、使城邦强大无比，严守法律是人民幸福、城邦强大的根本保证，其价值远远高于个人的生命。在他看来，守法即是正义，即使判决不公正，公民也应该无条件地遵循，不服从便是一种罪恶。当他因为不公正的审判被判处死刑时，他忠诚而富有的朋友克里多在千方百计搭救他。克里多告诉苏格拉底，他们已经准备好了一笔钱帮助苏格拉底逃跑，他的仰慕者则做好准备接应他及其家人。苏格拉底不肯接受这个方案，他认为即使裁判本身是错误的，但是任何人都没有权利躲避制裁。他宁愿选择死亡，也不愿拒绝执行司法判决、破坏法律的权威。他说："我仿佛是听到了法律的话，就好像我听见神的声音一样，他们的声音在我的头脑中回荡，我不能不听他们的，我坚信我所做出的决定是正确的。"苏格拉底最终还是没有逃走。他在饮下毒鸩之前，还在和别人讨论哲学问题，在行刑的人告诉他毒药需要活动才会发作时，他毫不迟疑地活动起来。苏格拉底从容地选择了死亡，可能他还有更多的考虑，也许他想舍身嘲讽希腊的民主制度，雅典这个以言论自由著称的城市，却将一个仅仅运用言论自由的哲学家起诉、判罪、处死。但无法否认的是他在教导雅典人维护自己的城邦和法律，他以接受不公的判决的方式践行他对法律的信仰。这种虔诚守法的行为表明，法治思维已经深入到了苏格拉底的骨髓，

---

① 习近平：《弘扬法治精神，形成法治风尚》，载《浙江日报》2006年5月17日，第1版。

是基于他的法治信仰，经过长期修炼形成的一种习惯。①

【评析】

从苏格拉底以身殉法的故事中，或许我们可以读到什么才是真正的法治思维和法治信仰，了解到法治思维的养成是一个多么复杂甚至痛苦的过程。我们或许可以将苏格拉底以身殉法，解读为法治思维养成过程中的"内化于心"。

【案例】

"破窗理论"揭示的社会现象

美国斯坦福大学心理学家菲利普·津巴多于1969年进行了一项实验，他找来两辆一模一样的汽车，把其中的一辆停在加利福尼亚州帕洛阿尔托的中产阶级社区，而另一辆停在相对杂乱的纽约布朗克斯区。停在布朗克斯的那辆，他把车牌摘掉，把顶棚打开，结果当天就被偷走了，而放在帕洛阿尔托的那一辆，一个星期后仍安然无恙。后来，津巴多用锤子把那辆车的玻璃敲了个大洞，结果仅仅过了几个小时，它就无影无踪了。以这项实验为基础，政治学家詹姆斯·威尔逊和犯罪学家乔治·凯琳提出了一个"破窗效应"理论，该理论认为，如果有人打坏了一幢建筑物的窗户玻璃，而这扇窗户又得不到及时的维修，别人就可能受到某些示范性的纵容去打烂更多的窗户，久而久之，这些破窗户就给人造成一种无序的感觉，结果在这种公众麻木不仁的氛围中，犯罪就会滋生、蔓延。这就是犯罪学上著名的"破窗理论"，它揭示了一种常见的社会现象：墙壁上的一些涂鸦没有被清洗，很快墙上就布满了乱七八糟的东西；国际机场候机楼地面很干净，人们会不好意思乱扔垃圾，而有的小车站很脏乱，人们会随地吐痰、毫无顾忌；在公共汽车站排队候车，有一个人插队没人制止，就可能使排队变得没有意义；一个人违反交通规则，闯红灯过马路，一群人就会跟着

---

① 参见陈大文、孔鹏浩《论大学生社会主义法治思维的培养》，载《思想理论教育导刊》2015年第1期，第29—33页。

闯红灯；几个人的违法行为，没有给予及时处理，会有更多的人群起仿效，等等，这就是"破窗理论"的表现。事实上，人们并非不了解其行为可能带来的法律后果，但由于法律实施机制的失效，使得一旦有人逃脱了法律的及时制裁，其他人就会形成"法不责众"的责任扩散心理。只要法律的实施机制还存有漏洞，"机会主义违法"就难以避免。①

【案例评析】

"破窗理论"给我们的启示是，大学生培养法治思维要从日常行为做起，要以法治思维指导自身的法律行为选择，日积月累，就会成为习惯。否则，"在法律面前不拘小节"的话，就可能"小洞不补成大洞"！这就是法治思维养成过程中的"外化于行"。

4. 如何培养大学生的社会主义法治思维

在日常生活中，大学生可以通过各种途径学习法律知识，参与法律实践，养成守法习惯，在学习和生活中逐渐提高法治思维能力，培养法治思维方式。

第一，努力学习基础法律知识，同时将社会主义核心价值观融入法律理论知识的学习中。学习了解法律理论知识是培养法治思维的前提。弄清楚作为公民所享有的权利以及所承担的义务；搞明白法律相关原理知识以及各类各领域法律条文的具体规定；不断扩大获取法律知识的途径，使学习法律知识形成一种习惯。

第二，敬畏规则，规范自身行为，养成"尊法守法"的习惯。当代大学生提升法治思维的重要表现就是具有强烈的规则意识，能够自觉遵守规则、敬畏规则。在日常生活中，大学生要按照各项行为规范严格要求自己，提升规则意识，用其指导行为。

第三，注重知行统一，拓展法律实践行为。通过理论学习深入掌握相关法律知识，这就是所谓的"知"。但获"知"并不是最终目的，获"知"是为了"行"，也是为了指导实践。

---

① 参见陈大文、孔鹏浩《论大学生社会主义法治思维的培养》，载《思想理论教育导刊》2015年第1期，第29—33页。

（二）法律权利与法律义务

1. 法律权利的含义与特征

法律权利是从哪里来的呢？什么是法律权利？古人是怎么说的？战国的时候，有一个名人叫慎到，他形象生动地用兔子的例子，把权利从哪里来讲得非常清楚、透彻。他先提出了一个问题："当一只兔子在野地里奔跑，后面会有一百多人拼命地追捕，争先恐后；而在集市上，也有成群成堆的兔子，人们却不追了，有的人甚至连一眼都不看，闭目养神？"慎到说："这并非因为在前一场合人人都想要兔子，后一场合人的心思就变了；而是因为，在野地里，法律没说兔子的'归属所有'，没提兔子'属于谁'，当然个个想要'捷足先登'，而在集市上，法律已明说了兔子有主，所以人们都懒得看一眼。"后来秦国变法的商鞅，嫌慎到所讲的话还不够全面，又补充了一句："如果法律不讲明兔子是谁的，即便是圣人，也可能照样会追着兔子跑，甚至彼此厮杀、私下过招。"当然，慎到和商鞅都一致地认为，法律首先要"定分止争"。"定分"，用今天的话来解释，就是要确权，确定一个所有权，说清楚"这是谁的，那是谁的"。确定了所有权，就没人会争兔子了，而所有权就是一种权利。讲法律要"定分止争"，等于是讲法律要确定一个权利。反过来看，权利就来自法律的规定。没有法律，也就没有权利可言。法律就是指国家的法律，亦即国法。① 这个故事形象地告诉了我们法律权利的产生，法律权利来自法律的规定。马克思主义的法律观认为，法律权利是指国家通过法律规定，对法律关系主体可以自主决定为或不为某种行为的许可和保障手段。法律权利是一个和法律义务相对应的概念，是法律关系主体依法享有的某种权能或利益，它表现为权利享有者可以自己做出一定的行为，也可以要求他人做出或不做出一定的行为。法律权利具有以下四个特征。

第一，法律权利的内容、种类和实现程度受社会物质生活条件的制约。不能脱离一个国家或地区的经济社会发展阶段和水平空谈权利及其实现。

第二，法律权利的内容、分配和实现方式因社会制度和国家法律的不

---

① 参见刘星《怎样"讲"权利》，载《法制日报》2017年8月16日，第10版。

同而存在差异。同样一种权利,在不同的社会制度下和不同的国家法律中的表现形式有所不同。例如,同性恋自由结婚的权利、绝症病人要求安乐死的权利。对于同性恋婚姻,大多数国家是不认可的,不过,欧洲的荷兰、比利时、西班牙等十多个国家宣布了同性恋婚姻已合法化。关于安乐死,目前也仅在少数国家和地区合法化,支持安乐死的一方认为这是人道地结束患有不治之症病人生命的方法,认为病人有选择权;而反对的一方从生命不能被剥夺以及操作过程中容易出现问题的角度,反对将安乐死合法化。

第三,法律权利不仅由法律规定或认可,而且受法律维护或保障,具有不可侵犯性。由国家强制力保障其实现,这是法律权利区别于其他权利的根本所在。

第四,法律权利必须依法行使,不能不择手段地行使法律权利。国家机关行使权力不得任性,公民个人行使法律权利也不得任性。

2. 法律义务的含义与特征

有法律权利就必然有法律义务,什么是法律义务?如何理解法律义务?以电影《搜索》为例,该电影讲述了一位都市白领,因为在公交车上没给一位大爷让座,结果遭到乘客轮番攻击,被拍下视频上传至网上后,一些网民纷纷留言辱骂。(播放相关电影片段的视频资料。其实在现实生活中因为没有主动让座而被谴责、辱骂甚至被打的事情也屡有发生,我们必须要让座吗?让座是法律义务吗?结合视频联系社会现实,请学生谈一谈对这个问题的看法,教师总结,厘清法律义务不同于道德义务、法律义务的特征。)

义务和权利一样,也有不同的种类,如道德义务、法律义务、宗教义务等。法律义务与法律权利相对应,法律义务是指由一定的社会物质生活条件所制约的社会责任,是保证法律规定的义务人按照权利人要求从事一定行为或不从事一定行为以满足权利人利益的法律手段。只有承担法律义务的人履行法律义务,享有法律权利的人才能实现自己的合法权益。法律义务的履行通常表现为两种形式:一种是作为,是指义务人实施积极的行为,例如,子女通过经常看望和提供财物等行为履行赡养父母的义务,依法纳税的行为,等等;另一种是不作为,是指义务人不得实施某种行为,例如,未经许可不得公开他人的隐私,禁止家暴,等等。

让座并非法律的规定，它是中华民族的传统美德，是为了社会的文明和谐而倡导的一种美德。公交车让座是一种自愿行为，是礼貌行为，属于道德范畴，但它不是法律义务。不能把让座这个道德问题当作法律义务来让人必须遵守。

公民的道德义务与法律义务是有区别的。

道德义务是不成文的，道德义务是在社会生活中自发形成的；道德义务靠舆论习惯和社会成员自觉自愿来履行；道德义务可履行，可不履行。在公交车上让不让座，是个人的选择。自觉自愿地让座值得表扬、赞美，而不让座，不管有无理由，虽有不礼貌之嫌，可能会遭到"白眼"，但没有触犯法律，任何人都不可以采用强迫手段逼人让座。谴责、辱骂、殴打他人，情节严重的还需要承担法律责任。

法律义务不同于道德义务，它具有以下特征。

第一，法律义务是历史的。法律义务的内容和履行方式随着经济社会的发展和人权保障的进步而不断调整和变化。例如，依法纳税是我国公民的法定义务，随着经济社会的发展，我国公民的个人所得税费用扣除标准曾数次调整，第一次是2006年，免征额从800元提高至1600元；第二次是2008年，由1600元提高至2000元；第三次是2011年，由2000元提高至3500元；第四次是2018年，由3500元提高至5000元。同时，我国又设立了子女教育、继续教育、大病医疗、住房贷款利息、住房租金、赡养老人等专项附加扣除，以切实减轻广大纳税人的负担，实现惠民、利民、便民的目的。

第二，法律义务源于现实需要。一个国家或地区的制度性质、历史传统、文化背景、宗教信仰和安全形势等因素，会对法律义务的设定产生重要影响，例如，我国公民有计划生育的义务。中华人民共和国成立后，我国人口过多和过快的增长，直接影响到我国经济的发展和人民生活水平的提高。只有严格控制人口的过快增长，实行优生优育，使人口发展与经济发展相适应，才能保证社会主义现代化宏伟大业的顺利实现。所以，实行计划生育是从我国社会主义初级阶段的国情出发制定的一项法律义务。《宪法》第二十五条规定："国家推行计划生育，使人口的增长同经济和社会发展计划相适应。"《宪法》第四十九条规定："夫妻双方有实行计划生育的义务。"《中华人民共和国婚姻法》第十六条也规定："夫妻双方都有实行计划生育的义务。"

第三，法律义务必须依法设定。法律义务必须由具有法定职权的国家机关依照法律程序设定，其他国家机关不得对公民违法设定法律义务。公民必须履行法律义务，只有违反了法律义务，才必须承担法律责任。坚持义务法定是建设法治国家和保障人权的重要方面。

第四，法律义务可能发生变化。公民和社会组织承担的法律义务，在履行的过程中可能会基于法定情形而变更、消灭，或产生新的法律义务。例如，计划生育的义务现在就发生了变化，原来法律规定一对夫妻只能生育一个孩子，夫妻有实行计划生育的义务。但是随着社会的发展，我国人口状况发生了变化，为了改善人口结构，增加0～14岁人口比重，推迟、延缓老龄化进程，为社会经济持续健康发展提供必要的劳动力，同时也有利于促进家庭幸福和社会和谐，现在国家倡导鼓励生育二胎、三胎，很多省市也相继出台了相应的生育鼓励政策，采取配套支持措施，以鼓励生育。

3. 法律权利和法律义务的关系

了解了法律权利和法律义务的特征，那么法律权利和法律义务相互之间是什么关系呢？

首先，法律权利和法律义务是相互依存、相互贯通的关系。相互依存是指法律权利和法律义务是不可能孤立存在和发展的，一方的存在和发展必须以另一方的存在和发展为条件。相互贯通则表现为权利和义务的相互渗透、相互包含和在一定条件下的转化。例如，父母子女关系。子女未成年时，父母养育子女是父母的义务，得到父母的关爱是子女的权利；当父母年老了，子女对父母的赡养则是子女的义务，父母要求子女赡养就成了父母的权利。所以，在一般的法律关系中，每一个主体在享有权利的同时，都对应承担一定的义务。权利以义务的存在为存在条件，义务以权利的存在为存在条件，缺少任何一个方面，另一方也就不存在了。

其次，法律权利和法律义务是目的和手段的关系。离开了法律权利，法律义务就失去了履行的价值和动力。同样，离开了法律义务，法律权利也形同虚设。法律通过义务的设定来维护权利，所以法律义务是手段，法律权利是目的。

最后，有些法律权利和法律义务具有复合性的关系，即一个行为可以同时是权利行为和义务行为。例如，劳动和接受义务教育对公民来说就既是权利又是义务，二者具有重合性。

（三）我国宪法规定的权利

保障和维护公民的权利，是构建和谐法治社会的基础。只有大多数公民都具备权利意识，全社会才能形成崇尚法治的风尚。中国公民到底有多少权利？怎样行使权利？如何维护权利？可能很多同学对此并不是很了解，那么作为一名中国公民，到底具有哪些法律权利呢？

宪法是公民权利的保障书，宪法规定了公民的基本权利，普通法律依据宪法进一步规定了公民的具体权利。根据我国现行宪法和相关法律的规定，我国公民享有的权利主要有政治权利、人身权利、财产权利、社会经济权利、宗教信仰及文化权利等一系列的权利。

"宪法是国家的根本法，是治国安邦的总章程，具有最高的法律地位、法律权威、法律效力，具有根本性、全局性、稳定性、长期性。全国各族人民、一切国家机关和武装力量、各政党和各社会团体、各企业事业组织，都必须以宪法为根本的活动准则，并且负有维护宪法尊严、保证宪法实施的职责。"[①]

1. 政治权利

政治权利是公民参与国家政治活动的权利和自由的统称。它的行使主要表现为公民参与国家、社会组织与管理的活动。公民的政治权利主要包括选举权和被选举权、政治表达的自由（言论、出版、集会、结社、游行、示威的自由）、民主管理权和监督权等。其中，选举权利即选举权和被选举权，位于我国公民政治权利的首位。选举权和被选举权是人民管理国家的一项最基本的政治权利，它是公民参加国家管理、组织国家政权、实现人民民主的重要途径。

近代意义上的选举制度是西方出现资本主义萌芽后，资产阶级经过与封建王权进行长期抗争后的胜利成果。西方18世纪启蒙思想家的"主权在民"思想对西方资产阶级产生了深远的影响，随着资产阶级革命的胜利，资产阶级确立了政治和经济上的统治，根据"主权在民"的思想，资

---

① 习近平：《习近平谈治国理政（第一卷）》，外文出版社2014年版，第138页。

产阶级创造了代议制的形式,让人民选举代表机构,由它来行使人民委托给它的权力。在中国,选举制度虽然可以说是西方国家的一个近代"舶来品",发展至今也不过100年左右的历史,但我国现行的选举制度是建立在马克思主义理论与中国实践相结合的基础上,同时吸收了苏联的选举经验,批判继承了西方资本主义民主政治制度。与西方国家相比,我国公民享有的选举权是庄严而神圣的。

(1) 享有选举权和被选举权的公民占我国人口的绝大多数。《宪法》第三十四条规定:"中华人民共和国年满十八周岁的公民,不分民族、种族、性别、职业、家庭出身、宗教信仰、教育程度、财产状况、居住期限,都有选举权和被选举权;但是依照法律被剥夺政治权利的人除外。"这表明我国公民享有的选举权利是广泛的、真实的且平等的。

(2) 为了维护庄严而神圣的选举权利,国家从物质和法律两个方面给予保障。

首先,《中华人民共和国全国人民代表大会和地方各级人民代表大会选举法》(简称《选举法》)规定,选举经费由国库开支,这是物质保障。《选举法》第八条规定:"全国人民代表大会和地方各代表大会的选举经费,列入财政预算,由国库开支。"原因在于:其一,中国是社会主义国家,人民民主专政是中国的根本政治制度。在中国,人民行使着当家作主的权利,这一点也充分体现了社会主义制度的优越性。其二,与西方国家强调自治原则不同的是,在中国更强调组织的统一指挥、领导。从中国直接选举、间接选举的程序上看,中国选举实行自上而下的领导。选举经费的统一开支、统一管理也是实行统一领导的必然途径。其三,选举经费是使民主选举得以进行的物质保障。《选举法》第八条的规定不但为选民普遍行使选举权提供了条件,而且也使中国的选举活动摆脱了金钱的影响和束缚,切实保障公民选举权的实现。反观西方国家选举经费的来源,更多的是政党筹资,候选人向企业、组织、个人等多方筹集。例如,美国的选举经费来源主要包括候选人本人及其家族、政党资助、政府补助、政治行动委员会捐助、公民个人捐款、筹款聚餐会、发表电视讲话等多种途径获得,由此金钱政治大行其道。"两样东西对美国政治十分重要:第一是金钱,第二还是金钱。"曾帮助共和党人威廉·麦金利连续赢得两届美国总统选举的美国前参议员马克·汉纳如是说。谁的竞选资金越多,最终胜算就越大。富人通过金钱投资选举得到了更多的政治话语权,金钱政治使得财富和权力紧密捆绑。美国一议员对此深有同感,他说:"这是一个无法改变的简单事实,当大量金钱流入政治角逐场所时,大量的义务也就承担下来了。"美国的政治学家查尔斯·A.比尔德在他所著的《美国政府与政治》里有过生动的描绘:"在这里,民主平等的理论是不灵了。虽然谁最有钱谁就稳操胜券未必尽然,但是谁要是没有钱就休想获得任何重要的职位,这可是千真万确的。"可见,美国的这种金钱政治是极大地扭曲了"一人一票"的现代选举基本准则,玷污了民主政治的精神实质。与西方国家相比,中国的《选举法》的规定就可以有效避免滋生金钱政治的土壤,为选民普遍地行使选举权提供了条件,从而实现了真正意义上的平等。

其次,《中华人民共和国刑法》(简称《刑法》)将破坏选举的行为规定为犯罪并处以刑罚,这是法律保障。

《选举法》第五十八条规定:"为保障选民和代表自由行使选举权和被选举权,对有下列行为之一,破坏选举,违反治安管理规定的,依法给予治安管理处罚;构成犯罪的,依法追究刑事责任:(一)以金钱或者其他财物贿赂选民或者代表,妨害选民和代表自由行使选举权和被选举权的;(二)以暴力、威胁、欺骗或者其他非法手段妨害选民和代表自由行使选举权和被选举权的;(三)伪造选举文件、虚报选举票数或者有其他违法行为的;(四)对于控告、检举选举中违法行为的人,或者对于提出要求罢免代表的人进行压制、报复的。国家工作人员有前款所列行为的,还应当由监察机关给予政务处分或者由所在机关、单位给予处分。以本条第一款所列违法行为当选的,其当选无效。"

【案例】

湖南衡阳破坏选举案

2012年12月28日至2013年1月3日,湖南省衡阳市召开第十四届人民代表大会第一次会议,出席会议的代表527名(本届人民代表大会共有529名代表,有2名代表因故未出席会议),从93名代表候选人中差额选举产生76名湖南省人大代表。会议期间,部分候选人为了当选湖南省人大代表送钱拉票，造成对代表选举工作的严重破坏。后经查实：衡阳破坏选举案共有56名当选的湖南省人大代表存在送钱拉票的行为，涉案金额达1.1亿余元人民币，有518名衡阳市人大代表和68名工作人员收受钱物。根据案件事实和情节，湖南省有关方面依法依纪做出决定：对56名送钱拉票当选的湖南省人大代表依法确认当选无效并予以公告，对5名未送钱拉票但工作严重失职的湖南省人大代表依法公告终止其代表资格；衡阳市有关县（市、区）人大常委会会议分别决定，接受512名收受钱物的衡阳市人大代表及3名未收受钱物但工作严重失职的市人大代表辞职。[①]

【案例评析】

衡阳破坏选举案是一起严重的以贿赂手段破坏选举的违纪违法案件，把选举当儿戏，以金钱换选票，以金钱谋取政治权利，严重侵犯了公民选举权利，严重干扰破坏选举，是对党的纪律和国家法律的无视与践踏，必须严肃处理，以维护党纪国法的威严，维护神圣的选举权利！选举权是庄严而神圣的，一定要慎重地行使权利。

2. **人身权利**

人身权利是指公民的人身不受非法侵犯的权利。它是公民参加国家政治、经济与社会生活的基础，是公民权利的重要内容。人身权利主要包括以下四个方面的内容。一是生命健康权，即维持生命存在的权利。生命权是人最基本、最原始的权利，具有神圣性与不可转让性，不可非法剥夺，生命权是人享有其他各项权利的前提。健康权是在公民享有生命权的前提下，确保自身肉体健全和精神健全、不受任何伤害的权利。二是人身自由权，即公民的人身自由不受非法搜查、拘禁、逮捕等行为侵犯的权利。人身自由是人们一切行动和生活的前提条件，包括人的身体不受拘束，人的行动自由、人身自由不受非法限制和剥夺等。三是人格尊严权，即与人身

---

① 参见《衡阳破坏选举案》，百度百科，2021年12月8日，见 https://baike.baidu.com/item/%E8%A1%A1%E9%98%B3%E7%A0%B4%E5%9D%8F%E9%80%89%E4%B8%BE%E6%A1%88/12767950?fromtitle=%E6%B9%96%E5%8D%97%E8%A1%A1%E9%98%B3%E7%A0%B4%E5%9D%8F%E9%80%89%E4%B8%BE%E6%A1%88&fromid=12761735&fr=aladdin。

有密切联系的名誉、姓名、肖像等不容侵犯的权利。人格尊严权的基本内容有姓名权、肖像权、名誉权、荣誉权、隐私权等。四是住宅安全权，也称住宅不受侵犯权，即公民居住、生活、休息的场所不受非法侵入或搜查的权利。五是通信自由权，是指公民通过书信、电报、传真、电话及其他通信手段，根据自己的意愿进行通信，不受他人干涉的权利。

【案例】

人脸识别第一案

2019年4月，郭某支付1360元购买杭州野生动物世界"畅游365天"双人年卡，确定指纹识别入园方式。郭某与其妻子留存了姓名、身份证号码、电话号码等，并录入指纹、拍照。之后，杭州野生动物世界将年卡客户入园方式从指纹识别调整为人脸识别，并更换了店堂告示。2019年7月、10月，杭州野生动物世界两次向郭某发送短信，通知年卡入园识别系统更换事宜，要求激活人脸识别系统，否则将无法正常入园。因双方就入园方式、退卡等相关事宜协商未果，郭某遂提起诉讼，要求确认杭州野生动物世界店堂告示、短信通知中相关内容无效，并以杭州野生动物世界违约且存在欺诈行为为由要求赔偿年卡卡费、交通费，删除个人信息，等等。由此，这起因动物园入园流程而起的纷争，也被称为我国的"人脸识别第一案"。

2021年4月9日，备受关注的"人脸识别第一案"经过了一审和二审，迎来了终审判决。被告杭州野生动物世界被判删除原告郭某办理指纹年卡时提交的包括照片在内的面部特征信息和指纹识别信息，并于判决生效之日起十日内履行完毕。[①]

【案例评析】

本案庭审的焦点在于对野生动物世界收集使用人脸信息的行为如何评

---

① 参见《"人脸识别第一案"终审判决》，中国青年网百度百家号，2021年4月13日，见 https://baijiahao.baidu.com/s?id=1696891428273703244&wfr=spider&for=pc。

第七章 学习法治思想，提升法治素养

判的问题。正如二审法院指出的："生物识别信息作为敏感的个人信息，深度体现自然人的生理和行为特征，具备较强的人格属性，一旦被泄露或者非法使用，可能导致个人受到歧视或者人身、财产安全受到不测危害，更应谨慎处理和严格保护。"去动物园看动物是不是必须要"刷脸"呢？显然不是。一方面，郭某在购票时双方约定的是指纹识别，提出"人脸识别"是动物园的单方措施；另一方面，"人脸识别"也不是看动物的必要前提，而所有个人生物信息的采集必须符合合法、正当、必要的原则。"人脸识别第一案"的判决告诉我们，可以勇敢地向人脸识别说"不"。郭某开启的"人脸识别第一案"，寻求的不仅是个体权益的救济，也是对所有公民个人信息保护的积极提醒。

《民法典》第一百一十一条规定："任何组织或者个人需要获取他人个人信息的，应当依法取得并确保信息安全，不得非法收集、使用、加工、传输他人个人信息，不得非法买卖、提供或者公开他人个人信息。"《刑法》也规定，窃取或者以其他方法非法获取公民个人信息的，依照侵犯公民个人信息罪处罚。违反国家有关规定，将在履行职责或者提供服务过程中获得的公民个人信息，出售或者提供给他人的，依照规定从重处罚。

《民法典》第一千零三十五条规定："处理个人信息的，应当遵循合法、正当、必要原则，不得过度处理，并符合下列条件：一、征得该自然人或者其监护人同意，但是法律、行政法规另有规定的除外；二、公开处理信息的规则；三、明示处理信息的目的、方式和范围；四、不违反法律、行政法规的规定和双方的约定。"

【案例】

"人肉搜索"第一案

留学海外多年的31岁的北京女白领姜某从24层楼跳楼死亡，在自杀之前，姜某在网络上写下了自己的"死亡博客"，记录了她生命倒计时前2个月的心路历程，并在自杀当天开放博客空间。之后的三个月里，网络沸腾，姜某的丈夫王某成为众矢之的。姜某的大学同学张某将王某的个人信息（包括姓名、照片、住址以及身份证信息和工作单位等）在网站中向

社会公众披露。王某不断收到恐吓邮件；他在网上被"通缉"、围攻、"追杀"、谩骂、威胁，被原单位辞退……之后，王某以侵犯名誉权为由，将张某、北京某科技有限公司、海南某科技有限公司起诉至法院，要求赔偿7.5万元损失及6万元的精神损害抚慰金。该案被媒体冠为"人肉搜索"第一案。

北京市朝阳区人民法院受理后做出一审判决：被告张某停止对原告王某的侵害行为，删除刊登的文章及原告王某与案外人东某的合影照片；在某网站首页上刊登向原告王某道歉的道歉函；赔偿原告王某精神损害抚慰金5000元、公证费用684元。两家网站的经营者或管理者构成对原告王某名誉及隐私权的侵犯，分别判处停止侵权、公开道歉，并赔偿王某精神抚慰金3000元和5000元；海南某科技有限公司因为王某起诉前及时删除了侵权帖子，履行了监管义务，经判决认定不构成侵权。①

【课堂讨论】

如何看待"人肉搜索"？"人肉搜索"涉及哪些法律问题？

【案例评析】

近些年来，侵犯人权的"人肉搜索"和作为其孪生兄弟的网络暴力事件数不胜数，它们的杀伤力之强、社会危害性之大，通过众多事件已让人们有了清晰的认识。它们可以伤人，也可以杀人，是严重的违法和犯罪行为。2019年12月，国家互联网信息办公室发布了《网络信息内容生态治理规定》，根据规定，网络信息内容服务使用者和生产者、平台，不得开展网络暴力、"人肉搜索"、深度伪造、流量造假、操纵账号等违法活动。

"人肉搜索"和网络暴力的违法性，主要体现在泄露个人隐私，侵犯公民个人信息，以及侮辱、诽谤他人人格，损害他人名誉等方面。对此，轻者可给予拘留、罚款等治安管理处罚，承担民事侵权赔偿责任；重者可按涉嫌侵犯公民个人信息罪、侮辱罪、诽谤罪等承担刑事责任。

---

① 参见《人肉搜索第一案》，百度百科，2022年3月24日，见 https://baike.baidu.com/item/人肉搜索第一案/5693492?fr=Aladdin。

2021年1月1日正式施行的《民法典》设专章明确了隐私权的含义，并列举了侵犯隐私权的行为类别。《民法典》第一千零三十二条对隐私做了明确的法律界定："隐私是自然人的私人生活安宁和不愿为他人知晓的私密空间、私密活动、私密信息"，同时规定"自然人享有隐私权。任何组织或者个人不得以刺探、侵扰、泄露、公开等方式侵害他人的隐私权"。

3. 财产权利

财产权利是指公民、法人或其他组织通过劳动或其他合法方式取得财产和占有、使用、收益、处分财产的权利。财产权利包括两个方面的内容：一是私有财产权。我国《宪法》第十三条规定："公民的合法的私有财产不受侵犯。"公民一切具有财产价值的权利，不管是生活资料还是生产资料，不管是物权、债权还是知识产权，都应当受到保护。二是继承权，是指继承人依法取得被继承人财产的行为，继承的形式有法定继承和遗嘱继承。继承权的规定是对公民私有财产保护的延伸。

【案例】

老人的房子为何归了保姆

王大爷请了李阿姨到家里做保姆，为让李阿姨能安心留下来照顾自己，王大爷与李阿姨签订了一份遗赠扶养协议。协议中约定：李阿姨若能照顾自己终老，那么自己过世后房产与存款均归李阿姨所有。此后，李阿姨也一直尽心照顾王大爷。过了几年，王大爷又立下多份遗嘱并公证，将名下房产留给两个儿子。王大爷去世一个月后，他的两个儿子要求李阿姨归还父亲的房产。双方因房产争议诉至法院，最终，法院判决王大爷的房子归李阿姨所有。[①]

【案例评析】

遗赠扶养协议是遗赠人和扶养人之间关于扶养人承担遗赠人的生养死

---

① 参见《手持公证遗嘱，房子为何还是归保姆？》，大状直通车百度百家号，2021年9月27日，见 https://baijiahao.baidu.com/s? id=1712042549136083480&wfr=spider&for=pc。

葬的义务，遗赠人的财产在其死后转归扶养人所有的协议。《民法典》第一千一百二十三条明确规定："继承开始后，按照法定继承办理；有遗嘱的，按照遗嘱继承或者遗赠办理；有遗赠扶养协议的，按照协议办理。"从法律效力与执行顺序来看，遗赠扶养协议＞遗嘱继承＞法定继承，即遗赠扶养协议的法律效力高于法定继承和遗嘱继承。也就是说，遗赠扶养协议与其他形式的遗嘱同时存在时，不论设立的先后顺序，都以遗赠扶养协议为准。在这个案例中，李阿姨手中有遗赠扶养协议，并且也履行了协议规定的义务，所以她有接受遗赠的权利。

4. 社会经济权利

社会经济权利，是指公民要求国家根据社会经济的发展状况，积极采取措施干预社会经济生活，加强社会建设，提供社会服务，以促进公民的自由和幸福，保障公民过上健康且有尊严的生活的权利。社会经济权利主要包括四个方面的内容。一是劳动权，是指一切有劳动能力的公民有获得劳动的机会与适当的劳动条件和报酬的权利。二是休息权，是指劳动者在付出一定的劳动以后所享有的休息和休养的权利，是劳动权存在和发展的基础。三是社会保障权，是指公民享有的要求国家提供维持有尊严的生活条件的权利，如我国宪法规定的退休人员生活受到国家和社会的保障、国家建立健全同经济发展水平相适应的社会保障制度等。四是物质帮助权，是指公民在法定条件下有从国家和社会获得物质帮助的权利，如国家发展让公民享受这些权利所需要的社会保险、社会救济和医疗卫生事业等。

【案例】

中国乙肝歧视第一案

张某，安徽芜湖县人。2003年6月30日，他参加了安徽省国家公务员考试，报考芜湖县委办公室经济管理人员，笔试和面试的成绩在近百名竞争者中排名第一位。然而在随后的体检中，他被检查出是乙肝病毒携带者。9月25日，芜湖市人事局正式宣布：张某因体检不合格不被录取。11月10日，张某向芜湖市人事局所在的新芜区人民法院提起行政诉讼，状告人事部门"歧视乙肝患者"。此案被媒体称为"国内乙肝歧视第一案"。

法院经审理后认为：由于主要证据不足，被告芜湖市人事局做出的取消张某进入考核程序资格的具体行政行为依法应予撤销。但考试工作已结束，该行为不具可撤销内容，原告要求被录用至相应岗位的诉求不予支持。①

【案例评析】

张某未被录取为公务员是张某个人损失的一小步，却推动了整个社会反对"乙肝歧视"的一大步。2005年1月17日，新出台的《公务员录用体检通用标准（试行）》，消除了对乙肝携带者的限制，将乙肝病毒携带者调整为合格，并不再检查乙肝两对半。2007年8月30日，十届全国人大常委会第二十九次会议表决通过了《中华人民共和国就业促进法》，该法第三十条明确规定："用人单位招聘人员，不得以是传染病病原携带者为由拒绝录用。"用人单位不得强制检查乙肝，否则将被处以罚款。2010年2月10日，人力资源和社会保障部、教育部、原卫生部联合下发的《关于进一步规范入学和就业体检项目维护乙肝表面抗原携带者入学和就业权利的通知》中规定：各级各类教育机构、用人单位在公民入学、就业体检中，不得要求开展乙肝项目检测，不得要求提供乙肝项目检测报告，也不得询问是否为乙肝表面抗原携带者；各级医疗卫生机构不得在入学、就业体检中提供乙肝项目检测服务。国家出台了许多实质性的举措，有力地推动反对"乙肝歧视"，有力地保障了劳动者的就业权。

【案例】

程序员能索要加班费吗

小孙在某互联网公司担任程序员，从事软件开发工作，与公司签订了为期3年的劳动合同，合同约定小孙月工资为1.2万元，同时约定每日的

---

① 参见《国内乙肝歧视第一案原告》，百度百科，2022年9月26日，见 https://baike.baidu.com/item/%E5%BC%A0%E5%85%88%E8%91%97/369066。

工作时间为早9时上班、晚9时下班，每周一至每周六上班。自2016年7月1日起，小孙每天工作时间为12个小时，每周工作6天，公司未向小孙支付过加班费。2018年2月15日，小孙申请劳动仲裁，要求公司支付延时加班费及休息日加班费。仲裁裁决该公司向小孙支付加班费，但该公司不服，起诉至法院。

法院经审理认为，小孙提交的相关证据形成了完整的证据链，证明加班事实的存在。公司应根据加班时间向小孙支付延时加班费及休息日加班费。[1]

【案例评析】

《中华人民共和国劳动法》（简称《劳动法》）第四十四条规定："有下列情形之一的，用人单位应当按照下列标准支付高于劳动者正常工作时间工资的工资报酬：（一）安排劳动者延长工作时间的，支付不低于工资的百分之一百五十的工资报酬；（二）休息日安排劳动者工作又不能安排补休的，支付不低于工资的百分之二百的工资报酬；（三）法定休假日安排劳动者工作的，支付不低于工资的百分之三百的工资报酬。"该规定表明，劳动者加班后，可以依法向用人单位主张加班费，包括延时加班费、休息日加班费和法定节假日加班费三种。

标准工时工作制下，加班报酬按照《劳动法》第四十四条规定计算；综合计算工时制下，是按照综合计算周期的工作时间计算，不计算休息日，工作超时的，支付1.5倍工资；法定休假日安排工作的，支付3倍工资。不定时工作制下，用人单位无须支付延时加班、休息日加班或法定节假日加班工资。

【案例】

劳动者拒绝违法超时加班安排，用人单位能否解除劳动合同

张某于2020年6月入职某快递公司，双方订立的劳动合同约定试用

---

[1] 参见《996工作制，伤害了谁的休息权？》，株洲市炎陵县人民检察院网，2019年6月6日，见 http://www.hnyanling.jcy.gov.cn/jwgk/gyss/201906/1474978903498948608.html。

期为3个月,试用期月工资为8000元。某快递公司的规章制度规定,工作时间为早9时至晚9时,每周工作6天。2个月后,张某以工作时间严重超过法律规定上限为由拒绝超时加班安排,某快递公司即以张某在试用期间被证明不符合录用条件为由与其解除劳动合同。①

【课堂讨论】

最近,一名程序员在 GitHub 社区上创建"996.ICU"(即工作996,生病 ICU)项目,号召同行共同抵制互联网行业日渐盛行的频繁加班。一时间,"工作996,生病 ICU"成为热门话题。"996"工作时间制度合法吗?

【案例评析】

《劳动法》第三十六条规定:"国家实行劳动者每日工作时间不超过八小时、平均每周工作时间不超过四十四小时的工时制度。"按照法律规定,我国的工时工作制分为标准工时制、综合计算工时制和不定时工作制,后两者均需要经过劳动行政部门的依法审批后才能实施,但无论企业实行何种工时制,均需要满足《劳动法》第三十六条的规定。可见,无论企业实行何种工时制,实行"996"工作制的劳动者的工作时间,均明显超过了法律规定的工作时间。某快递公司的规章制度中"工作时间为早9时至晚9时,每周工作6天"的内容,严重违反了法律关于延长工作时间上限的规定,应认定为无效。张某拒绝违法超时加班安排,当然不能据此认定其在试用期间被证明不符合录用条件,故劳动争议仲裁委员会依法裁决某快递公司支付张某违法解除劳动合同赔偿金。

5. 宗教信仰及文化权利

宗教信仰及文化权利是指公民依法享有的与宗教信仰活动和文化生活相关联的自由和权利的总称,主要包括宗教信仰自由、文化教育权等。宗

---

① 参见《案例丨劳动者拒绝违法超时加班安排,用人单位能否解除劳动合同》,中华人民共和国人力资源和社会保障部网,2022年7月18日,见 http://www.mohrss.gov.cn/SYrlzyhshbzb/ztzl/ldrszytjzc/dxal/202207/t20220718_476231.html?eqid=d92b9ac80003c47b00000006642a6a4b。

教信仰自由是指公民依据内心的信念，自愿地信仰宗教的自由。具体内容包括信仰宗教的自由、从事宗教活动的自由、举行或参加宗教仪式的自由等。文化教育权是指公民在文化和教育领域享有的权利与自由。教育方面的权利主要表现为受教育权。受教育权是指公民在教育领域享有的基本权利，是公民接受文化、科学等方面训练的权利。文化活动方面的权利主要表现为公民的文化权利，包括科学研究的自由、文学艺术创作的自由、从事其他文化活动的自由三个方面的内容。

【案例】

冒名顶替第一案

1990年，山东省某市中学生齐某参加中专考试，被一学校录取为90级财会专业委培生。齐某所在的中学既未将考试成绩通知齐某，也未将录取通知书送给齐某本人，却送给了与齐某同一届的另一名学生陈某。陈某即以齐某的名义读完中专，被分配到金融单位工作，其在人事档案中也一直使用齐某的姓名。此事在多年后东窗事发。1999年1月29日，齐某以陈某和她的父亲以及原所在学校等数家单位侵害其姓名权和受教育权为由诉至法院，请求责令被告停止侵害、赔礼道歉并赔偿经济损失16万元和精神损失40万元。①

【案例评析】

这是一件引起广泛关注的民事案件，也是具有极为重要意义的典型案例。受教育权是国家宪法赋予公民的权利，是公民极为重要的宪法权利。最高人民法院根据山东省高级人民法院的请示，于2001年8月13日做出《关于以侵犯姓名权的手段侵犯宪法保护的公民受教育的基本权利是否应当承担民事责任的批复》，指出："陈某以侵犯姓名权的手段，侵犯了齐某

---

① 参见《"冒名顶替第一案"：20年前山东女生被冒名顶替上学，官司惊动最高院（宪法司法化第一案）》，搜狐号，2020年6月30日，见 https://www.sohu.com/a/404990023_120054363?_trans_=000014_bdss_dkmwzacjP3p;CP=。

依据宪法所享有的公民受教育的基本权利,并造成了具体损害,应承担相应的民事责任。"据此,山东省高级人民法院依法做出了判决,判令陈某等侵权,须赔礼道歉并赔偿损失,依法维护了齐某的受教育权。

(四)依法行使法律权利和履行法律义务

1. 行使法律权利的界限

随着公民法律意识的提高,现在的人们越来越注重用法律来维护自己的权利,这是社会的进步,是好事情。但是也要注意,任何权利都是有范围的,公民行使权利不能超越它本身的界限,不能滥用权利,否则就可能会侵犯到他人的权利或者损害到国家、社会的利益,把本来自己有理的事情变成了自己没理,反而要为自己的行为承担法律责任、付出代价,那就得不偿失了。我们应该怎样行使法律权利呢?依法行使法律权利必须要符合以下四个条件。

(1)权利行使目的的正当性。公民在行使法律权利的时候,不仅要在形式上符合相关法律的规定,也要符合立法意图和精神,不得违反宪法法律确定的基本原则,应保障权利行使的正当性。此外,行使权利不得破坏社会公序良俗,不得妨碍法律的社会功能和法律价值的实现。

【案例】

罗某诉央视侵权案

罗某是一名职业律师。2018年12月8日,罗某持购车区间为武昌站到鄂州站的车票,乘坐由武昌站始发到达终点上海南站的Z25次列车。在列车到达鄂州站后未下车,并从其车票所示的4车4号上铺移至5车继续乘车。列车自鄂州站行驶至黄石站期间,罗某拒绝列车乘务员、列车长和乘警对其补票、出示身份证的要求,并一度情绪激动。在乘警告知其不要扰乱乘车秩序、列车乘务员携摄像设备记录现场情况时,罗某做出抢夺乘务员摄像设备的动作,并伴有不文明语言,双方发生争执。列车停靠黄石站期间,黄石站派出所给予罗某行政拘留五日的处罚,并将其送至黄石市拘留所执行。2018年12月11日,中央电视台(以下简称"央视")中文国际频道"中国新闻"栏目、财经频道"第一时间"栏目分别以《男子嚣张"霸铺"拒补票 扰乱秩序被行拘》《"霸座""霸铺"再现 两人均被拘》为题报道了该事件。罗某认为央视的报道侵犯其名誉权,遂将央视诉至法院。①

【案例评析】

央视是影响力远大于一般社会媒介的国家级媒体。在央视播放涉案视频后,罗某的个人声誉、评价确实会在其生活圈内有一定程度的下降。但降低的根源系其在列车上的违法行为,而非央视的"以案释法"。罗某应当对其违法行为造成的不良后果有充分预计,并承担该后果。因此,在央视违法行为并不存在的大前提下,罗某提出名誉权侵权的主张不能成立,法院不予支持,也因此驳回其关于侵权损害赔偿的诉讼请求。本案中,罗某权利行使的目的并无正当性,故不会受到法律的保护。

(2)权利行使的必要限度。任何权利的行使都不是绝对的,都有其相应的限度,必须依照法律规定的限度来行使权利。我国《宪法》第五十一条规定:"中华人民共和国公民在行使自由和权利的时候,不得损害国家的、社会的、集体的利益和其他公民的合法的自由和权利。"如果因行使自己的权利而损害了国家、集体或他人的利益,超出了国家法律所许可和保障的范围与界限,则不再是行使权利,而是侵权,会受到法律追究。

【案例】

于 某 案

2016年4月14日,于某的母亲苏某因为无法偿还巨额高利贷所欠的尾款,被由社会闲散人员组成的10多名专职讨债人围堵在公司,讨债人对苏某进行了长达一个多小时的辱骂和殴打。其中一追债人杜某当着于某的面对其母苏某进行侮辱,于某目睹其母受辱,从工厂接待室的桌子上摸到一把水果刀乱捅,致使杜某等四名讨债人员被捅伤。其中,杜某因未及时就医导致

---

① 参见《他把央视告上法庭!因不满对自己的报道……》,环球网,2020年1月9日,见https://baijiahao.baidu.com/s?id=1655209378327724182&wfr=spider&for=pc。

失血性休克死亡，另外两人重伤、一人轻伤。2017年2月17日，山东省聊城市中级人民法院一审以故意伤害罪判处于某无期徒刑。原告人杜某、许某、李某等人和被告人于某不服一审判决，分别提出上诉，山东省高级人民法院于2017年3月24日立案受理。2017年6月23日，山东省高级人民法院认定于某是防卫过当，构成故意伤害罪，判处于某有期徒刑5年。①

【课堂讨论】

为什么于某的行为是防卫过当？

【案例评析】

《刑法》规定，正当防卫必须要符合五个条件：①必须是为了保卫国家、公共利益，本人或他人的人身、财产和其他合法权利，才能实施正当防卫。②必须是针对不法侵害行为而进行的防卫。③必须是针对实施不法侵害行为的人而进行的防卫。④必须是对正在进行的不法行为而进行的防卫。⑤正当防卫不能明显超过必要限度。本案中从防卫行为使用的工具、致伤部位、捅刺强度及后果综合衡量来看，于某使用的是长26厘米的单刃刀，致伤部位为杜某身体的要害部位（肝脏），捅刺强度深达15厘米，造成1死、2重伤、1轻伤的严重后果，其防卫行为明显超过必要限度，造成重大损害。不能明显超过必要限度造成重大损害，这是正当防卫的适度性条件，也是区分防卫适当与防卫过当的重要标准。显然于某的行为属于防卫过当，因防卫过当给他人造成损害构成犯罪的，要依法追究刑事责任。这个案子告诫我们，正当防卫是法律赋予我们的权利，但必须依法行使。

（3）权利行使方式的法定性。权利行使的方式分为口头方式、书面方式和行为方式，有时口头方式和书面方式可以兼用。例如，公民有立遗嘱的权利，遗嘱是遗嘱人对自己的财产或其他事项所做的处理，应当由遗嘱人自己完成。但是，遗嘱人不识字或因生病等不能书写，或者不愿意自己

---

① 参见《4·14聊城于欢案》，百度百科，2022年10月6日，见 https://baike.baidu.com/item/4·14聊城于欢案/20583854?fr=aladdin。

书写的,可以委托他人代写遗嘱。《中华人民共和国继承法》第十七条规定:"代书遗嘱应当有两个以上见证人在场见证,由其中一人代书,注明年、月、日,并由代书人、其他见证人和遗嘱人签名。"

【案例】

遗产继承纠纷案

何先生和老伴金女士生前主要由二儿子赡养。2009年3月,何先生和老伴立下自书遗嘱,遗嘱内容为夫妻二人位于北京市西城区陶然亭路的共有房屋中属于各自的份额,如一方先去世,则由健在的一方继承去世方份额,最后一方去世后,房屋全部给二儿子继承。该遗嘱由何先生书写,末尾处写有"老伴不识字,本遗嘱也完全符合老伴的意愿"。2010年,何先生先去世;2014年,金女士去世。二儿子持两位老人的遗嘱想办理过户手续,遭到了其他兄弟姐妹的一致反对,二儿子只得起诉至法院要求取得涉案房屋的完全所有权。①

【案例评析】

根据继承法的规定,老人的二儿子并不能取得涉案房屋的完全所有权。夫妻共同遗嘱必须符合自书遗嘱的基本形式要求,才能够认定是夫妻共同真实意思的表示。本案中何先生所立遗嘱虽写有符合老伴金女士的意愿,但金女士没有签字确认,既不符合自书遗嘱的形式,也不符合代书遗嘱的形式,故只能认定何先生对自己份额处分的遗嘱内容有效,房屋在何先生去世后先由金女士继承,金女士去世后未留有遗嘱,应当按照法定继承处理。这个案例提示我们必须按照法律要求的方式行使权利,才能受到法律的保护。

(4)权利行使的正当程序。一个人行使权利的过程可能就是另一个人履行义务的过程,所以程序正当原则同样适用于权利的行使过程。通常情

---

① 参见《法官教您怎样订立遗嘱》,淮南普法网,2017年7月28日,见https://sfj.huainan.gov.cn/fzgj/alhc/28796936.html。

况下,行使权利的程序是法律规定的。例如,《选举法》对选举程序做了规定,包括确定选民资格、选民登记、发放选民证、推荐候选人、选举投票、确定当选人等流程;《中华人民共和国专利法》对专利的申请、审查和批准程序做了规定,公民应当严格依照法律规定的程序行使相关权利。

【案例】

于××诉北京大学案

2014年8月17日,中国人民大学学术期刊《国际新闻界》刊登了一则《关于于××论文抄袭的公告》。当时,于××已从北京大学(简称"北大")毕业。公告称,经编辑部仔细比对,于××发表在该刊2013年第7期的论文《1775年法国大众新闻业的"投石党运动"》抄袭他人,2015年1月9日,北大调查后决定撤销于××的博士学位。但于××本人并不接受这个决定,向北大提出申诉。2015年3月17日,北大通报称,经北大学生申诉处理委员会的认真复查和充分讨论,认定世界历史专业的博士于××发表的论文存在严重抄袭行为,因此决定维持原处理决定,撤销于××的博士学位。2015年3月18日,于××请求北京市教委撤销北大的决定。2015年5月22日下午,于××收到北京市教委寄来的学生申诉答复意见书,对她的申诉请求,北京市教委未予支持。2015年7月17日,因公开发表的学术论文涉嫌抄袭,已取得的博士学位被北京大学撤销,于××将北京大学诉至法院,要求法院判令撤销《关于撤销于××博士学位的决定》,并恢复其博士学位证书的法律效力。[①]

【案例评析】

正当程序原则的要义在于,做出任何使他人遭受不利影响的行使权力的决定前,应当听取当事人的意见,正当程序原则是裁决争端的基本原则及最低的公正标准。本案中,北大在做出决定前应按照相关程序进行,以

---

① 参见《于艳茹案终审:北大败诉给高校带来什么启示》,科学网,2017年8月5日,见 https://news.sciencenet.cn/htmlnews/2017/8/384325.shtm。

保证其决定的公正性。但北大在做出撤销决定前，仅由调查小组约谈过一次于××，约谈的内容也仅涉及《1775年法国大众新闻业的"投石党运动"》一文是否涉嫌抄袭的问题。至于该问题是否足以导致于××的学位被撤销，北大并没有进行相应的提示，于××在未意识到其学位可能因此被撤销这一风险的情形下，也难以进行充分的陈述与申辩。因此，北大的约谈，不足以认定已履行正当程序。于××起诉母校北大案最终由北京市第一中级人民法院做出终审判决，法院认定北大做出的撤销于××博士学位的决定程序违法，亦缺乏明确法律依据，撤销之前北大做出的撤销学位的决定。虽然北大捍卫学术尊严值得称道，但这一案件却表明，维护程序正义比惩治抄袭者更重要。

2. 依法履行法律义务

法律权利的保障离不开法律义务的履行，我国宪法特别规定了公民的基本义务，具体包括以下五个方面。

（1）维护国家统一和民族团结的义务。维护国家统一是整个社会共同体存在和发展的基础，也是以宪法为核心的整个法律制度存在的基础。同时，国家统一也是公民实现法律权利与自由的前提。宪法和相关法律规定，禁止对任何民族的歧视和压迫，禁止破坏民族团结和制造民族分裂的行为；一切破坏民族团结和制造民族分裂的行为都将受到法律的追究。《反分裂国家法》明确规定，维护国家主权和领土完整是包括台湾同胞在内的全中国人民的共同义务。

维护国家统一和民族团结是每一个公民义不容辞的责任，更是我们的法定义务。从事分裂活动不得人心，必然受到人民的唾弃，也必定要为自己的违法犯罪行为付出代价。大学生更应该立场坚定、态度明确、坚决反对民族分裂，从思想上筑起反分裂的钢铁长城，积极为建设平等的、团结的、互助的、和谐的民族关系而贡献自己的力量。

（2）遵守宪法和法律的义务。我国宪法规定了公民遵守宪法和法律的义务，还规定了若干具体义务，主要包括五个方面的内容。一是保守国家秘密。国家秘密是指涉及国家的安全与利益，尚未公开或不准公开的政治、经济、军事、公安、司法等秘密事项，以及应当保密的文件、资料等。二是爱护公共财产。公共财产是指全民所有财产和劳动群众集体所有财产。社会主义的公共财产神圣不可侵犯，禁止任何组织或者个人用任何手段侵占或者破坏国家和集体的财产。三是遵守劳动纪律。劳动者在从事社会生产和工作时，必须遵守和执行劳动规则及其工作程序，维护劳动秩序。四是遵守公共秩序。公共秩序包括社会秩序、生产秩序、教学科研秩序等。每位公民必须维护公共秩序，并同一切违反公共秩序的行为作斗争。五是尊重社会公德。就是要尊重在社会交往和公共生活中应当遵守的道德标准和法律标准。

【案例】

遛狗不拴绳违法吗

顾某某早上下楼遛狗，没有给狗拴上牵引绳，撒欢疯跑的两只狗见到正在跑步的徐女士，便直接冲向了徐女士。在拐角处，徐女士重重地摔倒在地上，摔倒时，两只柯基犬就在徐女士的脚边。经医院确诊，徐女士的颈椎被摔断，颈部以下都不能动，导致其高位截瘫，构成二级伤残。家属起诉到法院索赔260万元，经法院协调，最终判定顾某某赔偿90万，先行赔付30万，剩余60万分7年付清。[①]

【案例评析】

遛狗不拴绳致人损害，《民法典》明确了相关事故的责任划分：宠物主人违反管理规定，未对宠物采取相关安全措施，从而造成他人损害的，宠物主人应当承担侵权责任。

2021年5月1日实施的《中华人民共和国动物防疫法》第三十条明确规定："单位和个人饲养犬只，应当按照规定定期免疫接种狂犬病疫苗，凭动物诊疗机构出具的免疫证明向所在地养犬登记机关申请登记。携带犬只出户的，应当按照规定佩戴犬牌并采取系犬绳等措施，防止犬只伤人、疫病传播。"现在城市中，人们养犬越来越普遍了，依法养犬、文明养犬

---

① 参见《北漂女孩"遛狗不拴绳"致人瘫痪，这可能是养狗侵权索赔最高案件》，顶泰律所联盟百度百家号，2021年12月15日，见 https://baijiahao.baidu.com/s?id=1719177864913908907&wfr=spider&for=pc。

是每个公民的责任和义务。

（3）维护国家安全、荣誉和利益的义务。国家安全是指国家的领土完整和主权不受侵犯，国家政权不受威胁。国家安全是国家政权稳定和公民依法行使权利与自由的根本保障。维护国家荣誉是指国家的声誉和尊严不受损害，对有辱祖国荣誉、损害祖国利益的行为给予法律制裁。国家利益通常分为对外和对内两个方面。对外主要是指民族的政治、经济、文化等方面的权利和利益；对内主要是指公共利益。公民在享受宪法法律规定的权利与自由的同时，必须自觉地维护祖国利益，正确处理国家、集体与个人利益之间的相互关系，不得有危害祖国安全、荣誉和利益的行为，并同损害祖国利益的行为作斗争。例如，《中华人民共和国国家安全法》第十一条规定："中华人民共和国公民、一切国家机关和武装力量、各政党和各人民团体、企业事业组织和其他社会组织，都有维护国家安全的责任和义务。"

【案例】

黄某某危害国家安全案

黄某某通过 QQ 与一位境外人员结识，后多次按照对方的要求到军港附近进行观测，采取望远镜观看、手机拍摄等方式，搜集军港内军舰信息，整理后传送给对方，以获取报酬。至案发，黄某某累计向境外人员报送信息 90 余次，收取报酬 5.4 万元。经鉴定，黄某某向境外人员提供的信息属 1 项机密级军事秘密。[①]

【案例评析】

公民有维护国家安全、荣誉和利益的义务，黄某某无视国家法律，积极为境外人员提供国家秘密，其行为已严重威胁国家安全，依据《刑法》的规定，人民法院对黄某某以为境外刺探、非法提供国家秘密罪判处有期徒刑五年，剥夺政治权利一年，并处没收个人财产人民币 5 万元。近些年

[①] 参见《以案释法：国家安全教育典型案例》，绥棱县人民法院澎湃号，2023 年 4 月 19 日，见 https://www.thepaper.cn/newsDetail_forward_22770327。

来,威胁国家安全的事件屡有发生,提高国家安全意识刻不容缓,青年人尤其是大学生群体应该牢记自己的责任,自觉遵守法律义务。

(4) 依法服兵役的义务。我国实行义务兵与志愿兵相结合、民兵与预备役相结合的兵役制度。依法服兵役是中华人民共和国每一个公民义不容辞的责任和义务。根据《中华人民共和国兵役法》规定,每年十二月三十一日以前年满十八周岁的男性公民,不分民族、种族、职业、家庭出身、宗教信仰和教育程度,都有义务依法服兵役,应当按照法律规定履行兵役登记义务。为了军队技术等方面的需要,部分适龄妇女也要按规定服兵役。依法被剥夺政治权利的人,不得服兵役。应征公民正在被依法侦查、起诉、审判的或者被判处徒刑、拘役、管制正在服刑的,不征集。现役军人必须遵守军队的条令和条例,忠于职守,随时为保卫祖国而战斗。预备役人员必须按照规定参加军事训练、执行军事勤务,随时准备参军参战、保卫祖国。

【案例】

拒服兵役违法吗

刘某是河北省邯郸市临漳县人,在 2019 年考进安徽农业大学,在 2020 年通过体检、政审、训练、审批等层层手续之后入伍,被分配到南疆。2020 年 9 月 17 日,刘某到了部队,次日表现出不适应,提出要离开部队。经部队及其家人多次思想教育和引导无效后,中共南疆军区纪律检查委员会于 2020 年 11 月 6 日对刘某做出拒服兵役除名处理的决定。[①]

【案例评析】

依法服兵役是公民的法定义务,逃避服兵役是一种违宪违法行为。《中华人民共和国兵役法》第五十七条规定:"有服兵役义务的公民有下列行为之一的,由县级人民政府责令限期改正;逾期不改的,由县级人民

---

① 参见《21 岁男子拒服兵役被列入黑名单》,腾阅网,2021 年 4 月 14 日,见 https://m.ty2808.com/news/4514.html。

政府强制其履行兵役义务，并可处以罚款：（一）拒绝、逃避兵役登记的；（二）应征公民拒绝、逃避征集服现役的；（三）预备役人员拒绝、逃避参加军事训练、担负战备勤务、执行非战争军事行动任务和征召的。有前款第二项行为，拒不改正的，不得录用为公务员或者参照《中华人民共和国公务员法》管理的工作人员，不得招录、聘用为国有企业和事业单位工作人员，两年内不准出境或者升学复学，纳入履行国防义务严重失信主体名单实施联合惩戒。"

据此，区征兵办决定对拒服兵役应征的大学生刘某做出如下处罚：取消其义务兵优待；将其纳入履行国防义务严重失信主体名单实施联合惩戒；不得录用其为公务员或者参照《中华人民共和国公务员法》管理的工作人员、事业单位人员及国有企业工作人员；他所就读的大学2年内不得为其办理复学手续；函告户籍地兵役机关，请户籍地公安部门在其个人户籍"兵役栏"备注"拒服兵役"永久字样，2年内不得为其办理出国（境）手续。拒服兵役，后果严重，大学生应积极履行法律义务。

（5）依法纳税的义务。在现代社会中，税收是国家财政收入的主要来源，纳税是公民应该履行的一项基本义务。根据《中华人民共和国个人所得税法》的规定，在中国境内有住所，或者无住所而在境内居住满一年的个人，从中国境内和境外取得的所得，应依法缴纳个人所得税。自觉纳税是爱国行为，偷税等行为是违法的、可耻的。纳税人既要自觉履行纳税的义务，也要有监督税务机关的执法行为、关心国家对税收的使用、维护自己的合法权益的意识。

【案例】

郑某偷税逃税案[①]

2021年4月初，上海市税务局第一稽查局依法受理了关于郑某涉嫌偷逃税问题的举报。国家税务总局高度重视，指导天津、浙江、江苏、北京

---

① 参见《郑爽阴阳合同事件》，百度百科，2022年8月27日，见 https://baike.baidu.com/item/%E9%83%91%E7%88%BD%E9%98%B4%E9%98%B3%E5%90%88%E5%90%8C%E4%BA%8B%E4%BB%B6。

等地的税务机关密切配合上海市税务局第一稽查局,针对郑某利用"阴阳合同"涉嫌偷逃税问题,以及2018年规范影视行业税收秩序以后郑某参加的演艺项目和相关企业及人员涉税问题,以事实为依据,以法律为准绳,依法依规开展全面深入检查。上海市税务局第一稽查局已查明郑某2019年至2020年未依法申报个人收入1.91亿元,偷税4526.96万元,其他少缴税款2652.07万元,依法做出对郑某追缴税款、加收滞纳金并处罚款共计2.99亿元的处理处罚决定。

【案例评析】

郑某的所作所为,严重违反了国家相关部门三令五申所严禁的"天价片酬""阴阳合同"等要求,偷逃税主观明显,严重扰乱了税收征管秩序,必须依法严查严处,维护国家税法权威,促进社会公平正义。偷逃税,于法不容,谁胆敢偷逃税,谁就得付出沉重代价。如果说本分做人、认真演戏,是演员最基本的道德修养,那么依法纳税就是最基本的法治素养。

【总结】

通过这部分内容的学习,希望大家都能认识到培养法治思维的重要意义,树立法律信仰,尊重法律权威,依法行使法律权利和履行法律义务,学会妥善处理学习、生活中遇到的法律问题和各种矛盾,不断提高自己的法治素养,努力做一名尊法、守法、护法的好公民。

三、知识拓展

(一)法律权利和人权

谈到法律权利,我们可能就会想到人权,法律权利和人权是什么关系呢?该如何理解和看待法律权利和人权呢?人权观念在2000多年前的古希腊就已经产生了,古希腊的斯多葛派认为,人人都是上帝的儿子,因而彼此之间都是兄弟,人有共同的人性,它同自然规律基本是一致的,上帝有理性，因而人也具有理性，理性也就是自然法则。① 这是自然法学派对人权的看法和解读，古罗马的西塞罗继承和发展了斯多葛主义，他提出自然法先于国家和法律而存在。到了近代，随着商品经济的发达和人文主义的兴起，自然法学说得到了广泛的发展，特别是在欧洲的文艺复兴时期，人权成为思想家们反对封建主义的思想武器，他们把人权的含义推向深化。

第二次世界大战（简称"二战"）的人类灾难使人们认识到人权保护的紧迫性和重要性。"二战"后，联合国大会通过决议颁布了《世界人权宣言》。《世界人权宣言》第一条就规定："人人生而自由，在尊严和权利上一律平等。他们赋有理性和良心，并应以兄弟关系的精神相对待。"这也说明人权在世界范围内具有普遍性，人权的普遍性是基于人类有着共同的利益和共同的道德。② 综上所述，我们可以理解为人权是指在一定的社会历史条件下每个人按其本质和尊严享有或应该享有的基本权利。法律的重要使命就是要充分尊重和保障人权，不得以任何借口侵犯人权，所以人权与法律权利的关系是紧密相连的，两者存在着重合的地方。人权与法律权利的一致主要表现在四个方面。

第一，社会条件和制约基础相同，人权和法律权利的水平取决于特定的经济社会文化条件。例如，在美国独立之初，尽管在《独立宣言》中明文规定美利坚合众国的国民具有平等的法律地位，宣称"人人生而平等"，但是，这里的平等并不包括原土著印第安人和黑人，一直到美国的独立战争时期，才陆续颁布了《解放黑人奴隶宣言》，黑人和印第安人才获得与白人平等的法律地位。这充分说明了人权是随时代的变化而发展的。中国的人权受到普遍关注是在20世纪90年代。1991年，国务院新闻办公室发表了《中国的人权状况》（白皮书）；1997年，党的十五大报告首次将"尊重和保障人权"明确为全党工作的目标；2004年3月14日，第十届全国人民代表大会第二次会议把"国家尊重和保障人权"写入宪法，中国政府也陆续加入了多个国际人权条约，这表明我国政府保护人权的决心和

---

① 参见李步云《论人权的本原》，载《政法论坛（中国政法大学学报）》，2004年第22卷第2期，第10—18页。

② 参见邰火星《发达国家与发展中国家在人权问题上的主要分歧》，载《社会主义研究》2004年第3期，第108—110页。

意志。

第二，内容上两者也有很多重合的地方，例如，1791年《法国宪法》中的13条公民权利，除平等纳税、请愿权和弃儿、残疾人获得公共救助权3项权利外，其余的10项权利在《世界人权宣言》中均有反映。

第三，两者在一定程度上可以说，法律权利是人权在法律上的表现，是对人权的确认和保障，人权是法律权利的道德依据，人权是法律权利的内容与来源，宪法法律则是法律权利的法律依据。

第四，两者的价值取向和理论基础相同。人权与法律权利都体现了自由、平等、正义的价值取向。人权与法律权利的理论基础都是人道主义，人道主义是关于人的本质、使命、地位、价值和个性发展的思潮和理论。正是因为人权与法律权利有如此紧密的关系，各国宪法大都把人权写入了宪法加强对本国公民的保护，宪法中规定了人权，使某些重要的人权具有了法律的强制性，这样，国家或者公民自己就可以把法律作为保护公民人权的一种手段，当公民认为自己的宪法中的人权受到了侵害，公民可以直接诉讼到法院，以保护作为自然人应该享有的人的权利，即人权。这样，人权有了法律上的保障，人权的保障有了最稳固的方式。我国现行宪法规定的有关公民的基本权利，要比以往历次宪法规定的公民的基本权利要大得多，这是我国近几十年来人权事业发展的重要的原因。

(二) 权利的救济方式

同学们，你们知道如何维护自己的权利吗？当我们的法律权利受到侵犯，我们该如何去寻求救济？没有救济就没有权利，有侵害就必须要设定救济。救济的设定是现代法治一个很重要的方面。在我国，权利受到侵害时有五种救济方式。

一是自力救济，也称私力救济，是指权利主体在法律允许的范围内，依靠自身的实力，通过实施自卫行为或者自助行为来救济自己被侵害的权利。例如，《刑法》中的正当防卫与紧急避险，民事诉讼中的依法留置、变卖，合理拒收、拒付、赔偿或和解协议。

二是社会救济，是指通过人民调解或民商事仲裁组织解决问题。例如，经双方当事人同意申请，由第三方（调解组织）就纠纷对双方进行调停、说和，从而解决纠纷。调解达成的协议不具有强制执行力，但是具有法律效力，对双方都有法律上的约束力。双方当事人也可以签订仲裁协议，将纠纷提交仲裁委员会予以裁决。仲裁机构的性质虽为民间组织，但是其所作裁决书具有法律约束力，并且具有强制执行力。需要注意的是有些法律争议纠纷，我国法律明确规定必须先仲裁再诉讼。例如，我国《劳动法》第七十九条规定："当事人一方要求仲裁的，可以向劳动争议仲裁委员会申请仲裁……对仲裁裁决不服的，可以向人民法院提起诉讼。"该法条明确了人民法院在处理劳动争议案件中，应将劳动仲裁作为提起诉讼的前置条件，也就是说，当事人的此类纠纷如要经过诉讼程序解决，先行仲裁是其必经阶段。

三是行政救济，是指行政机关作为救济主体为权利人提供的法律救济方式，主要包括行政复议和行政裁决两种形式。行政复议是指行政相对人认为行政主体的具体行政行为侵犯其合法权益，依法向行政复议机关提出复查该具体行政行为的申请，行政复议机关依照法定程序对被申请的具体行政行为进行合法性、适当性审查，并做出行政复议决定的一种法律制度。例如，对行政机关做出的行政处罚决定不认可的，可依法申请行政复议。行政裁决是指行政主体依照法律授权和法定程序，对当事人之间发生的与行政管理活动密切相关的、与合同无关的特定民事、经济纠纷进行裁决的具体行政行为。行政裁决又称为行政司法。

四是政治救济，是指公民依法以游行、示威、结社、请愿等方式要求或实现合法权益的权利救济模式。

五是司法救济，又被称为司法机关的救济或者诉讼救济，指的是人民法院在权利人的权利受到侵害而依法提起诉讼后依其职权按照一定的程序对权利人的权利进行补救。司法被视为实现社会正义的最后一道防线。

以遭受家庭暴力为例，当权利受到侵害时，当事人可以采取以下三种措施积极救助自己的权利。

首先，寻求社会救助。受害人有权提出请求，居民委员会、村民委员会以及所在单位应当予以劝阻、调解。可以找当地的妇联组织、未成年人保护部门反应情况，寻求帮助。

其次，向公安机关报案。遭受家庭暴力，受害人应立即向当地派出所或公安局报案。遇到紧急情况时，要立即拨打"110"报警。公安机关应当依法受理家庭暴力受害者的报警求助，对于殴打、限制人身自由或者其他手段的家庭暴力行为，应当及时制止、依法处置；对轻微的施暴行为，应当会同有关部门采取积极措施，共同做好批评教育工作；对违反治安管理的行为，应依法给予处罚；对触犯刑律的，应当立案侦查；对属于告诉才处理的案件，应当告知报案人或受害人向法院自诉。

最后，向人民法院提起诉讼。被害人可以搜集证据，向人民法院提起诉讼，要求施暴人承担停止侵害、赔礼道歉、赔偿损失等民事责任，也可以向法院提起刑事诉讼，追究相应的刑事责任。

四、课后作业

请完成以下两项任务。

（1）请完成社会实践，并进行课堂汇报。要求学生以小组的形式利用"国家宪法日""国际消费者权益保护日""国家安全教育日"等重大维法护法的实践日，开展一次社会观察实践活动，也可以联合社会法治资源，比如旁听一次庭审，在实践中感悟培养法治思维的重要性以及如何培养法治思维，深化对法治的理解，提升参与依法治国实践与法治中国建设的积极性和主动性。

活动要求：制作PPT课堂汇报，内附照片、视频等资料。

（2）请思考以下三个问题：①请结合实际，举例说明依照法律程序维护合法权益的意义。②如何正确理解法律权利与法律义务的关系？③请联系现实生活，谈谈大学生应该怎样依法行使权利与履行义务。

实践篇

本篇从知行合一的角度选取了广东工业大学思想政治理论课教师在"思想道德与法治"课的授课过程中,通过实践教学环节向学生布置课程探究作业,让学生将课程中某些理论、原理运用于学习与生活的具体实践案例。

第四部

第八章 大学生体验式教学案例

第一节 大学生团体阅读体验案例

项目名称:广东工业大学"思政少年"阅读项目。

一、项目背景

《心理健康蓝皮书:中国国民心理健康发展报告(2019—2020)》的研究数据显示,18.5%的大学生有抑郁倾向,4.2%的大学生有抑郁高风险倾向,8.4%的大学生有焦虑倾向。中国青年报社、中青校媒联合丁香医生共同发布的《2020中国大学生健康调查报告》指出,90%的大学生表示自己在过去一年(2019年)有过心理困扰,主要来自学业压力、人际关系、性格(不自信等)、就业规划、恋爱、家庭关系等方面。就业竞争激烈、学业压力大、人际关系复杂等造成的心理困扰加剧了大学生的负性情绪,学生们的正向情绪、情感得不到自然的、稳固的生长、奠基。

情感是人作为生命存在的主导性精神力量,是以人的自我精神需要和个人观念为主体而产生的一种内心感受,直接影响着人的精神体验、价值判断、情绪变化和行为选择。开展大学生思想政治教育,能够帮助学生塑造健全人格,而大学生思想健康教育中的情感沟通能够帮助学生提升道德品德,从而养成良好的政治思想和政治品质。

在以培养高素质全面发展的新时代青年大学生为目标的大学教育中,思想政治教育发挥着至关重要的作用。新时代背景下,思想政治教育正面临着新的挑战。在功利主义、唯理性趋势对教育的影响下,情感教育的缺失深刻影响着青年大学生健康情感的发展。青年大学生的健康情感,与爱国主义、集体主义精神的传承息息相关，与健康心理、健全人格的构建休戚与共。因此，在思想政治教育中引入情感教育刻不容缓。

研究表明，人对道德关系的情感体验，以及由体验所强化和过滤后所形成的稳定的心理状态和行为习惯，形成了个人道德和人格。例如，爱国主义品质需要以爱国情感为其心理基础，而爱国情感建立在对形成爱国情感有影响的基础性社会情感上，比如爱父母、爱老师、爱母校、爱集体、爱家乡。这些基础性社会情感虽然与爱国情感在内容指向上不完全相同，但在心理结构上有很多相似之处，在教育的影响下，完全可以发育、生长为爱国情感这一更高级的社会性情感。

"思政少年"阅读项目通过思想政治理论课的思想引领和团体阅读书目《非暴力沟通》中与心理健康有关的内容两者进行有机结合，提高大学生的情感素质与家国情怀，改善大学生的人际关系，从而进一步推动个人融入集体，形成良好班风，营造和谐的校园氛围。

二、项目活动开展

1. 项目介绍

大学生团体阅读体验项目面向的是广东工业大学学生群体，是以"思想道德与法治"课程为载体，和《非暴力沟通》一书中与心理健康有关的内容相结合，以学院提供的专门场地为平台载体，开展"共读好书"的团体阅读活动。大学生通过读书交流构建微型社会关系，分享自己的内心，感受他人的心灵，彼此产生共鸣，在共鸣中得到启发，促进心理健康。与此同时，和思想政治理论课本的理论相呼应，培养和提升大学生的家国情怀。

2. 项目团队

"思政少年"团队成立于2014年，是"思想道德与法治"课的实践教学团队。从2009年起，马克思主义学院梁国喜老师在课堂上引入了红色青春偶像剧《恰同学少年》，同学们被青年时期的毛泽东及其读书会深深吸引，纷纷希望效仿伟大的领袖及其读书会，期望大家能一起学习、交流思想，共同进步。于是，在2014年6月，在梁国喜老师的引导下，不同年级、不同专业的学生成立了"思政少年"团队，寓意"心有家国，永为少年",梁国喜老师亲自担任指导老师。

自成立以来,"思政少年"团队聚焦个人成长与思政教育,结合心理学开展形式多样的教学实践活动,进行思想交流和人生经历的碰撞,逐步提高情感素质与社会交往能力,提升政治觉悟和思想境界。

"思政少年"团队培育出一批具有家国情怀和担当意识的优秀学生代表。截至目前,团队中先后有七位同学通过参加西部计划或工作调动,远赴新疆参加新疆建设。2021年,有三位同学参加广东省大学生志愿服务山区计划。多年以来,"思政少年"团队获得媒体关注,产生了一定的社会影响力,"思政少年"团队连续三年(2018年、2019年、2020年)获得了广东工业大学思想政治理论课大学生实践成果评比大赛一等奖;2021年,获得了广东工业大学思想政治理论课大学生实践成果评比大赛二等奖。团队案例被编入广东工业大学六十周年校庆"工大拾光"丛书。2018年3月21日,《恰同学少年》中,孔昭绶校长的扮演者郭东文老师给"思政少年"团队题字留念,鼓励大家要多读书、读好书。

3. 项目计划

2022年3月14日,广东工业大学自动化学院开始与我们联手合作,打造融合"思政教育+情感教育"的"畅享悦读·逐梦人生"团体共读活动(共六次)(见图8-1)。

2022年3月25日,广东工业大学艺术与设计学院与我们携手打造以"设计素养+情感言语"为核心,辅之思政教育的"阅以澄心·设计青春"团体共读活动,同时,该共读活动和艺术与设计学院的"青年设计+"学生骨干成长计划相结合,通过"无字之书+有字之书"的方式培养"才""貌"双全的新青年,迎接党的二十大。团体共读活动共六次,每周一次。

2022年4月26日,广东工业大学马克思主义学院、广东工业大学图书馆在广东工业大学龙洞校区马克思主义经典研读空间联合举办了"阅以正心·相伴青春"团体阅读活动,活动共六次,每周一次。

通过思想政治理论课的思想引领和团体阅读书目《非暴力沟通》中与心理健康有关的内容两者进行有机结合,六次读书会的主题分别确定为:①四要素概括介绍;②异化的沟通方式;③四要素——观察;④四要素——感受;⑤四要素——需要;⑥四要素——请求。

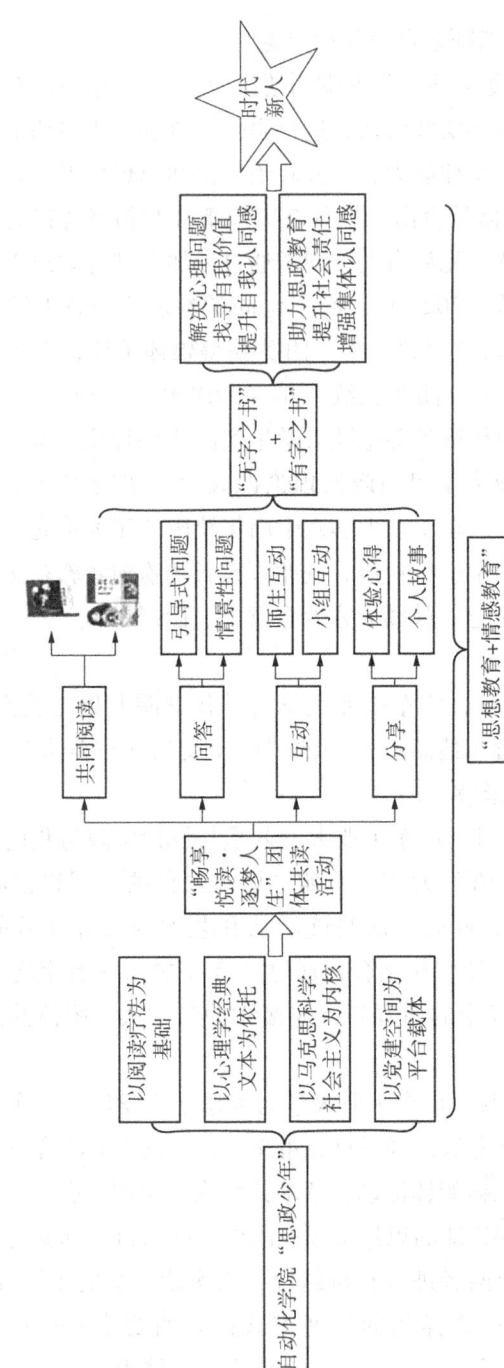

图 8-1 "畅享悦读·逐梦人生"团体共读活动流程

4. 项目意义

"思政少年"阅读项目的意义在于深化书香校园的文化建设,传承红色基因。在广东工业大学自动化学院、艺术与设计学院、龙洞校区马克思主义经典研读空间举行室内的大学生阅读体验,营造书香校园文化氛围。习近平总书记在党的十九大报告中提出:"要坚定文化自信,推动社会主义文化繁荣昌盛。"① 思政教育作为主流思想宣传和意识形态教育的一把好手,将之作为宣扬红色文化的主渠道,更能发挥出红色文化所蕴含的强大精神力量。"思政少年"阅读项目强调学生健康心理的培育与思政教育的结合,目的是不仅能更好地营造学校书香氛围,同时还希望"思政少年"团队能影响越来越多的大学生正视情感的抒发,培养良好品德,积极传承红色精神。

(1) 政治引导功能。"思政少年"阅读项目借助思想政治理论课的内容对大学生进行思想引领,有助于大学生抵御西方价值观的网络渗透,以保证大学生的网络认知与实践能符合正确的政治方向。一是引导政治目标。通过思想政治理论课的思想引领,引领大学生在网络活动中牢牢把握主流意识形态,坚定自身政治信仰以及正确的政治方向,提升辨析错误政治观念的能力,号召广大大学生坚守党和时代的奋斗目标。二是引导政治行为。通过思想政治理论课的思想引领,引导大学生的网络思维和行为,使大学生始终坚定不移地同党的政策要求保持一致,自觉抵制网络暴力现象,进一步深化和落实党组织制定的路线、方针和政策。三是引导政治舆论。通过思想政治理论课的思想引领引导网络主流价值,规范大学生言行,为大学生营造出积极向上、稳定和谐的网络舆论氛围,并为引导良好的政治舆论奠定重要基础。

(2) 心理疏导功能。《非暴力沟通》中与心理健康有关的内容,有助于满足大学生个体和群体的心理需求与精神需求,"唤醒"大学生的人格认知,对网络失范行为及其错误认知具有心理疏导功能,主要体现在个体心理疏导和群体心理疏导两个方面。在个体心理疏导方面,有助于大学生

---

① 习近平:《决胜全面建成小康社会 夺取新时代中国特色社会主义伟大胜利——在中国共产党第十九次全国代表大会上的报告(2017 年 10 月 18 日)》,载《人民日报》2017 年 10 月 19 日,第 1 版。

正确对待自身需求，帮助大学生缓解心理负荷、调适身心状态。在群体心理疏导方面，有助于提升大学生明辨网络信息的思维能力和释放不良情绪的自我调控能力，最终形成积极健康的网络心理素养。

（3）人际协调功能。"思政少年"阅读项目通过思想政治理论课的思想引领和团体阅读书目《非暴力沟通》中与心理健康有关的内容两者进行有机结合，有利于引导大学生正确看待和处理人际关系，帮助大学生解决现实社会和网络世界里的人际矛盾，缓解人际冲突，为营造和谐友爱的网络人际环境发挥重要功能。在网络人际关系方面，"思政少年"阅读项目旨在指导大学生形成符合社会规范要求的思想观念、价值取向和行为习惯，提高大学生的沟通表达能力，强化集体主义精神，进而辩证看待并理智化解人际关系的各种矛盾冲突，鼓励大学生以积极向上、健康友好的状态融入现实社会中、融入网络世界中。在网络人际环境方面，思想政治教育工作以各大网络媒体平台为重要抓手，大力传播社会主义精神文明，将现实世界的道德标准和行为标准引入网络世界中，传播正向的精神力量和友好的情感态度，推动网络世界形成"人人爱我，我爱人人"的和谐人际环境。

（4）人格塑造功能。"思政少年"阅读项目有利于增强大学生的网络主体意识和社会责任感，具有人格上的塑造功能。一方面，能够增强大学生的网络主体意识，引领大学生正确认识自己、认识现实社会、认识网络世界，充分理解和把握自身与现实社会、网络世界二者之间的关系。警惕网络暴力对自身、现实社会、网络世界带来的危害，推动大学生自觉培养健康积极的人格品质。另一方面，能够提高大学生的网络社会责任。

三、项目测评

1. 环境分析

（1）宏观环境分析。一个民族能够浴火重生，原因是多方面的，我们绝不能忽视一个民族的学习能力、阅读能力对个人幸福、民族素质、创新能力、可持续发展的基础性作用。要实现中华民族的伟大复兴，推动全民阅读和建设学习型社会是重中之重。

在中宣部办公厅印发的《关于做好2021年全民阅读工作的通知》中，政府提出了2021年全民阅读工作的总体要求。该通知指出，围绕党和国

第八章 大学生体验式教学案例

家工作大局，做好2021年全民阅读工作，对推动书香社会建设，营造良好文化氛围，凝聚全国人民奋斗"十四五"、奋进新征程的强大精神力量具有重要意义。全民阅读是国家文化治理的基础性、战略性工作。立足于国家推动全民阅读纵深发展和建设书香社会的战略要求，通过全民阅读推进建设"人人皆学、处处能学、时时可学"的学习型社会，是建设学习型城市和推动城市文明典范建设的有效路径。

大学时期是人的社会化或心理社会性发展的重要阶段。近年来，国家高度重视大学生的心理健康教育工作，党和政府相继发出了相关指示与政策指导高校心理健康教育工作的开展。

2018年，教育部党组发出了印发《高等学校学生心理健康教育指导纲要》的通知，指示全国各地做好高校学生心理健康教育工作。《高等学校学生心理健康教育指导纲要》特别强调，大学生心理健康教育是高校思想政治工作的重要内容，要求全国各地以习近平新时代中国特色社会主义思想和立德树人为心理健康教育的指导思想，坚持四项"基本原则"；从教育队伍建设、教育条件保障、教育活动实施等方面推动心理健康教育的科学性、普遍性、发展性、预防性建设，以达到心理教育工作格局全面形成、心理健康教育覆盖面扩大、学生心理健康素质提升以及心理预警能力提升的总目标。

2021年，教育部办公厅发布了《关于加强学生心理健康管理工作的通知》，要求进一步提高学生心理健康工作的针对性和有效性，着力提升学生心理健康素养。要大力培育学生积极的心理品质，充分发挥体育、美育、劳动教育以及校园文化的重要作用，全方位促进学生的心理健康发展；要帮助学生及早分类疏导各种压力，避免因压力无法缓解而造成心理危机；要增强学校、家庭和社会教育合力，打造青少年全方位心理健康发展防线。且近年来，教育部在各项文件中也明确提到，要将抑郁症筛查纳入学生健康体检内容，建立学生心理健康档案，评估学生的心理健康状况，并对测评结果异常的学生给予重点关注。同时，经教育部党组会议审议通过，将心理健康和德育纳入监测学科，分别于第一年度、第三年度进行监测。由此可见，国家十分重视新时代高校心理健康教育工作的开展，关心大学生的心理健康问题，如何在思政教育工作中促进大学生心理健康教育工作的开展将是政府工作的重要内容。

做好思政工作，是为党和国家的百年发展大计选拔优秀人才。正所谓"国势之强由于人，人材之成出于学"。将思政工作摆在最重要的位置，才能为培养出一代又一代社会主义的接班人提供保障。

自党的十八大以来，以习近平同志为核心的党中央高度重视学校思想政治工作。围绕"培养什么人、怎样培养人、为谁培养人"这个根本问题，习近平总书记先后发表了一系列重要讲话，做出了一系列重要指示和批示，为学校的思想政治工作指明了前进方向。而在此其中，思政教育不能只依赖于理论教学，要把理论和实践相结合，让学生深切体会并理解思政教育的重要性。《新时代学校思想政治理论课改革创新实施方案》中提到，大学阶段重在增强大学生的使命担当感。而增强使命担当，不单单是学习书本上的理论，光"纸上谈兵"是不够的，更重要的是教学老师要把课堂教学融入课外实践中，让学生身体力行，才能在实践中感悟使命与担当。

近些年来，以习近平同志为核心的党中央代表团队走访各大高校并考察其思想政治工作。在习近平总书记的深切关怀下，各级各类学校全面贯彻党的教育方针，不断推动思想政治教育创新发展，将培育和践行社会主义核心价值观融入教育教学全过程，引导广大青少年在学思践悟中焕发新活力、展现新气象。

全民阅读推动建设学习型社会、青少年心理健康发展、思想政治教育实践，俨然已经成为国家发展建设布局中不可或缺的重要战略，为构建中华民族伟大复兴的宏伟蓝图发光发热。

（2）中观环境分析。中观环境分析主要从大学生情感现状、人际交往现状、阅读现状、大学生与集体关系现状等方面入手。

《心理健康蓝皮书：中国国民心理健康发展报告（2019—2020）》显示，大学生心理健康状况总体良好，但有一定比例的抑郁、焦虑等问题存在，不容忽视。大学生中，18.5%有抑郁倾向，4.2%有抑郁高风险倾向；8.4%有焦虑倾向。这显示出，处于青年期向成年期转变过程的大学生，心理发展还未成熟，自我调节能力和控制能力还有待提高。大学生在处理与自身、集体和社会相关的复杂问题时，会因为理想与现实的落差而内心充满矛盾与冲突，进而产生焦虑感、抑郁感等消极感受。如果这时候大学生没有掌握合适的情感排解方法，在产生焦虑和抑郁等负面情绪时不能及时疏解和消化，那么这些消极情感会长期积累，进而对大学生的未来产生一定的负面影响。因此，掌握一定的负面情感消化法，对大学生至关重要。

人际关系是大学生活的重要组成部分。良好的人际关系在大学生健全人格的养成过程中发挥着重要的作用，人际交往能力是大学生综合适应能力的体现。但是处于幼苗阶段的大学生，掌握的人际交往技巧在总体上呈现出数量缺乏和质量欠佳的特点，会出现由于个人成长背景、价值观的差异而影响大学生无法正确理解和感知他人的情绪，或是自己的情感无法通过正确的途径传递给对方的情况，进而导致沟通不畅，由此引发一系列焦虑、抑郁等心理问题。

人际交往能力的欠缺，良好人际交往心理的缺乏，都会影响大学生的人际交往质量，以致出现各种各样的诸如网络暴力、校园冷暴力的人际交往问题。这些人际交往问题的出现在于人们不能脱离使用语言的暴力形式。虽然大学生会努力满足自己对良好人际关系的需要，却倾向于忽视人的感受和需要，以致彼此的疏远和伤害。

人需要借助社会这个平台才能实现自我价值，所以需要建立人际关系，与人进行沟通和交流，实现人与人之间真正的情意相通，从而更好地生存和发展。因此，如何处理好社交问题以及如何提高交往能力是大学生亟待解决的热点和痛点问题。

随着信息媒体的普及，各种图像信息渗透进人们的生活中，阅读方式的多样化一定程度上缩小了传统纸质阅读模式的空间。新媒体技术使得人们的阅读方式从"深阅读"变为"浅阅读"，生活节奏快、学习压力大、缺乏动机和目的性也让阅读人数锐减。与之相对应的是大学生的数据挖掘能力、信息整合能力的下降，这两种能力的下降，也影响了人的心理健康状态和人格的完善。人需要从书籍中汲取力量与智慧，从而以更从容的姿态面对未来的困难和挑战。因此，提高大学生的阅读能力刻不容缓。

进入大学之后，如何建立良好的人际交往关系成为大学生面临的重要课题，大多数大学生处于渴望交往、渴望理解的心理发展状态，因此大学生的人际交往呈现出与初高中时期显著的差别。

大学生交往范围扩大，他们的交际圈子不再局限于同班同学，而是发展到年级、学院或者学校，甚至借助网络等手段接触到更多的社会人。同时，大学生也渴望接触到更多的与自己志同道合的朋友，在交往对象的选择上具有一定的选择性和理想性。交往频率也有所提高，大学生有更多的自由时间可支配,他们可以通过丰富多彩的社团和校园实践活动、娱乐聚会活动等进行自由交往。

但是受应试教育的影响,大多数学生在进入大学之前,社交环境相对比较封闭,社交能力普遍较弱。部分同学因为较少参与一些现实活动,导致不能形成对自己的合理评价,也就对自己在社会环境中的地位和角色无法做到正确认知,从而产生多种诸如自卑、自负、敏感和猜忌等交往困扰情绪,严重者甚至影响心理健康,阻碍他们未来的发展。

为了实现大学生的健康成长,帮助他们提高人际交往能力,使他们建立良好的人际关系、更好地融入集体,从而提升自身的情感沟通能力刻不容缓。

(3) 微观环境分析。大学生团体阅读体验主要面向广东工业大学(简称"广工")的大学生群体,更具针对性。该团队已举办了七年的读书会,有项目延续的基础。该团队有广工多校区的成员,在各校区间展开活动较为便利。大学生团体阅读体验项目的成员由参与活动的学生组成,实行老师领读、学生分享的独特模式,注重思想引领,并在阅读书籍的同时积极开展文化实践活动,为大学生阅读和心理健康发展有关公益及创新创业提供了平台,具有参与者扩大和影响力发展的趋势。同时,我国重视大学生的心理健康发展,出台了众多政策来鼓励社会、学校组织阅读活动。通过SWOT分析法(态势分析法)来看,该团队开展的"思政少年"阅读项目的优劣势分析见表8-1。

表8-1 "思政少年"阅读项目的优劣势分析

优势(Strengths):	劣势(Weaknesses):
1. 活动对象定位为广东工业大学的大学生群体,更具针对性。 2. 实行老师领读、学生分享的独特模式,并在阅读书籍的同时积极开展文化实践活动,为大学生阅读和心理健康发展有关公益及创新创业提供了平台,具有参与者扩大和影响力发展的趋势。 3. 团队起始于2014年的读书会,有多校区的成员,有项目延续的基础,在各校区展开活动较为便利	1. 校内活动范围较窄,团体阅读体验者较少,还需要加大活动宣传力度。 2. 阅读组织内部多由学生组成,缺乏专业化管理

续表 8-1

机会（Opportunities）： 1. 国家、学校对大学生创新项目的支持与鼓励。 2. 国家对大学生阅读和心理健康发展越来越重视，对大学生的学习和成长的关注日益增强。 3. 国家发展需要德智体美劳全面发展的青年大学生。 4. 大学生团体阅读项目能增强集体的凝聚力，提高集体活力，与学校、学院的需求匹配	考验（Threats）： 1. 校内、校外阅读组织种类繁多，竞争激烈。 2. 人员组织、宣传推广等各方面的工作还需要进一步完善

2. 阅读计划

通过对思想政治理论课的思想引领和团体阅读书目《非暴力沟通》中与心理健康有关的内容两者进行有机结合，"思政少年"阅读项目计划每周进行一次读书活动，共持续 6 周，具体安排见表 8-2。

表 8-2 "思政少年"阅读项目的主题内容

阅读主题	主题内容
主题一：四要素概括介绍	主题一主要依托于《非暴力沟通》第一章"让爱融入生活"。 作为前置导入课程，该章主要带领学生辨析生活中潜在的暴力因素，并讲解非暴力沟通的目的，以及简要介绍非暴力沟通的四要素，让学生对非暴力沟通有基本的理解
主题二：异化的沟通方式	主题二主要依托于《非暴力沟通》第二章"是什么蒙蔽了爱？"。 细致地分享了一些语言和表达方式的负面影响。这些语言表达的负面影响虽然致力于满足说者的某种愿望，却倾向于忽视人的感受和需要，以致造成彼此的疏远和伤害。让学生发觉原本被忽略在字里行间、话里话外的"隐蔽的暴力"

续表 8-2

阅读主题	主题内容
主题三：四要素——观察	主题三主要依托于《非暴力沟通》第三章"区分观察和评论"、第七章"用全身心倾听"和第八章"倾听的力量"。 观察是非暴力沟通的第一步，这一部分主要辨析观察和评论的区别，并详细阐述为什么生活中司空见惯的评论会带来语言的暴力，我们应当如何阐述自己观察到的他人行为，才能消除暴力因素，为实现非暴力沟通做好必要的准备。 倾听作为生活中"观察"最常见的方式，生动体现了非暴力沟通的实践性。第七章、第八章先举例说明生活中常见的妨碍倾听他人的方式，强调倾听的重要性，再通过介绍倾听的核心方法去体会他人的感受和需要，并辅助以多样的情景和案例，让学生真切地学习和感受如何运用非暴力沟通去倾听、去观察
主题四：四要素——感受	主题四主要依托于《非暴力沟通》第四章"体会和表达感受"、第十章"充分表达愤怒"和第十三章"如何表达感激"。 表达感受是非暴力沟通的第二步，第四章帮助同学们认识到尊重自我感受的重要性，通过建立表达感受的词汇表，可以更清楚地区别感受和想法，从而更好地表达感受，使沟通更为顺畅。此外，非暴力沟通还对表达具体感受的词语与陈述想法、评论以及观点的词语做了区分。 愤怒和感激作为感受的一部分，却常常被压抑。通过了解学习表达愤怒的"四要素"和表达感激的"三步骤"，学生可以对如何表达感受有更清晰和深刻的认知，便于学生在生活中顺利地适用非暴力沟通去认知自我、表达感受

续表 8-2

阅读主题	主题内容
主题五：四要素——需要	主题五主要依托于《非暴力沟通》第五章"感受的根源"和第九章"爱自己"。 表达需要是非暴力沟通的第三步，也是感受的来源。《非暴力沟通》第五章鼓励学生觉察自身和他人的需要，讲述成长的三个阶段，使学生学会尊重自身内在的需要，做生活的主人。 爱自己是正视和尊重自身内在需要的重要体现。《非暴力沟通》第九章鼓励学生认知过去的自我需要，并宽恕不完美的自己；也帮助同学们感悟目前的自我需要，正视自己的需要
主题六：四要素——请求	主题六主要依托于《非暴力沟通》第六章"请求帮助"。 表达请求是非暴力沟通的第四步。《非暴力沟通》第六章主要向学生讲述应当如何表达我们希望对方帮助自己做些什么，才不至于让对方觉得这是粗暴的命令；怎么做才能够得到更好的回应。但需要强调的是，这并非情感操控，恰恰相反，非暴力沟通重视每个人的需要，它的目的是帮助我们在诚实和倾听的基础上与人联系。表达请求也是为了双方能够以更好的方式相处

四、项目反馈

"广东工业大学学生参与团体阅读意愿的调查问卷"（简称"阅读意愿调查问卷"）的具体分析内容如下。

"阅读意愿调查问卷"的目的在于寻求开展活动的数据支撑，通过对广大大学生的深入调研，了解大学生对"思政少年"阅读项目的需求，以证明项目的可行性。在项目概述中已有简单提要，"思政少年"阅读项目是通过思想政治教育与心理健康教育相结合的方式提升大学生的情感能力、社交能力，促进人的全面发展等，从而增强大学生的集体认同感，帮助其更好地融入集体，形成国家认同。

"阅读意愿调查问卷"可以分为三大部分：首先是对大学生心理状态的调查，通过对不良情绪出现频率、如何解决等数据的收集，我们可以看到大学生的情感能力水平；其次是对大学生自我认同、自我价值进行调研，通过对"是否认可现在的自己？""是否认为自我价值不足？"等问题的设置来展现大学生的自我认同程度；最后再通过与"思政少年"阅读项目的实施方式、活动形式、活动内容有关的问题来考察大学生对"思政少年"阅读项目的态度。通过对"阅读意愿调查问卷"所收集的数据进行逐题分析，运用不同但有关联问题之间的横向对比，我们得出最终的分析结果，具体分析如下。

（一）"阅读意愿调查问卷"具体情况

"阅读意愿调查问卷"受调查者均为广工大学生，共收集了 506 份有效问卷。

就参与调查者的来源按不同校区进行了划分。数据结果显示，参与调查者集中在广工的三大校区：广州大学城校区、龙洞校区和东风路校区；这也是广工师生的主要驻地，是加强心理建设的主要阵地。受调查者的来源分布可体现活动需求集中的区域，有助于我们对活动的具体安排做出决策。

将"参与者来源"和"是否愿意参与团体阅读活动"两组数据进行对比，具体的数据分析见表 8-3（本次有效答题人数为 504）。

表 8-3 "参与者来源"和"是否愿意参与团体阅读活动"的回答数据的分析

项目	不愿意		看时间，偶尔去一两期		原意空出时间，每一期都想参加		小计	
	数量	占比/%	数量	占比/%	数量	占比/%	数量	占比/%
大学城校区	11	7.59	117	80.69	17	11.72	145	28.66
龙洞校区	3	2.78	78	72.22	27	25.00	108	21.34
东风路校区	26	10.44	182	73.09	41	16.47	249	49.21
揭阳校区	0	0.00	2	100.00	0	0.00	2	0.40

根据表 8-3 的内容，我们可以分析不同校区对于团体阅读活动的参与意愿：揭阳校区的数据单薄，不足以说明问题，可以忽略不计；番禺校区缺失数据；有分析意义的数据集中在大学城、龙洞、东风路三大校区，其中又以东风路校区的数据最丰富。

（二）问卷分析

心理健康教育的一大重要内容是对情感能力的培养。情感能力包括控制冲动、管理情绪、同理心等内容。"阅读意愿调查问卷"中问题"你出现焦虑、迷茫、情绪低落、不知所措等情绪的频率如何"的回答数据的分析见表 8-4。

表 8-4 "你出现焦虑、迷茫、情绪低落、不知所措等情绪的频率如何"的回答数据的分析

项目	数量	占比/%
没有过如上情绪	33	6.52
偶尔产生如上情绪	370	73.12
经常性地陷入上述情绪	91	17.99
持续性地处于上述情绪情	12	2.37
答题人数	506	100.00

在参与"阅读意愿调查问卷"调查的 506 位学生中，有焦虑、迷茫等心理状态的学生占总数的 93.48%，即使说偶尔的不良情绪不会对人造成深远的影响，但我们须关注到 17.99% 的学生经常性地陷入不良情绪当中，更有 2.37% 的学生持续性地处于不良情绪当中。这只是 506 份数据当中的占比，如果按照数据的推广预测，数量将是十分庞大的。换句话说，就是有接近 20% 的学生长期受到焦虑、迷茫等不良情绪的影响，这将对学生的成长产生十分重大的影响且是不利的。另一个问题"你是否经历过以下情形"的统计数据同样可以佐证当前大学生不良心理状态出现频率的数据的真实性及需要心理健康教育的迫切，见图 8-2。

图 8-2 对应的问题是"你是否经历过以下情形"，这个问题实际上是我们对不良心理状态的具体描述，如"经常拖延""对身边的人和事提不

起兴趣"等,图8-2清晰地表明参与调查的大学生的心理活动状态,此外,这是一道多选题,即意味着有些人甚至出现过不止一种情形。图8-2的数据显示,参与调查的506名学生中仅有9.5%的人没有经历过上述情形,反之则意味着90.5%的人经历过上述不良状态,这与不良情绪的出现频率数据是一致的。上述不良心理状态或不良状态的频繁发生直接意味着学生情感能力的欠缺,他们不知道如何调整情绪、如何管理情绪,以至于长期受到负面情绪的困扰。不可否认,情感能力的缺失与心理健康教育的不足有关。这也是我们开展"思政少年"阅读项目的现实动因。

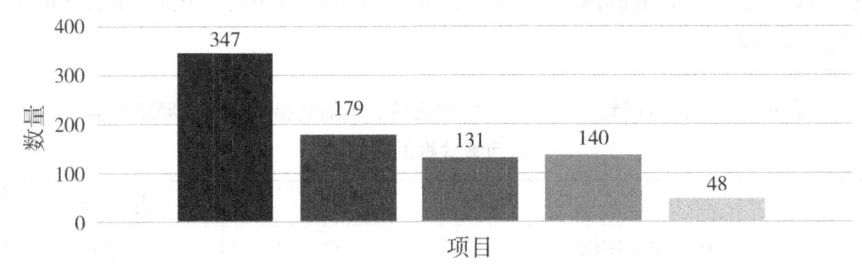

图8-2 "你是否经历过以下情形"的回答数据的分析

此外,这些受调查的学生也迫切需要我们的帮助。为什么笔者会知道他们需要帮助呢?图8-3的数据可以告诉我们答案。

在询问完学生的不良心理状态发生的频率后,我们追问:"当你出现不良心理状态时,是否会寻求老师、朋友或家人的帮助?"图8-3是两个问题的交叉分析,我们可以看到70%的学生都会需要得到他人及时的帮助,特别是在感到焦虑、迷茫的时候。因此,从学生的心理需求数据来看,我们的团体阅读活动有着巨大的潜在需求。

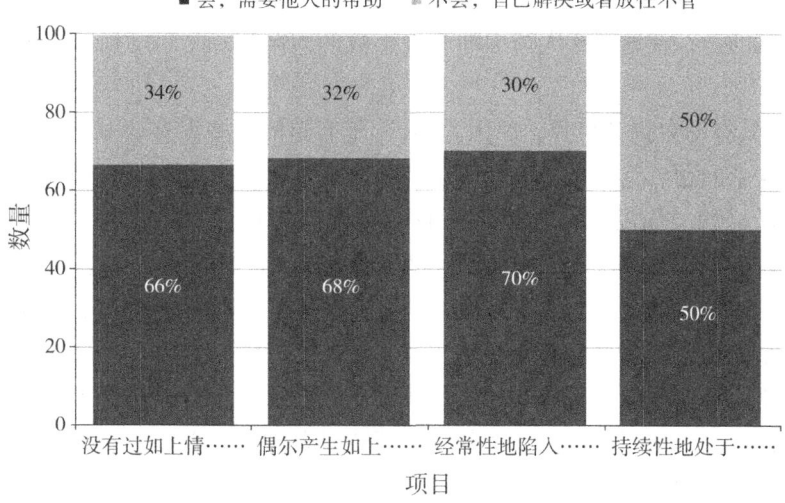

图8-3 "出现不良心理状态的频率及是否会寻求老师、朋友或家人的帮助"的回答数据的分析

(三) 自我价值、自我认同感的教育同样是心理健康教育的重要内容

分析学生对自我价值认识、自我认同的数据,笔者对"你如何看待现在的自己?""你想要提升能力以成就更好的自己吗?"两个问题进行交叉分析并摘取如下数据,见表8-5。

表8-5 "你如何看待现在的自己""你想要提升能力以成就更好的自己吗"的回答数据的交叉分析

项目	当然想,充满动力		想,但没有动力		不想,没有动力		小计	
	数量	占比/%	数量	占比/%	数量	占比/%	数量	占比/%
觉得自己能力就一般般,没有太多擅长的和他人赞赏的能力	192	57.48	137	41.02	5	1.50	334	66.01

在"你如何看待现在的自己"这个问题中,66.01%的人认为,自己

能力平平，且当中有 98.50% 的人（329 人）想提升自身能力。但值得我们注意的是，在这 329 人当中却有近半数的人（137 人）没有动力去提升自我。

"没有动力提升自我，原因为何？"笔者追问这些没有动力提升自我的同学这个问题。其中，特地询问了"没有动力提升自我"与心理状态之间的关联（如"你没有动力提升自我的原因与当前的心理困境有关吗"）。通过对数据的整理，笔者得到给关联度打出 5 分及以上（关联度满值为 10）的有 86 人，占总数 137 人的 63%。回到参与者的心理需求部分，这一数据充分说明了不良情绪对大学生认识自我价值、形成自我认同的不良影响是明显且巨大的。此外，这份数据也侧面说明，学生在自我成长上也需要他人给予适当的帮助，使其提升情感能力以走出心理上的困境，打消束缚其动力的心理因素。

（四）大学生参与"团体阅读"活动的意愿分析

唯有融入集体，个人才能最大限度地实现自我价值、提高自我认同、培养情感能力，即自我认同与集体认同是紧密关联的。提升自我认同不可与集体认同分割。从上述数据分析可得，单从学生的个体需求上来看，我们活动的潜在需求十分巨大。但是，不论是情感能力还是自我价值的实现都不是一个人能够完成的，必须要在集体中才能产生更好的效果。因此，仅有上述数据是远远不够的，我们的活动是通过团体阅读的方式进行的，通过参与者与活动举办者之间的相互联系构建微型集体，那么就必须调查"学生是否认为阅读可以促进成长"以及"学生对团体阅读这一阅读形式的态度"这两个问题。对于上述两个问题，笔者设置了不同的问题得到大量能够相互佐证的数据。

(1) 对于"学生是否认为阅读可以促进成长"这个问题，我们直接询问受访者，得到了以下数据，见图 8-4。

97.43% 的参与者都认同阅读是一个可以促进自我成长的方式。这是一个直观表达认同与否的数据，我们再从"学生是否认为阅读可以促进成长""学生对团体阅读这一阅读形式的态度"两个问题的回答数据进行交叉分析，见表 8-6（本次有效答题人数为 505）。

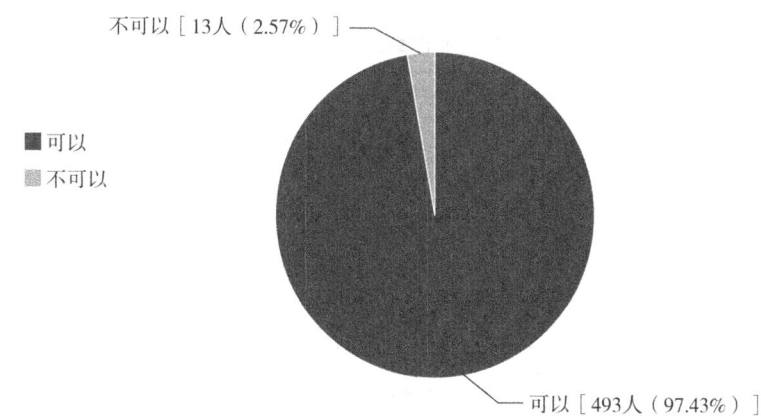

图8-4 "学生是否认为阅读可以促进成长"的回答数据的分析

表8-6 "学生是否认为阅读可以促进成长""学生对团体阅读这一阅读形式的态度"的回答数据的交叉分析

项目	寻开心		寻求对现实内容的解答		增加知识积累		其他	
	数量	占比/%	数量	占比/%	数量	占比/%	数量	占比/%
可以	232	47.13	110	22.41	136	27.59	14	2.87
不可以	7	50.00	2	16.67	4	33.33	0	0.00

表8-6是"是否认为阅读可以促进成长"及"阅读的目的"两个问题的交叉比对。通过询问参与者阅读的目的来分析他们对阅读所持的态度，反映了他们将阅读当作一个起什么作用的工具。"寻开心、寻求对现实内容的解答、增加知识积累"，换句话说就是通过阅读来增强内心快乐的感受、打消消极的情绪，通过阅读来解答疑惑、增长见识以提高自己的水平。这些目的恰好体现了阅读能带给人的积极意义，这与参与者认同阅读能够促进成长的数据是相一致的，两者之间能够相互佐证。

（2）"阅读意愿调查问卷"设置了如下参与者"对团体阅读的态度"的调查问题，见表8-7。

表8-7 参与者"对团体阅读的态度"的调查问题

问卷第16题	怎么的环境才能让你更有效地阅读一本书呢
问卷第17题	你是否认为,有其他人与你共同阅读、共同理解探讨,有助于加深你对书中主旨的理解
问卷第18题	你有了解或参加过团体阅读吗
问卷第20题	你对"团体阅读能分享阅读经验,交流阅读思想,拓展阅读视野,提高阅读质量,增加人生体验"这个说法是否认同?
问卷第21题	你是否愿意与他人分享你在书中的收获
问卷第22题	如果学校组织了一个团体阅读的活动,你愿不愿意去参加

表8-7分别从参与者的阅读习惯、对团体阅读的了解程度以及是否认可团体阅读三方面入手,对参与者进行调查。第16题是对参与者阅读习惯的调查,其统计数据见图8-5。

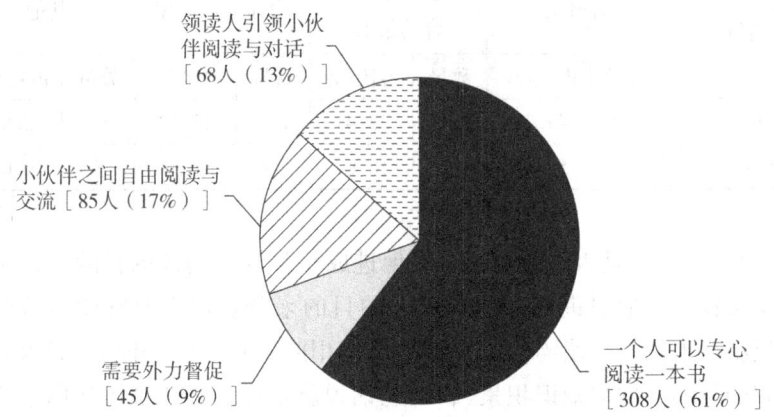

图8-5 表8-7的问卷第16题的回答数据的分析

图8-5中,"小伙伴之间自由阅读与交流"及"领读人引领小伙伴阅读与对话"可以直接解释为团体阅读,这两者的数据也就是参与者对团体阅读这一阅读方式习惯度的直观体现。此外,"需要外力督促"在某种意义上也属于团体阅读方式的范畴,团体阅读的目的在于帮助参与者通过阅读来促进自我成长、认识自我价值,其附带的作用就是帮助参与者阅读书本。三项数据相加可以得到,习惯以团体方式读完一本书的参与者占

39%,这一数据对本活动需求来说仅是有影响的数据,但并非决定性的数据。

第18题与第20题则是对参与者是否了解或是否接触过团体阅读的调查,我们将两题进行交叉分析,见表8-8。

表8-8 表8-7的问卷第18题与第20题的回答数据的交叉分析

项目	非常认同		比较认同		一般		较不认同		不认同	
	数量	占比/%	数量	占比/%	数量	占比/%	数量	占比/%	数量	占比/%
没接触过团体阅读	76	23.10	174	52.89	74	22.49	3	0.91	2	0.61
对团体阅读有一定接触与了解	65	39.39	75	45.46	23	13.94	2	1.21	0	0.00
经常参加团体阅读活动,十分了解	8	66.67	2	16.67	1	8.33	1	8.33	0	0.00

通过观察表8-8的数据,我们会发现实际上没接触过团体阅读的人占65.02%,即329人,而认同团体阅读效果的人占比达到79.05%。这说明大部分的人虽然没接触过团体阅读但确实认可这种阅读方式。实际上两者交叉对比得出的数据也是如此,在表8-8中没接触过团体阅读却认同这一阅读方式的人达到75.99%。认可这一阅读方式对于证明我们活动的可行性十分重要,而大部分人没有接触过团体阅读,这更意味着需要更多的团体阅读活动来推广这一有效的阅读方式。这恰恰证明了我们活动的必要性。笔者认为,上述数据已经不仅是对参与者认同团体阅读的证明,更是对团体阅读本身的证明。

我们再来看第17题、第21题、第22题的数据,这三道题是直接用于调查参与者团体阅读意愿的问题。团体阅读方式必然有交流、分享、共同探讨等过程,询问参与者是否愿意进行交流或者对如此交流的态度,实质上就是询问他是否愿意参与团体阅读。

表 8-9 是第 21 题与第 22 题的数据对比，数据显示：愿意与他人分享阅读感受的人 93.67% 都有参加团体阅读活动的意愿，二者呈正比例关系，这与笔者上述的分析是一致的。我们再看第 22 题的数据分析，见图 8-6。

表 8-9　表 8-7 的问卷第 21 题和第 22 题的回答数据的交叉分析

项目	不愿意		看时间，偶尔去一两期		愿意空出时间，每一期都想参加		小计		总答卷数
	数量	占比/%	数量	占比/%	数量	占比/%	数量	占比/%	
愿意（分享）	30	6.33	362	76.37	82	17.30	474	93.68	506
不愿意（分享）	11	34.38	17	53.12	4	12.50	32	6.32	

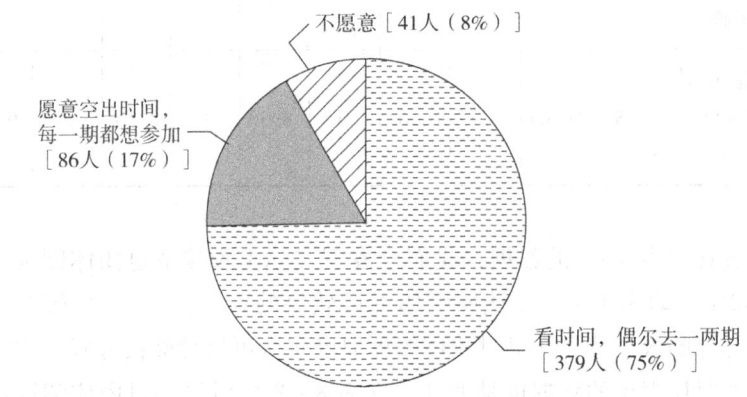

图 8-6　表 8-7 的问卷第 22 题的回答数据的分析

从整体来看，图 8-6 中，有意愿参与团体阅读活动的参与者呈压倒性的占比（92%）。具体来分析，绝大部分人是按照实际情况决定是否持续参加，这是举行活动的风险所在，在活动举办后，参与者可能出于某种原因不参加，会场可能出现冷场的情形，对于这种情况我们不置可否。但是，从活动举办的方式来看，每一期活动的人数在 20 人左右最能为人接受（"阅读意愿调查问卷"也对活动人数进行了调查，得到的统计数据集中分布在 15～30 人）；从往期活动举办的效果来看，对冷场局面的担忧可以忽略，我们一次活动预计参加的人数相对较少，而有意愿参与的基数却远远大于每场活动能容纳的人数,且按照往期的举办方式举办活动,其效果绝对不差,不至于使参与活动的人员半路放弃参与活动。这一点可以从我们的宣传中得到验证。

(3)"阅读意愿调查问卷"还对不愿意参加团体阅读活动的人进行了原因调查,其结果对活动的可行性也十分有利,见表8-10。

表8-10　对不愿意参加团体阅读活动的人进行原因调查的数据分析

项目	数量	占比/%
不习惯和很多人讨论想法	27	65.85
认为活动没有意义	11	26.83
对活动不了解	14	34.15
没时间参加	15	36.59
其他	2	4.88
答题人数	41	—

在41个选择不参与团体阅读的受访者中,值得我们关注的是"认为活动没有意义"这一原因,如果所有不愿意参加的人都因为"活动没有意义"而不想参加,那活动的价值确实值得怀疑。但数据证明,团体阅读活动并非没有意义,不仅对于认可它的人来说是如此,而且对于不愿意参加的人而言也是如此。

综上所述,"阅读意愿调查问卷"所收集的数据表明,在广工校园内学生情感能力和自我价值及认同感的欠缺是现实的。从问卷整体而言,我们得到的答案是学生有提升情感能力、增强自我认同的强烈需求,且认可阅读特别是团体阅读能够满足其要求,达到相应的效果,最重要的是在"是否愿意参与团体阅读活动"这一问题上绝大部分参与者是有意愿的。在"团体阅读"这一微观集体当中,通过心理健康教育提升个体的情感能力与自我认同是"思政少年"阅读项目的初衷;通过"阅读意愿调查问卷"的调研,广工的受访学生普遍对"思政少年"阅读项目持良好的参与意愿,"思政少年"阅读项目就现实需求而言,具有较大的可行性。

五、项目附件：《非暴力沟通》简介

　　《非暴力沟通》一书是马歇尔·卢森堡博士所著。非暴力沟通是他在对心理的学习研究以及生活的体会中总结出的一种平和、友善、有利于解决争论与冲突的沟通方式。马歇尔博士是美国威斯康星大学临床心理学博士，师从卡尔·罗杰斯；马歇尔博士不仅面向全世界提供非暴力沟通的培训服务，还致力于运用非暴力沟通解决世界各地的各类冲突，包括种族矛盾、政治冲突、学校秩序、家庭关系等问题在内。马歇尔博士始终秉持中立、平和的态度，不带个人偏见与评判地处理问题。他在调停巴勒斯坦地区与以色列冲突的事件中，一直向双方强调不要带有错误的种族歧视和道德评判。马歇尔博士通常也在非洲地区开展非暴力沟通的培训，并参与当地事务的调停，如尼日利亚、卢旺达、塞拉利昂等国家和地区。马歇尔博士也经常参与运用非暴力沟通方式调停他们的种族矛盾和政治冲突。马歇尔博士自身不带有种族歧视与政治偏见，这是他能够以非暴力的方式来参与这些地区性事务的前提；他本人十分倡导爱与和平，在《非暴力沟通》一书中，马歇尔博士提及了他因为种族原因而遭受不公平对待的事情，但是他仍旧保持平和的心态，运用非暴力的方式与对方沟通，从而和平化解了可能的冲突。

　　《非暴力沟通》一书在结构上可分为四部分：一是对非暴力沟通方式的简介，即"观察、感受、需要、请求"四要素；二是描述常见的"异化沟通"形式，并强调尽量避免；三是详细讲述如何通过"四要素"来运用非暴力沟通方式；四是深入讲述要素运用及具体知识拓展。从内容上看，《非暴力沟通》一书以中立、平和的姿态告诉我们，要培养爱与和平，在"道德评判"这一节内容中，作者强调不要带着自我价值去评判和看待人与事。这与我们倡导的"和谐、友爱"的价值观不谋而合。

　　与其他讲述语言沟通技巧的著作不同的地方在于，《非暴力沟通》更关注交流时语言背后蕴含的情感与需要。值得一提的是，《非暴力沟通》不仅关注如何体会自身的情感与需要，更突出在人际交往中如何体会他人感受，理解他人需求。及时捕捉语言中蕴含的情感与需求是有效沟通的要点，有效的沟通也有助于避免和解决争论或冲突。

第八章　大学生体验式教学案例

结合"思政少年"阅读项目的宗旨来看，在团体阅读这一微型集体中，我们可以通过情感教育提高个人的集体认同感。非暴力沟通的内容相当契合我们的宗旨，情感能力的提升是情感教育的重要内容，学会体会自己和他人的感受，懂得用合适的方式表达情感，这些都是情感能力的直观体现。情感能力的提升离不开正确的感受与表达情感，非暴力沟通给我们提供了这样一种恰当的方式。通过恰当的观察与有效的倾听，认识到自己或他人的感受与需要，从而运用恰当的语言进行表达，使得两人甚至与多人的沟通达到良好的效果。在人际交往中，语言沟通的效果往往影响着人际关系的质量，良好的沟通表达与共情不仅是情感能力的体现，具体而言也是人际交往能力的提升。

非暴力沟通的方式不仅适用于两个个体这样小范围的交流，还适用于类似学校、组织机构这样多人的集体内交流。这也恰似我们项目的开展形式——以团体阅读这一微型集体的方式进行活动。非暴力沟通的方式不仅告诉我们个体的爱与情感，也强调集体中各类情感与需求，以此来帮助阅读者学习如何在集体中产生良好的交流与融入效果。

《非暴力沟通》的内容大量涉及如何在集体中保持良好的情感能力，即如何体会感受、如何表达需求等。例如，第八章"倾听的力量"、第十一章"运用非暴力沟通方式重建校园秩序"、第十三章"如何表达感激"等内容。

在团体阅读的形式中，参与者不仅要学习如何运用非暴力沟通的方式面对面地与单独个体会面，表达感受与需求，更需要学习如何在整个阅读团体层面进行恰当的情感表达与语言交流，以提升集体观念，提高融入集体的能力。

《非暴力沟通》是十分值得我们借鉴的一本书，在帮助阅读者提升个人交往能力的同时，也有助于提升个体在集体中的融入度。"思政少年"阅读项目通过思想政治理论课的思想引领和团体阅读书目《非暴力沟通》中与心理健康有关的内容两者进行有机结合，培养大学生的情感能力和社会交往能力，使其更好地适应社会交往，让大学生在自我成长的同时，也能更好地融入集体、融入社会，培养集体意识和家国情怀，形成国家认同。

第二节 调研报告案例节选（一）

项目名称：关于大学生恋爱婚姻观的调查报告——以广东工业大学机电工程学院 2020 级本科生为例。

一、调研背景

从进入大学校园那一刻起，大学生就开始对恋爱产生需求。"为什么要恋爱？""我们应该如何对待恋爱？"我们该如何给大学生答疑解惑呢？不同的人有着不同的答案。

积极的恋爱环境，不仅会让我们收获美好的爱情，而且还会不断促进人的成长。而消极的恋爱环境，不仅会让我们的成长受到阻碍，甚至还会给恋爱双方的心灵造成不可逆的巨大伤害。每一段恋情都是双方在相处中学会欣赏彼此与自我成长的过程，这是每一个处在恋情之中的人所需要珍惜的。

然而，很多年轻人面对的是"结婚快，离婚更快"的苦恼，产生这样的现状离不开人们对恋爱观和爱情观的错误认识。因此，了解当代大学生的婚姻观，分析现状并给予合理的建议显得举足轻重。基于此，我们对广东工业大学机电工程学院 2020 级本科生进行了调查和研究。我们通过可靠的数据进行研究，分析造成这些现状的原因及其影响，同时提出了解决方法。

二、调研方案

（1）调查课题：关于大学生恋爱婚姻观的调查——以广东工业大学机电工程学院 2020 级本科生为例。

（2）调查地点：广东工业大学。

（3）调查对象：广东工业大学机电工程学院 2020 级本科生。

（4）调查方式：问卷调查法、文献研究法。

（5）调研目的：了解大学生的恋爱观和婚姻观，研究分析大学生恋爱婚姻现状和观念产生的原因，并给予研究建议以解决相关问题。

（6）时间安排。

第一阶段：进行前期的准备工作。确立调研主题，并确定调研方式和调研对象；进行小组分工，分成两个小组，分别完成调查问卷和文献研究的任务。

第二阶段：开展调研工作。两个小组分别依据前期准备工作，安排后续工作。问卷调查组需要制作调查问卷及宣传海报，并在社交平台如朋友圈、微信群中发放问卷。文献研究组则需要确定研究范围，从多方面获取文献资源，记录文献内容，并提炼出文献调研的结果。

第三阶段：整合统计问卷数据。首先，两个小组讨论调查结果，分析调查结果的真实性，排除虚假无用的结果。其次，对问题结果进行有针对性分析，举行分析会议。最后，得出结论后，记录结果，并对数据进行整合、归纳，得出调查报告。

三、调研问卷及数据

"关于大学生恋爱婚姻观的调查问卷及数据"（简称"恋爱婚姻观调查问卷"）具体内容如下。

关于大学生恋爱婚姻观的调查问卷及数据

1. 你的性别是____。[单选题]

选项	小计	比例
A. 男	54	54.55%
B. 女	45	45.45%
本题有效填写人次	99	

2. 你的年级是____。[单选题]

选项	小计	比例
A. 大一	90	90.91%
B. 大二	5	5.05%
C. 大三	3	3.03%
D. 大四	1	1.01%
本题有效填写人次	99	

3. 是否有过恋爱经历？____。[单选题]

选项	小计	比例
A. 是	46	46.46%
B. 否	53	53.54%
本题有效填写人次	99	

4. 目前谈过最长的恋爱是多久？____。[单选题]
（注：第4题仅对第3题回答"是"的同学开放。）

选项	小计	比例
A. 1年以内	23	50.00%
B. 1—2年	11	23.91%
C. 3年以上	12	26.09%
本题有效填写人次	46	

5. 你心目中恋爱、学业的地位排序是____。[单选题]

选项	小计	比例
A. 恋爱	4	4.04%
B. 学业	22	22.22%
C. 并不冲突	73	73.74%
本题有效填写人次	99	

第八章 大学生体验式教学案例

6. 你认为大学期间应不应该谈恋爱？____。[单选题]

选项	小计	比例
A. 应该，不能浪费大好青春	13	13.13%
B. 不应该，谈恋爱浪费时间、精力、金钱	5	5.05%
C. 顺其自然，最重要的是有没有缘分	81	81.82%
本题有效填写人次	99	

7. 你认为谈恋爱的原因是什么？____。[多选题]

选项	小计	比例
A. 为了丰富生活，寻找精神寄托	61	61.62%
B. 受周围同学影响，也渴望甜甜的恋爱	15	15.15%
C. 积累经验，体验恋爱人生	41	41.41%
D. 寻找生活和学习上的伴侣	70	70.71%
本题有效填写人次	99	

8. 假如让你选择，你会选择哪个选项？____。[单选题]

选项	小计	比例
A. 你喜欢的人	59	59.6%
B. 喜欢你的人	40	40.4%
本题有效填写人次	99	

9. 你认为在选择恋人时哪方面重要？____。[多选题]

选项	小计	比例
A. 外貌	52	52.53%
B. "三观"	92	92.93%

续表

选项	小计	比例
C. 激情	9	9.09%
D. 亲密	18	18.18%
E. 承诺	30	30.30%
F. 责任心	69	69.70%
本题有效填写人次	99	

10. 大学期间，如果遇到喜欢的人，你会主动追求吗？____。[单选题]

选项	小计	比例
A. 会大胆主动追求	18	18.18%
B. 会有所暗示	20	20.20%
C. 继续暗恋，默默关注	21	21.21%
D. 其实也不知道自己会怎么做，还没遇到过	40	40.41%
本题有效填写人次	99	

11. 你是否看好大学时期的恋爱，是否能够与恋人共度余生？____。[单选题]

选项	小计	比例
A. 有信心	58	58.59%
B. 没有信心	41	41.41%
本题有效填写人次	99	

12. 你觉得婚姻是人生的必需品吗？____。[单选题]

选项	小计	比例
A. 是，没有婚姻的人生是不完整的	31	31.31%
B. 不是，没有婚姻也可以过得很好	23	23.23%

续表

选项	小计	比例
C. 无所谓，有了更好，没有也不会遗憾	45	45.46%
本题有效填写人次	99	

13. 如果结婚，是否会考虑对方的家庭背景？____。[单选题]

选项	小计	比例
A. 会，没有面包就没有爱情	21	21.21%
B. 有可能会，如果有潜力，可以考虑	45	45.46%
C. 不会，只在乎是否合适，是否爱自己	33	33.33%
本题有效填写人次	99	

14. 你会偏向选择什么样的婚姻？____。[单选题]

选项	小计	比例
A. 合适的婚姻，即使这个人不是最爱的	29	29.29%
B. 有爱情的婚姻，如果没有爱情，宁可不结婚	62	62.63%
C. 不打算结婚	8	8.08%
本题有效填写人次	99	

15. 你认为在选择婚姻伴侣时哪方面重要？____。[多选题]

选项	小计	比例
A. 外貌	37	37.37%
B. "三观"	85	85.86%
C. 激情	12	12.12%

续表

选项	小计	比例
D. 亲密	20	20.20%
E. 承诺	39	39.39%
F. 责任心	82	82.83%
本题有效填写人次	99	

16. 你会选择哪个选项？____。[单选题]

选项	小计	比例
A. 先成家	1	1.01%
B. 先立业	35	35.35%
C. 看情况	63	63.64%
本题有效填写人次	99	

  为了对校园学生关于恋爱婚姻的观念有初步的了解，调查小组设计了一份调查问卷，发放给其他同学填写。调查问卷共设了16问，截至统计日期，调查小组共回收100份数据，其中，有效数据99份，有效率为99%。下面我们将对问卷数据进行详细的分析。

  调查问卷的第1～4题主要是从参与的人数、男女的比例、有没有恋爱经历以及恋爱时间等方面进行调查。数据结果显示，"恋爱婚姻观调查问卷"的受访者男女数量相当。其中，46.46%的人有过恋爱经历，53.54%的人没有恋爱经历。而在谈过恋爱的大学生中，有将近一半的人谈过的最长久的恋爱在1年以内，恋爱时间在1—2年的人和3年以上的人各占1/4左右。由此看来，大学恋情中比较长久的恋爱关系所占的份额并不大，短期恋情占据主流。由于数据来源为2020级学生，我们认为，主要是因为2020级学生的恋爱观念尚不成熟，可能会轻易在不够了解对方的情况下就与对方建立恋爱关系。

  从第5题的数据可以看出，有将近3/4的人认为，恋爱和学业并不冲突；只有极少数的人认为，恋爱地位应摆在学业之前。

第八章　大学生体验式教学案例

在第 6 题中，有八成的大学生觉得顺其自然比较好，谈恋爱最重要的还是得有缘分。也有 13.13% 的大学生认为，大学就该谈一场恋爱，觉得大学不谈一场轰轰烈烈的恋爱就是在浪费自己的大好青春。仅有个别大学生认为，大学是不应该谈恋爱的，觉得在大学谈恋爱是浪费时间、精力和金钱。

在这一层面，我们可以看到，大学生基本上不排斥、甚至倾向于恋爱，但更多的大学生是抱着较为随缘的心态，他们的理性大过于感性；而少数选择反对的大学生，或许是因为经济条件有限，或许是自身追求较多、个人期待较高，因而才会有这样的想法。

在第 7 题中，关于大学生的恋爱原因，多数人选择了第 1 选项、第 3 选项、第 4 选项。由此可见，大学生都对恋爱有一个相对明确的出发点，期望从中有所收获，或是在生活层面，或是在学习层面，或是在情感层面。但是，也有部分大学生表示，他们是受周围同学的影响。这一点其实也无可厚非，毕竟看着一些同学在谈校园恋爱，难免让部分学生产生艳羡之情。

第 8 题的数据显示，对于自己可支配的恋爱，较多的大学生选择自己喜欢的人。但对比另一个选项，也并没有拉开很大的差距。从这一问可以看出，较多的大学生或许更敢于追求自己欣赏的人，通过自身的表现，让对方能发现自己的闪光点。而对于另外近 40% 的大学生而言，或许他们更想先让别人发现自己的优点，进而再去寻找对方的闪光点。

在第 9 题中，排前三的分别是"三观"（即世界观、人生观和价值观）、责任心和外貌。关于恋人的"三观"，差不多得到了受访者全部的认可，这里不再赘述。另一部分受访者看重的是责任心，拥有责任心的人，会更容易令人产生信赖，实在的品质也绝对是个体最大的优点之一。还有超过半数的人选择了外貌，毕竟"窈窕淑女，君子好逑"，这其实是可以理解的。但从另一个角度出发，填写问卷的群体以大一的学生为主，心理不够成熟，也会是导致该选项超过半数的原因。或许随着年龄的增长、内心的成熟，该选项的占比会降低一些。

从第 10 题的数据可以看出，明确自己能积极主动追求的人并不多，更多的人会采取较为含蓄的做法，还有近四成的学生处于比较迷茫的状态，这或许就是第 6 题中仅有 13.13% 的人同意大学应该谈恋爱的原因吧。

尚无缘遇到自己欣赏的人，时间久了，也就变得随缘了。

在第11题中，58.59%的大学生选择看好大学恋爱，相信自己能与恋人共度余生，而41.41%的大学生选择"没有信心"。更多的学生选择相信他们在生活、朋友圈中看到的恋人的温馨画面，相信他们是真心对待、真情付出的。而选择"没有信心"的同学，他们可能是注意到了大学恋爱的冲动性以及大学恋爱以短期恋情占据主流的特点。总体上，大部分学生向往纯真、浪漫的大学恋爱。

在第12题中，31.31%的大学生认为，婚姻是生活的必需品；23.23%的大学生认为，没有婚姻也可以过得很好；45.46%的大学生认为，有婚姻更好，没有也不遗憾。我们认为，选择"婚姻是必需品"的同学或许是从前辈言谈中或见证父母美好婚姻中了解到了婚姻对人生的积极作用，或许是如第11题所提及的对恋爱和爱情抱着浪漫而坚定的想象。

选择"不是，没有婚姻也可以过得很好"的同学应该是对婚姻有着更为独特的见解，或许观念来源于自身的见闻，或许自身对于这样的问题有些许消极的看法。选项三"无所谓，有了更好，没有也不会遗憾"给了纠结的人们一个折中的选择，这部分同学知道婚姻是为了让彼此获得更幸福的生活。他们希望找到自己的另一半共度余生，但不愿意将就，不会为了结婚而选择不太喜欢的对象。

从调查数据整体来看，部分大学生对婚姻充满了美好的想象，但更多的大学生相信婚姻仅仅是生活中的"调味剂"，不论结婚与否，他们的人生都不会留下遗憾。但是，我们也看见有超过1/5的大学生认为，婚姻并不是他们人生中生活幸福与否的决定性因素，或许这些大学生相信生活中有更加值得珍视的东西。

在第13题中，21.21%的人会考虑对方的家庭背景。他们的理性大于感性，认为没有面包就没有爱情，爱情终将会被因经济条件不足所引发的各种现实生活问题消磨殆尽。45.46%的人会考虑有潜力的对象，他们愿意和靠得住的另一半同甘共苦、共同前进，过有奔头的日子。33.33%的人选择不考虑家庭背景，只在乎是否合适、是否爱自己。他们的感性大于理性，认为寻找一个爱自己的另一半是难能可贵的，他们之间的爱情是牢固的，应该珍惜，不能仅因对方家庭背景不好而放弃这份真情。

在第14题中，大部分人认为，婚姻不能没有爱。他们认为，没有爱的婚姻是索然无味的，彼此没有共同的兴趣爱好是无法沟通的。他们对真爱有着强烈的追求。小部分人选择合适的婚姻，他们可能对另一半的爱没有太多的期待。同时，还有极少数人选择"不打算结婚"。随着社会的发展，两性不再是完全传统的角色，结婚对于这一部分人来讲不再是刚需。当然，也不排除受过情感创伤的人排斥婚姻的可能。

在第15题中，婚姻伴侣的选择中"三观"与"责任心"的占比最大，均超过了80%。以第9题中恋人的选择为参考，大学生对婚姻伴侣的外貌要求下降了超过10%，而对责任心的要求上升了超过10%，对"承诺"的要求也有所上升。这说明了大学生看待婚姻比看待恋爱更加理性，更加注重这段关系维持的时间的长久与安稳。

在第16题中，大学生对于是"先成家"还是"先立业"两个选项的倾向有着明显的差距，只有1.01%的人选择了"先成家"，而选择"先立业"的人则有其35倍之多，占比35.35%。剩下的则选择了看具体情况。成家与立业，这两者之间的差距之大，与第15题中的婚姻伴侣的责任心要求有所关联。未立业，在他们看来是没有足够的经济能力去组建家庭的，这反而会使自己的另一半也受苦；回看第5题中的学业与恋爱地位，也不排除这些大学生把自己的事业看得更重。这部分人未能看出婚姻在经济上的积极意义。

当然，不能忽视占比最大的、选择了"看情况"的那部分人，这说明了大学生对待婚姻与事业依旧保持着理性，也透露出其对未来婚姻事业的不确定感，秉持着"遇良人先成家，遇贵人先立业"的态度。

四、调研分析

综合对上述数据的调研分析，我们可以得出以下观点。

（一）大学生的恋爱婚姻观分析

当前大学生的恋爱婚姻观有合理的因素，也存在一些不切实际的问题，主要表现在以下两个方面。

一方面，大学生对待恋爱与婚姻保持着理性的态度，无论是选择恋人还是选择婚姻伴侣时，都更加看重其对未来的作用，而不是一时的激情。

然而同时，部分大学生自身缺乏主动性，遇见自己喜欢的人倾向于非主动、随缘。对于婚姻与事业的发展，部分大学生存在主观模糊性、未来不确定性。这与大学生毕业要后面向社会，对社会上各种压力的焦虑有关。

另一方面，鉴于有近一半的数据为零恋爱经历，以及绝大部分为大一新生，这份数据也反映出了新晋大学生对于未来有着迷茫，尤其是在事业与家庭的关系上。有的人对此抱着积极且坚定的态度，对恋爱和婚姻有着自己的见解；有的人对恋爱和婚姻流露出消极的情绪，或许与曾经的恋爱不顺利有关（第4题），受其影响，未能全面了解婚姻所能带来的积极意义以及婚姻对于人生的意义。

（二）当前大学生恋爱婚姻观表现出各种取向和类型

爱情是自身的圆满，是大多数人成长过程中不可或缺的精神食粮。调查结果表明，当代大学生中有超过一半的人没有恋爱经历，而在有过恋爱经历的学生中，短期恋情占据主流（恋爱时间在一年以内），而更长久的爱情占比相对较少。这反映出当下快餐式恋爱的特点，同时也透露出大学生恋爱观尚不成熟的现状。

大学生的恋爱婚姻观类型概括起来有以下三个类型。

1. 慰藉型

大学时代是大学生由青少年向成年过渡的关键时期；由于大学生的"三观"尚未完全定型，经常会对学习、生活过程中出现的问题产生迷茫和困惑，更有甚者产生挫败感并丧失奋斗动力。当家庭、高校不能有效满足大学生解答学习和生活中产生困惑的心理需要时（尤其是生活或学习中受到挫折时），一部分大学生通常会在恋爱中通过异性的温暖寻找心理的慰藉。正如弗兰西斯·培根所说的："当人心最软弱的时候，爱情最容易入侵，那就是当人春风得意、忘乎所以和处境窘困孤独凄零的时候，虽然在后一情境中不易得到爱情。人在这样的时候最急于跳入爱情的火焰中。"① 大多数人认为，在这种情况下谈情说爱的人属于慰藉型，他其实只不过是在寻找心理慰藉，以排解内心的孤独寂寞。

---

① ［英］弗兰西斯·培根：《培根论人生》，张嘉宁译，天津人民出版社2007年版，第41—42页。

2. 浪漫型

浪漫型是一种具有浓厚浪漫色彩、不考虑影响恋爱成功与否的实际因素的类型。这种类型的大学生通常比较感性,"生命诚可贵,爱情价更高"就是他们的座右铭;这种类型的大学生在恋爱中通常表现出惊人的热情,往往将恋爱当成大学期间的重中之重,看低了专业学习和能力培养的重要性。这种恋爱类型在面对现实困难时往往是脆弱无力的,同时这种个性心理也会增加日后婚姻的不确定性和不稳定性。

3. 理智型

情投意合、互相激励、共同发展是处于这一类型之中的大学生在恋爱时表现出的突出特点。这种注重事业和精神生活的恋爱是一种健康的、有益的、值得广大高校大学生学习的恋爱类型。理智型的恋爱观传达着影响社会进步的正能量——文明、和谐、诚信、友善,也符合新时期国家倡导的社会主义核心价值观。拥有理智型恋爱观的大学生一般能较好地处理好感情与学业的关系,能够谱写出和谐的积极向上的精神生活,追求高尚的人生事业。只有这样的爱情才会绽放出最灿烂夺目、最持久的光彩。

(三)对大学生树立正确恋爱婚姻观的建议

对大学生树立正确恋爱婚姻观的建议有以下三个方面。

首先,大学生要树立正确的恋爱婚姻观。要学会自信、敢于主动,只有主动才会有故事,恋爱之神才会眷顾你;不要盲目恋爱,即不以恋爱为目的而恋爱,盲目的爱情没有结果,到最后只会两败俱伤;要主动接触恋爱婚姻心理知识,树立良好的恋爱婚姻观念;要积极参与课外活动,丰富校园生活;要多和长辈沟通,可以听听他们的恋爱和婚姻故事,或许可以从中获取不少经验和认知。

其次,高校对大学生的恋爱婚姻问题要进行正确引导。应安排相关课程,培养正确的婚恋观。可以开设心理学、社会学、婚姻学等内容的相关课程,引导大学生培养正确、良好的恋爱观;可以增加相关校园活动,丰富校园生活。通过开设丰富多彩的校园活动可以调动大学生的参与热情,使其培养素质、陶冶情操。

最后,家庭要为大学生在恋爱婚姻方面树立榜样。家庭环境引导是学生树立人生观、价值观、世界观的重要渠道。家庭中,父母正确的恋爱观会潜移默化地影响学生对恋爱和婚姻的看法。

五、调研结论

恋爱和婚姻不仅仅需要人投入感情，更是与人的成熟度相关的活动。如果不努力发展自己的人格并达到一种成熟、稳定的恋爱婚姻观念，那么几乎每一次恋爱或婚姻都会走向失败。因此，建立正确的恋爱婚姻观的目的是使一个人真正地具备爱自己、爱别人的能力，培养他正确付出爱和正确处理恋爱婚姻中出现的问题的能力。正处在人生关键时期的大学生需要学校、家庭和社会以正确的恋爱婚姻观去教育他们。

第三节　调研报告案例节选（二）

项目名称：大学生网络游戏情况及其影响的调查报告。

一、调研背景

随着科技的发展、电脑的普及、生活水平的提高，大学生与网络接触的相对成本越来越小，大学生上网的时间也逐年增加，相当一部分大学生已经将上网当成生活中必不可少的一种习惯。上网玩网络游戏也成为大学生休闲消遣的最佳选择，网络游戏占据了大学生绝大多数的业余时间，甚至是全部业余时间。

游戏是一把"双刃剑"，游戏世界中的价值观念与行为方式可能会对大学生的成长产生不可估量的影响。大学生正处于人生发展和道德品质形成的关键时期，但是，随着游戏的出现和普及，许多问题也随之出现。其中，大学生沉迷游戏就是一个困惑整个社会的问题。

为了深入了解网络游戏对大学生的影响，我们开展了关于此课题的调研，编制了一份相关的调研问卷。

二、调研问卷及数据

"网络游戏对大学生的影响调查问卷及数据"(简称"网络游戏调查问卷")具体内容如下。

网络游戏对大学生的影响调查问卷及数据

1. 你的性别:____。[单选题]

选项	小计	比例
A. 男	121	56.54%
B. 女	93	43.46%
本题有效填写人次	214	

2. 在读年级:____。[单选题]

选项	小计	比例
A. 大一	160	74.77%
B. 大二	37	17.29%
C. 大三	10	4.67%
D. 大四	7	3.27%
本题有效填写人次	214	

3. 你是否玩网络游戏?____。[单选题]

选项	小计	比例
A. 玩	163	76.17%
B. 不玩	51	23.83%
本题有效填写人次	214	

4. 你是否有意愿尝试玩网络游戏？____。[单选题]

选项	小计	比例
A. 没想法	23	45.10%
B. 一般，随意	28	54.90%
C. 很有意愿	0	0.00%
本题有效填写人次	51	

5. 你对于网络游戏的看法是____。[单选题]

选项	小计	比例
A. 网络游戏可以让人休闲放松	16	31.37%
B. 纯粹是用来打发闲余时间	10	19.61%
C. 曾经沉迷其中，现在觉得浪费时间、影响学习，不值得	6	11.76%
D. 不喜欢，不如做点别的事	19	37.26%
本题有效填写人次	51	

6. 如果你开始尝试，你会从哪些类型游戏入手？____。[多选题]

选项	小计	比例
A. 角色扮演类网游，如《魔兽世界》	7	17.95%
B. MOBA 竞技类，如《英雄联盟》（LOL）、《刀塔2》（Dota2）	14	35.90%
C. FPS 射击类，如《反恐精英：全球攻势》（CSGO）、《穿越火线》（CF）、《守望先锋》	9	23.08%
D. 大逃杀类，如《使命召唤16 大逃杀》（COD16 大逃杀）、《绝地求生》	11	28.21%
E. 休闲网页类，如"4399 小游戏"、QQ 空间的游戏	10	25.64%

续表

选项	小计	比例
F. 3A 大作类，如《赛博朋克 2077》（Cyberpunk 2077）	5	12.82%
G. 美少女游戏（GalGame）	5	12.82%
H. 手机游戏，如《王者荣耀》《绝地求生》	26	66.67%
I. 其他更多	3	7.69%
本题有效填写人次	39	

7. 你一般玩游戏的频率是____。[单选题]

选项	小计	比例
A. 每天	81	49.69%
B. 一周 2～4 次	40	24.54%
C. 每月几次	10	6.14%
D. 不定时，看心情	32	19.63%
本题有效填写人次	163	

8. 你对于网络游戏的看法是____。[单选题]

选项	小计	比例
A. 纯粹是用来打发闲余时间	50	30.67%
B. 网络游戏能在紧张的学习中得到放松	82	50.31%
C. 能得到现实中不能体验的感觉，因而喜欢	25	15.34%
D. 不喜欢，又"肝"又"氪"还赢不了	1	0.61%
E. 其他	5	3.07%
本题有效填写人次	163	

9. 目前，你主要玩的游戏类型是____。[多选题]

选项	小计	比例
A. 角色扮演类，如《魔兽世界》	21	12.88%
B. MOBA 竞技类，如《英雄联盟》（LOL）、《刀塔 2》（Dota2）	58	35.58%
C. FPS 射击类，如《反恐精英：全球攻势》（CSGO）、《穿越火线》（CF）、《守望先锋》	38	23.31%
D. 大逃杀类，如《使命召唤 16 大逃杀》（COD16 大逃杀）、《绝地求生》	40	24.54%
E. 休闲网页类，如"4399 小游戏"、QQ 空间的游戏	19	11.66%
F. 3A 大作类，如《赛博朋克 2077》（Cyberpunk 2077）	18	11.04%
G. 美少女游戏（GalGame）	13	7.98%
H. 手机游戏，如《王者荣耀》《绝地求生》	119	73.01%
I. 其他	15	9.20%
本题有效填写人次	163	

10. 你在网络游戏上的花费大概是____。[单选题]

选项	小计	比例
A. 50 元以内	71	43.56%
B. 50～100 元	23	14.11%
C. 100～500 元	36	22.08%
D. 500 元以上	19	11.66%
E. 更多	14	8.59%
本题有效填写人次	163	

11. 你对于最喜欢玩的游戏的喜爱程度是____。[单选题]

选项	小计	比例
A. 非常喜欢	16	9.82%
B. 喜欢	69	42.33%
C. 一般，佛系玩家	74	45.40%
D. 不喜欢	3	1.84%
E. 非常不喜欢，耽误我学习	1	0.61%
本题有效填写人次	163	

12. 你每周用来体育锻炼的时间是____。[单选题]

选项	小计	比例
A. 资深宅，不锻炼	52	24.30%
B. 3小时以内	94	43.93%
C. 3~6小时	51	23.83%
D. 6小时或以上的健身达人	17	7.94%
本题有效填写人次	214	

13. 你每周用来社交的时间是____。[单选题]

选项	小计	比例
A. 资深宅，不交流	22	10.28%
B. 3小时以内	75	35.05%
C. 3~6小时	75	35.05%
D. 6小时或以上	42	19.62%
本题有效填写人次	214	

14. 游戏是否会挤占你的时间，出现无法完成学习任务的现象呢？____。［单选题］

选项	小计	比例
A. 会	35	21.47%
B. 还行，一般	91	55.83%
C. 不会	37	22.70%
本题有效填写人次	163	

15. 在玩网络游戏后，在现实生活中参加集体活动或聚会与以前相比，有何变化？____。［单选题］

选项	小计	比例
A. 因为网络游戏认识了很多人，所以集体活动更多了	27	16.56%
B. 和以往一样，没变化	119	73.01%
C. 比以前少了	12	7.36%
D. 基本不参加，忙着玩游戏、练级、上分段	5	3.07%
本题有效填写人次	163	

16. 你玩网络游戏的主要原因是什么？____。［多选题］

选项	小计	比例
A. 交朋友	56	34.36%
B. 在虚拟世界称霸	24	14.72%
C. 消磨时间	90	55.21%
D. 获得现实利益，挣钱	18	11.04%
E. 放松心情	132	80.98%
F. 有成就感，可以做些现实中做不了的事情，很爽	67	41.10%

续表

选项	小计	比例
G. 其他更多	5	3.07%
本题有效填写人次	163	

17. 你认为网络游戏对大学生的影响是什么？____。[单选题]

选项	小计	比例
A. 有利于开阔视野、结交好友、活跃思维	103	48.13%
B. 浪费时间，影响学习和生活	60	28.04%
C. 无影响	39	18.22%
D. 其他	12	5.61%
本题有效填写人次	214	

18. 大学上课期间，你有无出现以下的情况？____。[单选题]

选项	小计	比例
A. 上课走神，因为想着游戏，如双倍奖励没拿到、错失超神或错失"5杀"的成就	30	18.40%
B. PSP 或手机在手，打游戏	29	17.79%
C. 与好友谈论联手游戏，怎么闯关、练级、上分段	28	17.18%
D. 我是个好学生，上课一向认真听讲	76	46.63%
本题有效填写人次	163	

19. 大学生活期间有没有以下现象？____。[单选题]

选项	小计	比例
A. 因为游戏而废寝忘食，需要同学帮忙打饭，甚至不吃饭	17	10.43%
B. 周末通宵打网络游戏	39	23.93%
C. 自律性较强，生活作息正常	107	65.64%
本题有效填写人次	163	

三、调研分析

调查小组通过第1题、第2题，调查不同性别和年级的大学生对游戏的态度，了解游戏的受众人群；通过第3题、第4题和第5题，调查大学生群体对游戏的意愿和主观感受；通过第7题、第12题、第13题、第14题、第15题的时间分配问题，调查大学生在游戏、社交、运动等方面投入的时间与精力，通过对比时间来判断游戏对大学生的影响；通过第10题，调查大学生在游戏中的经济支出情况；通过第8题、第11题、第16题，调查大学生对游戏的心理认识；通过第17题、第18题、第19题，调查大学生活中游戏的影响。

简单来说，游戏中的社交其实就是一个缩小化的社会，虽然只涉及游戏圈子里面的人，但游戏者在其中的种种关系，也是与现实情况有着细微的关联的。持健康的游戏态度才是健康的生活方式，那么，调查由此展开。

（一）大学生网络游戏成瘾的原因

1. 网络游戏具有很强的吸引力

从"网络游戏调查问卷"的调查结果来看，有76.17%的人选"玩网络游戏"。网络游戏生动、刺激，又有一定的知识性和不可预测性，满足了大学生强烈的求知欲和好奇心；网络游戏的互动性为大学生提供了一个沟通、交流的渠道，满足了大学生结交朋友的需求；其虚拟性、可重复性、游戏规则和游戏秘籍的设计使大学生能够摆脱现实世界的束缚,完成现实生活中不可能完成的事情,体验到一种成就感;其平等性给大学生创造了一个平等交流的平台,满足了大学生渴望得到尊重的需求。

2. 网络游戏可以帮助一些大学生缓解和释放压力

有31.37%的人认为,网络游戏可以让人放松,玩游戏是为了舒缓压力,使心情愉悦,从紧张的氛围中得到放松。大学生面临学习压力、就业压力、情感压力、人际交往压力等多种压力,这些压力是大学生必须面对的挑战。由于大学生的自身能力、抗压能力和排解压力的能力有差异,一部分大学生在竞争中失败后,尤其是那些性格内向的、不善于排解压力的大学生,可能会选择逃避现实,追求网络游戏带给他们的满足感。在游戏中,他们可以彻底摆脱现实世界中的压力,尽情地表达自我,使其受挫心理得到安慰,渐渐地,网络游戏成了他们排解孤独、抑郁的场所,成为他们的依赖。

3. 中学时期家庭和学校教育不得当

有19.61%的人认为,打游戏纯粹只是消磨时间。许多学生在中学时受到家长和老师的严格管教,没有形成良好的自制力和主动学习的习惯,部分学生还被灌输了"进了大学就是进了天堂"的错误思想。大学的学习、生活自主性要求较强,那些自制力差的学生就会迷失方向,容易陷入网络游戏的旋涡。同时,一些家长平时与孩子缺少沟通,或其与孩子沟通的方式、方法不恰当,对孩子不能起到积极的引导作用,使孩子对网络游戏的依赖性更强。

4. 学校未能激发学生的学习积极性

网络改变着大学生,使得新时期的大学生眼界更宽阔、思维更活跃,他们不喜欢传统的教学方式和陈旧的教学内容。而许多老师没有很好地跟上时代发展的步伐,没有及时转变教学观念、教学方法、教学内容,仍然习惯于传统的教学,使得很多大学生认为老师上课太呆板、太乏味,从而产生厌学情绪,造成大学生旷课的现象增多。另外,大学部分课程设置陈旧,甚至一些课程的大纲十几年都没变过,已与市场需求完全脱节。市场需要的人才,高校培养不出来;高校培养出来的人才,市场却不需要。这进一步导致了大学生产生厌学情绪。部分大学生在这种境遇中变得焦虑和迷茫,甚至选择逃避现实,网络游戏便是逃避现实的一种理想方式。

5. 意志不够坚定，迷于所谓的自由

首先，部分大学生认为，大学生活就是自由的天地，没有人管束自己。高中时，有的学校是实行断网式的封闭教育。高中生很少接触电子产品，并且时刻有老师、家长的监督。而大学不一样，如果在中学阶段没有培养形成坚定的自我意志，那么在大学的时候就可能会因为所谓的自由失去在大学应该努力的方向。因为没有制定明确的大学目标，大学生对于前进的方向会迷茫。如果方方面面都没有理顺，那么这些自由会让大学生有更多的机会去挥霍大学时光。其次，没有坚强的意志与明确的大学目标，很容易受到身边人的影响，舍友或者身边的朋友对游戏的热爱程度会严重影响个人对游戏的关注度。

（二）大学生沉迷网络游戏带来的危害

1. 严重影响大学生的身体健康

长时间无节制地玩网络游戏对大学生的身体健康是一种严重的摧残。在接受调查的人中，将近43.93%的人一周锻炼时间少于3小时，这个锻炼时间严重过短，还有24.3%的人从来不锻炼，所以玩游戏对身体有一定的害处，也不是没有道理的，玩游戏时间增加必然导致锻炼时间减少，从而对身体健康造成一定的影响。长时间看电脑屏幕，视力会被极大地损害，会感到眼花、眼干、眼涩、眼胀，严重的还会导致角膜炎和视网膜脱落。长时间保持同一坐姿，会引发颈椎和腰椎病，破坏身体的运动能力和协调性。长时间玩网游，大脑处于高度亢奋状态，又得不到休息，可能会出现神经衰弱、体内激素水平失衡，使免疫力下降。更极端的情况可能导致猝死，近年来，在校大学生因长时间上网玩游戏导致猝死的事件已经很多，触目惊心。

2. 影响大学生正常的学习

大学应该是大学生学习科学文化知识的黄金时期，但有些大学生一旦沉迷于网络游戏之后，网络游戏便耗费了他们大量本应用于学习、休息和课余活动的时间，严重地影响了他们正常的学习和生活，会造成严重分心、学习兴趣下降、学习目标丧失、上课注意力不集中、厌学，导致迟到、早退、旷课等现象频频发生，最终造成学习成绩下降、多门课程不及格、毕业时拿不到学位证，甚至无法毕业。

3. 造成大学生的思想道德水平下降、法律意识淡薄

在网络游戏的虚拟世界里，没有国家，没有政府，没有法律和道德的约束，大学生可以以虚拟的身份在这个世界中自由、任意行动，而不需要负责任。这很容易淡化大学生的责任意识和诚信意识，事实上，大学生的责任意识和诚信意识已经有日益淡薄的趋势。网络游戏充斥着严重的暴力情节，甚至有色情淫秽的内容，长期浸淫于这种环境之中，对大学生的法律意识有着严重的影响。在网络游戏中，大学生可以组成行会、帮派，为了争夺宝物和换取积分，他们可以在游戏中随意地杀掉其他人。长此以往，大学生看到的都是一些残酷无情、自私、冷漠的角色，可能造成道德缺失、法律意识淡薄、人性扭曲，甚至走上犯罪的道路。

4. 容易造成大学生人格异常和心理障碍

首先，沉迷于网络游戏的大学生整天面对机器，缺少真实的人与人之间的交往，容易形成孤僻、冷漠的性格。其次，网络游戏中的大学生都隐匿自己的真实身份，以虚拟身份进入游戏，从而把自我分裂为虚拟的和现实的。而沉迷于网络游戏的大学生常常陶醉于虚拟自我的那种自由、畅快与洒脱，不愿意面对现实的自我。因此，他们往往会不断地放大虚拟的自我，回避现实的自我，可能会形成双重的自我经常错位的人格。当现实的自我遭遇挫折时，沉迷于网络游戏的大学生就容易产生心理焦虑和浮躁，情况严重者甚至会引发各种心理疾病。

（三）大学生沉溺网络游戏的矫治方法

1. 学校教育

为了减少大学生网络成瘾现象，学校在开设网络课程的同时，要对大学生进行法制教育、"网德"教育、责任意识教育和自我保护意识的教育。要充分发挥校园网的教育作用，引导大学生把互联网作为学习知识、获取信息、培养创造力的工具。一方面，学校实施正确的上网教育，使大学生正确认识和使用互联网，成为网络的主人，让互联网活跃在大学生的生活中，而不是让大学生沉溺在网络生活中。另一方面，老师要关注学生的网上生活，教育学生学会选择，提高自控能力。对经常"泡"网的学生，老师要通过大量事实让学生认识到"泡"网的危害性，提高学生抵制不良影响的自觉性，同时，要进一步丰富学校的课余文化生活，经常开展适合学

生年龄特征的、内容健康且趣味性强的文娱体育活动，把学生吸引到老师的身边来。

2. 社会教育

社会各界要创造优良的网络文化环境，把网络游戏作为一项文化产业，组织开发主题健康、情节生动、受青少年喜爱的网络游戏产品，防止不健康游戏的泛滥，同时，要加强网络游戏的管理，规范网络游戏市场，完善网络安全保障的法律体系。

3. 家庭教育

要加强家庭教育指导，提高家庭教育水平。家长在教育孩子摆脱对网络游戏的依赖时，不应把打骂孩子看作制胜的"法宝"，而应对症下药、因病就医。对于已经上瘾的孩子，使他们摆脱网络游戏的有效办法就是家长引导孩子在现实生活中找到自信、获得成功。例如，家长经常鼓励和赞扬孩子的每个微小进步和优点，帮助孩子实现某个计划，鼓励孩子改善与他人的关系等，让他在现实生活中体验到成功感和受重视感，最终发现自己是一个重要的人，甚至是一个"英雄"，从而摆脱对网络游戏的心理依赖。

4. 自我提升

对"大学生沉溺于网络游戏"这一现象的改变方法，可以从转移自我注意力做起。几乎每个网络游戏沉溺者，都知道沉溺网络游戏的危害，但他们有些人把玩游戏当成了一种习惯。因此，首先，要做到合理作息，提高自律自控的能力。其次，要培养其他有意义的兴趣爱好，努力去尝试别的事情，将有限空余的时间，花在其他有意义的事情上，转移对网络游戏的关注程度。

四、调研结论

通过此次调查，得出以下几点结论。首先，我们了解到广工大学生中男生比女生更爱玩网络游戏，但是，大部分学生能控制自己花费在网络游戏上的时间和金钱，拥有一定的自控能力。其次，认为网络游戏不会对学习和生活产生较大影响的人占大多数，认为网络游戏有利于开阔视野、结交好友、活跃思维的人数位居第二，仅有少数人认为具有严重影响。最后，大学生对网络游戏的看法说明了大部分大学生能理智、正确地看待网络游戏，在一定程度上避免了沉溺于网络游戏现象的出现，然而个别自控能力差的大学生深陷其中并且荒废学业的也依然存在。在此，我们谨希望他们能及时端正态度，认真对待学习和生活，做出合理的安排和规划，实现自我价值。

第四节 调研报告案例节选（三）

项目名称：关于网络暴力的调研报告。

一、调研背景

什么是网络暴力？网络暴力是指利用各种平台散播具有一定负面性、攻击性、煽动性的言论的行为。网络暴力是一种危害严重、影响恶劣的暴力形式，是一类在网络上发表具有伤害性、侮辱性和煽动性的言语、图片、视频的行为现象，人们习惯称之为"网络暴力"。网络暴力会对当事人造成名誉损害，而且它已经打破了道德底线，往往也伴随着侵权行为和违法犯罪行为，亟须运用教育、道德约束、法律等手段进行规范。网络暴力是网民在网络上的暴力行为，是社会暴力在网络上的延伸。大到"人肉搜索"，小到"键盘侠"互喷、"黑粉"对当事人进行辱骂和人身攻击等行为，都属于网络暴力的范畴。

据2017年中国互联网络信息中心（China Internet Network Information Center，CNNIC）完成的第39次《中国互联网络发展状况统计报告》显示，截至2016年12月，中国网民规模达7.31亿，全年共计新增网民4299万人。互联网普及率为53.2%。[①]

为响应共青团中央向全国团员青年发出的"清朗网络、青年力量"号

---

① 参见《CNNIC发布第39次〈中国互联网络发展状况统计报告〉》，国家互联网信息办公室官网，2017年1月22日，见http://www.cac.gov.cn/2017-01/22/c_1120362500.htm。

召，动员广大团员青年积极参与"营造清朗的网络空间"活动，调查小组开展了"关于对网络暴力的态度及建议"的调研项目，以了解不同年龄的人群对网络暴力的理解和态度，了解网络暴力的现状，并提供有效的解决方案。

二、调研问卷

"关于对网络暴力的态度及建议的调查问卷"具体内容如下。

关于对网络暴力的态度及建议的调查问卷

1. 你的性别是____。〔单选题〕

   A. 男

   B. 女

2. 你的年龄段是____。〔单选题〕

   A. 16 岁以下

   B. 16～24 岁

   C. 25～35 岁

   D. 36～45 岁

   E. 45 岁以上

3. 你有了解过网络暴力吗？____。〔单选题〕

   A. 有

   B. 没有

4. 你认为网络暴力是一种怎样的行为？____。〔单选题〕

   A. 情绪发泄

   B. 盲目、无意识地跟从

   C. 部分人的自我炒作

   D. 正义感突然爆发而导致失控

5. 你觉得以下哪几种行为属于网络暴力？____。〔多选题〕

   A. 人肉搜索他人信息并公布于网络

   B. 在网络平台发布人身攻击的言论

   C. 转发不真实的信息

   D. 未经他人同意就发布他人的个人信息和照片

   E. 对自己不清楚的事肆意进行评论甚至道德评判

6. 你觉得网络暴力主要集中在哪种群体？____。〔单选题〕

   A. "御宅族"

   B. "追星族"

   C. 学生

   D. 其他

7. 你所发表的言论是否是在认真了解事情的所有经过后发表的呢？____。〔单选题〕

   A. 清楚了解

   B. 基本了解

   C. 略有了解

   D. 不了解

8. 你是否参加过一些集体性的网络暴力，比如进行"人肉搜索"、网络谩骂，或传播网络谣言等？____。〔单选题〕

   A. 是

   B. 否

9. 当你得知你所参加的某次网络暴力对他人的现实生活造成巨大的伤害，你会怎么想？____。〔单选题〕

   A. 很害怕，怕受到谴责

   B. 解恨，觉得他罪有应得

   C. 内疚，想要道歉

   D. 不关心，与我无关

   E. 其他

10. 你是否遭受过网络暴力？____。〔单选题〕

    A. 是

    B. 否

11. 当你遭受网络暴力后，会采取什么措施？____。〔单选题〕

    A. 直接对骂

    B. 法律手段解决

    C. 现实中予以报复

    D. 不予理会

12. 你觉得参加网络暴力需要负法律责任吗？____。〔单选题〕

    A. 需要

    B. 不需要

13. 你觉得是什么原因导致网络暴力的发生？____。〔多选题〕

A. 网民文化的参差不齐

B. 网络监督的不够完善

C. 网络的虚拟性和匿名性

D. 为获取不正当利益，恶意发布虚假信息

E. 网民的年轻化及从众心理

14. 你认为网络暴力应该如何管制？____。[多选题]

A. 加大有关部门的监管力度

B. 制定详细有效的法律法规

C. 加强抵制网络暴力的教育和宣传

D. 仅凭网民自觉，没有有效的措施

15. 就个人而言，你认为自己如何减少网络暴力？____。[单选题]

A. 只看，不发言

B. 不看，眼不见为净

C. 坚决与网络暴力做斗争

三、调研分析

（一）对网络暴力的认识

什么是网络暴力？你了解过网络暴力吗？在填写"关于对网络暴力的态度及建议的调查问卷"的 206 人中，83.98% 的人表示自己了解过网络暴力。事实上，在如今的信息时代，网络暴力已经不仅仅出现于某些特定事件，人们或多或少都接触过网络暴力，只是由于自身对网络暴力的定义过于模糊，才不清楚自身所遭受的网络行为属不属于网络暴力。那么，什么是网络暴力呢？

网络暴力是指网民在网络上的暴力行为，是社会暴力在网络上的延伸。网络暴力不同于现实生活中拳脚相加、血肉相搏的暴力行为，而是借助网络的虚拟空间用语言文字对人进行讨伐与攻击。虽然是"虚拟"的攻击行为，但也会对当事人造成巨大的伤害。这些恶语相向的文字，往往是一定规模数量的网民，因网络上发布的一些违背人类公共道德和传统价值观念以及触及人类道德底线的事件有所感而发表的言论。

那让我们来看一看以青少年为主体的调查对象对网络暴力的定义吧。

第八章　大学生体验式教学案例

第 5 题的问卷数据显示，89.32% 的人认为，用"人肉搜索"的方式收集他人的真实信息并公布是网络暴力。网络是无形的，但网络暴力给人造成的伤害绝不比肉体暴力轻。"人肉搜索"往往有着固定方向的性质与语言——诋毁、谩骂。这些语言文字刻薄、恶毒，甚至残忍，已经超出了对于这些事件正常的评论范围，不但对事件当事人进行人身攻击、恶意诋毁，更将这种讨伐从虚拟网络转移到了现实社会中，对事件当事人进行"人肉搜索"，将其真实身份、姓名、照片、生活细节等个人隐私公布于众。这些评论与做法，不但严重地影响了事件当事人的精神状态，更破坏了当事人的工作、学习和生活秩序，甚至造成严重的后果。事实证明，大多数人认为，直接对他人造成伤害的网络行为是网络暴力，但是，没有注意到有些会间接伤害他人的行为，例如，只有 43.2% 的人认为，转发不真实的信息是网络暴力，殊不知那些被谣言中伤的人的悲惨。总结起来，青少年对网络暴力的认知大多是没有基于以他人角度看问题而建立的，而是从自己的角度出发看待事件或者盲目跟风、从众并发表言论，这也是现在网络暴力的主要原因——自我意识过剩与盲从意识。

让我们来看看案例。

2018 年 4 月 13 日，演员刘某某发布律师声明进行辟谣，称不实信息对自己的工作生活造成干扰，将就本次网络暴力事件依法追究法律责任。[①] 清明节前后，演员杨某出演电视剧《全职高手》引起部分同名书籍的爱好者的不满，并对其进行了网络暴力攻击，更有甚者还做出了焚烧杨某海报等极端行为。对此，《全职高手》剧组发表声明表示已采取相应的法律措施[②]……近日，有多位明星因为网络暴力不得不发表声明，有些还走了法律程序。

利用网络的虚拟空间，用攻击性、侮辱性的语言超出事件正常评论范围，使当事人名誉受损的侵权行为成为网络暴力的典型表现之一。现实中，这类侵权案件频频发生。

那么青少年会将网络暴力归根结底于什么原因呢？

[①] 参见《遇上范冰冰杨洋刘诗诗都痛恨的这件事　如何追责？》，新浪网，2018 年 4 月 17 日，见 https://news.sina.com.cn/c/2018-04-17/doc-ifzfkmth5070952.shtml。

[②] 参见《遇上范冰冰杨洋刘诗诗都痛恨的这件事　如何追责？》，新浪网，2018 年 4 月 17 日，见 https://news.sina.com.cn/c/2018-04-17/doc-ifzfkmth5070952.shtml。

据调查，51.46%的人认为，网络暴力的根源是盲目、无意识地跟从；29.13%的人认为，网络暴力的根源是自我情绪的发泄；还有少部分人认为，网络暴力的根源是自我炒作和正义感的突然爆发。这样的结果表明，人们认为，只有少数网络暴力的参与者是为了谋取私利而无视法律、铤而走险；不少网络暴力事件的参与者仅仅是为了起哄和发泄情绪，而对其行为产生的后果和相应的法律责任缺乏足够的认识。这也与前面的分析有着一致的方向，再次说明我们在宣传教育方面还有很多的工作要做。

总的来说，青少年在当今的信息时代对网络暴力都或多或少有所了解，但由于"三观"认知的原因，有些人对网络暴力有着误解，好在如今的素质教育让更多的人正确认识了网络暴力。但是，目前的情况是不太让人满意的，大家虽然意识到问题存在的点，却没有尝试从自身的角度出发来解决问题。

（二）网络暴力的群体及其原因

根据调查报告，80%以上的网民为35岁以下的青年。而这一特征在中国网络发展的20多年中不曾改变，且18岁以下以及18～24岁之间的网民比例呈上升的趋势。网民年轻化是网络暴力突现的直接原因。对于年长的人来说，这些年轻的网民血气方刚、充满激情、冲劲十足，但也容易冲动、容易被激怒、容易放纵自己。一旦在网络上发布主帖事件，他们就会迫不及待地用键盘表达自己的观点和立场，显出不满与愤怒。而这些愤怒的个体在网络上非常容易结成一个观点一致的暂时群体，然后他们以群体的身份、以"正义"的名义对当事人进行有计划、有目的、有组织的追讨与打击。他们以为自己正在伸张正义，却忽略了自己给别人带来的过度伤害。他们的年龄也决定了他们的思想认识水平及对事物认识的深度不足。他们既容易受群体情绪的影响，也容易受到表面信息的左右，急于对一件事情下是非判断，而无法迅速看清事件背后的复杂关系与原因。因为这种年轻的冲动与无知，他们很容易认同并实施"以暴治暴"的网络暴力。

网络本身的特性又比传统的媒体或言论平台更能容纳这种年轻的冲动与无知。正如一位网络编辑所说的，"网络暴民"这个词并不新鲜，其实"平媒暴民"已经存在很多年了。只不过"网络暴民"由于其发言成本低、联合成本低、杀伤半径大而更显威力罢了。不仅如此，网络的虚拟性使参与者每个人都可以隐瞒或编造自己的身份，而这种身份隐匿性又使得现实生活中本该遵守的规范和约束都失去了应有的约束力。这对于自律性不强、容易冲动与放纵的年轻网民来说，无疑是一个自由的天堂。

  在调查网络暴力群体的报告中，"追星族"的比例较高，反映出现在年轻追星的病态。追星作为粉丝表达对偶像喜爱的方式，极大地活跃了文艺圈的氛围。但是，随着追星从个人喜好变成组织性、规模化的活动，其性质和表现形式发生了微妙的变化。在狂热的追星行为的背后，其目的和意义不再单纯。据央视网报道，最近有一个网友因发表了质疑网络小说《魔道祖师》的言论，遭到该书作者粉丝的人肉搜索，该网友因不堪忍受网络暴力而选择自杀，所幸因抢救及时而保住了生命，但一些粉丝仍在继续人肉搜索。① 还有一部分是"宅"在家的人，这类人当"键盘侠"的比例较高。"江歌案"刚被爆出来的时候，一些"键盘侠"和喷子们用恶毒的字眼抨击逝去的同胞的年轻生命。死的是中国同胞，是一条刚刚24岁年轻鲜活的生命，是一位单亲妈妈唯一的依靠。这些"键盘侠"如此抨击逝去的同胞的年轻生命，年轻的生命不会因为抨击而再鲜活，她的灵魂只会无法安息，她的母亲看到这样的谩骂会心如刀绞，伤她们最深的，除了凶手，或许还有恶意攻击她们的"键盘侠"。现如今流行一句话："你怕鬼吗？如果你觉得鬼可怕，那是你没有见过人心。"你永远不知道那些"键盘侠"内心的恶毒、背后的善恶。每个人都有选择自己生活的自由和权利，我们并没有权利去对别人的生活指手画脚，这样做只会给别人造成巨大的伤害，当然，我们并不奢望每一个人都能对他人的做法和生活方式做到尊重、理解和包容，但是最起码，可以做个好人，善良一点，管住自己的嘴，别人的事少评论，因为你根本不知道别人背后是什么样子的，每个人都有为自己努力生活的资格和对生活的无奈，所以不要随意对别人评头论足。

---

  ① 参见《网络小说〈魔道祖师〉的言论，遭到该书作者"墨香铜臭"的粉丝的人肉搜索》，北晚在线百度百家号，2018年9月4日，见 https://baijiahao.baidu.com/s?id=1610666189483741718&wfr=spider&for=pc。

(三) 人们发表言论的态度和此行为的后果

在第 7 题中,我们了解到有 58.25% 的人都是基本了解了事件的所有经过才发表言论的,但很多事情都有其背后的故事,这些故事是人们无法从网络上知道得特别清楚的,如当事人的性格等。

2007 年,北京 31 岁的女白领跳楼。在其生前的博客中,她将自杀原因归咎为丈夫的不忠,并在博客中贴出了丈夫和"第三者"的照片。在她去世后,她的博客被一些网民转贴到各大论坛,引起了网络热议。此后,当事人的丈夫姓名、职业、住所都被曝光,生活受到了极大的影响。从路上被人破口大骂到住处被红漆写满"血债血偿",他难以忍受,向当地法院提交了诉状,提出要求侵权网站给他赔偿 1.3 万元的赔款,并在一些访问中表示网络盛传的内容很多是不实的。而网民多被这些失实的传言所带动。① 不可否认,人们对当事人的问责起始于正义和道德的初衷,基于朴素正义的动机,但随着越来越多不明真相的网民的盲目参与使舆论愈演愈烈,正义和道德逐渐被掩盖和扭曲,最后演化成打着道德的旗号通过肆意谩骂、曝光隐私、现实谴责等方式来实现道德审判,给当事人造成严重的心理困扰。

(四) 从良心和参与度谈网络暴力

此次"关于对网络暴力的态度及建议的调查问卷"显示,参加过一些集体的网络暴力如网络谩骂、"人肉搜索"或网络谣言的传播的人占 5.83%,没有参与过的占 94.17%,可以说,大部分人都没有参与过集体的网络暴力。

然而,网络暴力事件却时常发生。2018 年 2 月,在平昌冬奥会 13 日的短道女子 500 米决赛中,韩国名将崔某某虽第 2 个冲线,但因犯规被剥夺成绩。第 4 个冲线的鲍某递补成为季军。因此,她变成韩国网民网络暴力的目标,除了面对大量侮辱性的语言,甚至还遭遇死亡威胁,因此,鲍廷不得不关闭社交媒体账号的评论。可见即使是很少人参与的网络暴力事

---

① 参见《人肉搜索第一案》,百度百科,2022 年 3 月 24 日,见 https://baike.baidu.com/item/人肉搜索第一案/5693492?fr=Aladdin。

件,还是有可能给当事人带来困扰甚至是伤害。那么,那些参与过网络暴力事件的人事后又是何种感受呢?

根据"关于对网络暴力的态度及建议的调查问卷"数据显示,60.68%的人事后深感内疚、想要道歉;9.22%的人事后感到很害怕,怕受到谴责;5.34%的人表示不关心,觉得事件与自己无关;21.84%的人选择了其他;还有2.92%的人觉得很解恨。大多数网民参与网络暴力事件时,会带着个人情感去看待事物。换而言之,就是人们对待一个事件往往会有第一印象,就是个体对网络事件的第一态度,而在接下来的过程中,对事件进行搜索或者获得资料试图去辨明事件真相也不能解决问题,因为进入网络世界的人们有一个共通的特点,就是在利用搜索网站进行搜索时,所搜寻到的资料和观点基本都是和自己原本持有的观念相一致的观点,在这个搜索过程中,不但无法将其从错误引向正确的观点,反而会更加强化其原有的观点。一件事情在网络上引起争论,引来各方的关注和讨论,原本是件好事,经过讨论和辨别的事情能够更加趋近真理,但网络暴力的发生也是网络事件引起争论的结果,而且这样的结果不是讨论结果的价值多元化,而是两种截然相反的极端观点占主流地位,网民不自觉地站队,无形中充当了网络暴力事件的推动者。

2018年,中国内地主持人李某因癌症在美国去世,他生前所发的最后一条微博内容是关于感恩节的,并提及自己的妻子、女儿以及所有人表示感恩。但是,在这条正常的微博下,迎来的是骂声一片。事件的起因是一位网民爆出李某全家已经移民美国,瞬间将李某带至"是否爱国"的舆论漩涡。当李某去世的消息传出来后,舆论才得以澄清,李某一家去美国只是为了治疗癌症,而当初在其微博下肆意谩骂的网民没有一个站出来向李某一家道歉。无独有偶,2018年10月28日上午,重庆市一辆大巴车与小轿车发生碰撞,大巴车从万州长江二桥冲下坠入江中,"坠江事故女司机"登上热搜,同时,女司机的个人资料与身份信息也一并被扒出,一位普通的女性因为卷入一场不幸的交通事故而被万人辱骂,直到警情通报发出才知道,这位被某些网民定了"死刑"的女司机原来也是一名受害者,真相出来以后,不少媒体和网民纷纷删帖道歉,但有些媒体却摇身一变,站在道德制高点发起谴责,全然不顾自己曾率先发布虚假消息而误导舆论。

面对网络暴力现象，参与者事后的表现体现了他们的道德素养，尽管这种事后道歉的方式最终也无法抹去网络暴力事件给当事人带来的伤害，但是相比于"觉得解恨"更能让人们接受。

（五）解决网络暴力的途径

网络暴力能对当事人造成名誉损害，而且它已经打破了道德底线，往往也伴随着侵权行为和违法犯罪行为，亟待运用教育、道德约束、法律等手段进行规范。网络暴力是网民在网络上的暴力行为，是社会暴力在网络上的延伸。网民若想获得自由表达的权利，也要担当起维护网络文明与道德的使命。

从调查中可以得出，绝大部分人没有受过网络暴力，这可以说明随着人们对网络暴力危害的认识与了解，网络暴力的现象与往年相比有所减少，但还是存在一小部分人受到网络暴力，说明网络暴力的现象虽有所减少，但依然存在于我们身边。当被问到"遭遇网络暴力时会采取什么措施"时，52.43%的人会运用法律手段解决，41.26%的人会不予理会，只有极少数人会采用直接对骂和在现实中予以报复的方式，由此可见，人们的法律意识还有待提高。

先看一下维权的事例分析：2014年7月初，某匿名网友在某手机软件上发布文字称"白某某在奢侈品店顺东西被发现了"。多家网站在未经核实的情况下，转载了相关内容，迅速引来大批网友留言讨论。白某某随后起诉该网络平台。一审后法院认定，该平台构成了对白某某名誉权的侵犯，判决其刊登致歉声明并赔偿白某某各项损失13万余元。①

在我们看来，正确运用法律手段是解决网络暴力的方法之一，不予理会则会更加纵容"键盘侠"的猖獗，使网络暴力的行为愈发严重，而采取直接对骂和在现实中予以报复的方式则是更加不理智的行为，这只会助长网络暴力的嚣张气焰，万万不可取！当然，由调查可知，绝大部分人觉得参加网络暴力需要负法律责任，只有极少部分人不觉得如此。由此可见，人们在面对网络暴力时有较强的法律意识，认为网络不应该是法外之地。

---

① 参见《编造白百何"偷窃"消息网站被判赔偿13万》，中国新闻网，2015年1月14日，见 https://www.chinanews.com.cn/yl/2015/01-14/6969193.shtml。

在互联网上,由于网络空间的虚拟性,人们使用语言更为随意和不加约束,散布谣言、恶意攻击、谩骂泄愤、"人肉搜索"等现象相当普遍。我国目前尚无规制网络暴力的专门法律规定,但有一些管理网络信息服务、维护网络安全的法律规范涉及网络暴力行为。

我们认为,防治网络暴力必须疏堵结合、综合防治。要通过行之有效的宣传教育,提高网民特别是广大青少年的道德自律意识,增强他们的分辨能力、选择能力和对低俗文化的免疫力,培养健康的心态和健全的人格,在全社会倡导文明的、负责的网络行为;相关职能部门应加快对个人信息保护的立法研究,尽快出台相应的法规、制度,加大依法惩治的力度,通过法律手段规范人们的网络行为,净化网络环境。

(六) 网络暴力形成的原因

在第13题"你觉得是什么原因导致网络暴力的发生"的回答中,88%的受调查者认为,原因是网民文化素质的参差不齐;79%的受调查者认为,原因是网络监管的不够完善;84%的受调查者认为,原因是网络的虚拟性和匿名性;63%的受调查者认为,原因是部分网民为获取不正当利益而恶意发布;72%的受调查者认为,原因是网民的年轻化及从众心理。各选项填写人数的百分比大致持平,从以上数据可以看出,网络暴力的形成原因是多方面的,以下将对此展开分析。

1. 客观方面

(1) 网络的虚拟性和匿名性为网络暴力的发生提供了途径与保护。南京师范大学的社会学教授吴亦明认为,匿名身份是造成网络暴力愈演愈烈的重要原因。[①] 网民是"无名"的大多数,不必为自己的行为承担任何责任,风险近于零。网络的虚拟性和匿名性使网民在网络中不必展现自己的真实身份,这就让网民在各种网络行为中可以不受现实身份带来的约束,不必承担真实身份所带来的责任与义务,这无形之中为网络暴力的发生提供了途径。同时,这种自由又使网民获得了一种身份被隐匿的安全感。当

---

① 参见《晾晒》女司机、"讥讽"打伞门,多少"网语如刀"伤人无形?——透视"网络暴力"现象》,中国政府网,2015年5月11日,见 https://www.gov.cn/zhengce/2015-05/11/content_2860215.htm。

网络暴力发生后，人们很难通过法律途径追究违法者的责任，因为人们在虚拟世界中的身份并没有一一对应到现实个人。在这种情况下，网民在网络中可以畅所欲言、任意宣泄自己的情绪，把自己在现实生活中不敢表达的言论通过网络表达出来，进而促成了网络暴力的发生。

（2）维权难度大，导致追责少之又少。虽然近年来因"人肉搜索"而导致个人信息泄露、名誉权受损的典型案例不下十例，然而真正维权的却少之又少，因言语侮辱或泄露隐私而最终被惩戒的更是屈指可数。上海泛洋律师事务所合伙人刘春泉说："在网络上追本溯源很困难，涉及的责任主体太多，侵权证据难以确定，由此维权比较困难，而且参与人容易产生'法不责众'的心理。"①

（3）网络监管的不完善使网络暴力事件难以控制。我国的网络建设起步较晚，网络监管方面更是存在诸多漏洞，网络信息安全监察部门尚未建立起足以应对网络监管需要的运行机制，监管人员在行使相关职责时显得有些心有余而力不足。监管的不完善使大规模的网络暴力在发生前难以被预防，因为造成网络暴力的源头很难在第一时间被发现；在网络暴力发生后，也难以追责。

2. 主观方面

（1）网民文化素质参差不齐。在网络中，网民鱼龙混杂，其素质也参差不齐。调查显示，31.4%的网民觉得进行"人肉搜索"并没有什么不妥；37.4%的网民觉得在网上讲粗话也不是什么大事；24.9%的网民觉得在网络世界做什么都可以、无所顾忌。这表明在当今的网络环境中，的确存在一部分自身素质不高的网民。在遇到一些需要评判的道德现象时，部分网民很难在没有约束的情况下，做到控制自己的情绪、合理宣泄内心的负能量，反而可能会在网络上实施网络暴力，肆意攻击、侮辱他人。

（2）部分网民为获取不正当利益而恶意发布不当言论。现如今的网络中存在某些不法分子借用"人民大众"之名，恶意散布谣言，制造对立，激化矛盾，影响社会稳定。例如，2018年4月9日，北京市第一中级人民

---

① 参见《透视"网络暴力"现象："网络暴力"应纳入监管 规范治理"可畏人言"》，国家互联网信息办公室官网，2015年5月11日，见 http://www.cac.gov.cn/2015-05/11/c_1115246449.htm?from=singlemessage。

法院对范某某名誉侵权案进行二审。据悉，陈某某以"秦岭二月"为名的微博账号，在网络上发布多条涉及演员范某某与他人私人关系的微博。范某某认为该行为侵犯了自己的姓名权、名誉权，将陈某某诉至法院，要求他赔礼道歉并进行赔偿。一审法院支持了范某某的诉求，陈某某不服提出上诉。二审将择期宣判。陈某某在被问及是否对涉案微博内容的真实性进行过审查时，他表示没有。同时也承认，他知道自己所发的微博内容会被几十万粉丝看到，但仍然发布了。范某某名誉侵权案的代理人之一，北京星权律师事务所的朱主任则认为，陈某某在发布有关诽谤范某某的微博之前，粉丝只有30多万人，发布这些微博后的2个月内，粉丝人数增加到了57万多，正是这些侵权的微博内容为其带来了流量、粉丝。"流量可以转变为商业价值，不少网络语言暴力的发帖者是为了牟利。"①

（3）网民年轻化及集体无意识。根据中国互联网络信息中心（CNNIC）在北京发布的第40次《中国互联网络发展状况统计报告》可知，截至2017年6月，我国网民仍以10～39岁群体为主，占整体的72.1%：其中20～29岁年龄段的网民占比最高，达29.7%，10～19岁、30～39岁的群体占比分别为19.4%、23.0%。由此可见，我国网民群体趋于年轻化。这一年轻群体的社会阅历相对简单，其辨别是非的能力相对较弱，因此，他们往往会在未经确认事实真相的情况下，跟风转发各类谣言以及不当言论，进而引起大规模的网络暴力。

（4）"固有"印象代替事实的判断。南京师范大学教育科学学院教授殷飞认为，"教师性侵""体罚学生""教师收礼"等新闻近年来层出不穷，渐渐将教师群体妖魔化。一旦涉及师生关系的新闻出现，很多网民会先入为主地将教师看成是有过错的一方。不仅教师、学生的合法权利受到侵犯，也进一步加剧了教师"妖魔化"倾向。② 网友大多主观地把第一印象代入事件中，在没有去考虑事件发生的前因后果的情况下而去胡乱指责一番，这才引发了一系列的网络暴力事件。

---

① 《遇上范冰冰杨洋刘诗诗都痛恨的这件事 如何追责？》，新浪网，2018年4月17日，见 https://news.sina.com.cn/c/2018-04-17/doc-ifzfkmth5070952.shtml。

② 参见《晾晒》女司机、讥讽"打伞门"，多少"网语如刀"伤人无形？——透视"网络暴力"现象》，中国政府网，2015年5月11日，见 https://www.gov.cn/zhengce/2015-05/11/content_2860215.htm。

（七）对防止网络暴力的建议

结合调查，我们发现大部分人都或多或少地接触过网络暴力。网络暴力其实还具有传染性，当你一接触它，便会不由自主地被同化，例如，别人在网络上辱骂了人，那么那个人也会相应回击，一来二去，你会发现自己慢慢地变成了那个对别人进行网络暴力的人，所以说，解决当今的网络暴力问题迫在眉睫，那么怎么去解决这个问题呢？在此我们提出以下五个建议。

（1）完善相关法律法规，用法律约束网络暴力行为。法律是维护秩序、社会稳定的重要保证，因此，一个健康有序的网络环境必须要有完善的法律法规来保障，网络社区行为的规范需要法律来做有效的引导。现阶段，之所以会出现那么多网络暴力事件，是因为相关的法制建设仍然有待完善。据了解，我国目前尚没有一部专门的法律对个人隐私做出详细的解释和保护细则，从个人到机构对隐私的保护意识都比较薄弱，甚至一些买卖个人隐私信息的事件屡屡发生。专家建议，言论自由既不能突破法律规定，也不能超越道德底线，更不等于豁免社会责任，因此，应对个人信息圈定"保护网"，对"人肉搜索"制定法律红线，更有必要划清言论自由与侵权之间的界限。应制定私人信息保护法，规定保护范围，并制定侵害个人隐私的侵权责任，甚至追究侵害私人信息的刑事犯罪责任。只有做到有法可依，当事人才可以最大限度地保护自己，免遭网络暴力的攻击和伤害；只有有法必依，网络暴力及非理性行为才能受到约束和规范。我们相信，随着政府的发力以及法律的不断完善，"法不责众"的心理会慢慢消失，"语不惊人死不休"的现象会逐渐减少。

（2）强化网络实名制。2015年3月，国家互联网信息办公室发布了《互联网用户账号名称管理规定》，规定互联网信息服务提供者应遵循"后台实名、前台自愿"的原则，要求用户实名注册。这一举措对网络暴力的发生起到了制约作用，一定程度上有利于减少网络暴力现象。不容忽视的是，"全网实名制"可能还未完全做到，有些人还在试图钻法律的空子，但我国的全网实名制正在全面展开，继续强化网络实名制，网络暴力等不和谐的网络现象必将受到抑制。

（3）确立网络运营商的责任追究制度。在市场经济条件下，一些网络运营商有可能会因为过于关注经济利益而忽视自己身上背负的社会责任，给网络暴力的滋生提供了环境。各大网站应扮演好"把关人"的角色，适当处理失实言论，必要时予以删除。同时，至关重要的是，网络运营商应培养"意见领袖"，在网络暴力的悲剧再次上演之前，通过"意见领袖"进行行之有效的正向引导。在过去很多有舆论引导的成功事件中，我们都可以看到"意见领袖"所发挥的至关重要的作用。当网民在网络中面临困惑时，"意见领袖"的适时出现将会引导舆论正向发展，降低网络暴力的出现。

（4）加强网民教育、网民自律。网络暴力事件的主体是网民，因此，必须从网民身上寻找切入点。一方面，应加强对网民的素质教育，不仅要注重培养其科学文化修养，而且应注意加强对其的思想道德教育，提升网民群体的整体素质，在全社会倡导网络文明之风。另一方面，网民自身也应反思，作为新时代的一员，努力肩负自身应承担的责任是每个网民应尽的义务，要增强法律意识，自觉约束自己的行为，增强自身的分辨能力，理智地对待各种网络信息。

（5）传统媒体扛起社会责任。相比之下，《人民日报》、中央电视台等传统媒体发布的信息更加权威，上面所讨论的话题在人们心中的分量更加重要，因此，传统媒体应主动承担起引导社会舆论的责任，发挥自身的导向功能，及时关注事件的发展方向以及网络舆情，在网络上的舆论有失偏颇时，应对非理性的言论进行适当引导，避免网络暴力悲剧再次发生。唯有各方力量共同做出努力，才能还网络一方净土。我们相信终有一天，网络暴力不会再威胁我们的生活，文明网络会成为网民共同坚持的原则，每个人都会生活在一个更加干净的网络环境中。

网络世界的发展必定会经历许多的坎坷，但是，只要我们积极努力，以道德为榜、以法律为绳，在网络世界慢慢建立起同现实社会一样的规则秩序，那么一切都会慢慢好起来。

四、调研结论

键盘，在如今也许并不只是一种网民为自己发声的武器，很多时候它还成了伤害他人、道德绑架的凶器。

无论是从网络暴力的案例分析，还是从现实情况分析，网络的匿名性和虚拟化都在弱化人们的法律意识，让网民认为不需要在网上为自己的行为负责。网民年龄的年轻化以及从众心理的盲目性和情绪性，让他们往往会在未经确认事实真相的情况下跟风转发各类谣言以及不当言论，进而引起大规模的网络暴力。

为此，第一，我们应尊重自己手中的话语权，不要让自己手中的工具既伤害了别人又伤害了自己。第二，我们要增强自身的文化素质，让自己有辨别言论真假的能力。不能因为网络的高自由度就畅所欲言，在没搞清楚事件的真相时，要避免随意跟风发声。在一些网络事件的评论中，应该尽量保持理性的心态、清醒的态度，尽好自己应尽的义务，共同创造美好的网络空间。

同时，管理者要建立合理的网络规则。互联网的出现有力地提高了涉及公共利益的透明度，加强了公众的知情权。建立一个合理的网络规则，其核心在于划清言论自由和侵权的界限，对网络侵权的行为给予法律的制裁。

现今是互联网发达的年代，在虚拟的网络上，我们要学会正确地发表自己的言论。网络的秩序需要所有网民共同来维护，我们要从自己做起，拒绝网络暴力，践行文明绿色上网。

第五节　模拟联想式体验教学案例

项目名称：新时代最可爱的人。

教学方式：演绎话剧，用多媒体展示技术模拟实景，仿写和朗诵诗篇。

具体演绎如下。

一、开篇讲述理想信念对人生的价值与意义

漫漫人生，唯有激流勇进、奋力拼搏，方能中流击水，抵达理想的彼

岸。科学的理想信念，既是指引人们穿越迷雾、辨识航向的灯塔，也是激励人们乘风破浪、搏击沧海的风帆。其一，理想信念是人的精神世界的核心，是人精神上的"钙"。拥有坚定的理想信念，精神上就会充满了"钙"，就会是精神世界的"硬骨头"。一个人精神上有"钙"，就不容易精神空虚，更不会陷入精神荒漠，就会既能感受精神生活的丰满充实，更能承担时代所赋予的历史重任。其二，理想信念是人类特有的精神现象。人既需要物质资料来实现生存和发展，也需要理想信念来充实精神生活。正确坚定的理想信念，激励着人们为一定的社会理想和生活目标而不断努力追求。理想指引方向，信念决定成败。如果说，社会是大海，人生是小舟，那么理想信念就是引航的灯塔和远航的风帆。其三，理想信念昭示奋斗目标。人生是一个在实践中奋斗的过程，要使生命富有意义，就必须在科学的理想信念指引下，沿着正确的人生道路前进。其四，理想信念催生前进动力。志向高远，便力量无穷。一个人有了崇高坚定的理想信念，才会以惊人的毅力和不懈的努力成就事业。其五，理想信念提供精神支柱。理想信念是一个人在精神生活领域安身立命的根本。有了理想信念的支撑，人的精神世界就如同有根之木、有基之塔。理想信念能够在人们遭遇挫折、经受考验的时候，提供一种强大的精神力量，使人不被困难所压倒，顽强奋斗，直至战胜艰难险阻。其六，理想信念提高精神境界。理想信念是衡量一个人精神境界高下的重要标尺。理想信念作为人的精神世界的核心，一方面能使人的精神生活的各个方面统一起来，使人的精神世界成为一个健康有序的系统，避免精神空虚和迷茫；另一方面，又能引导人们不断地追求更高的人生目标，并在追求和实现理想目标的过程中提升精神境界、塑造高尚人格。

二、仿写不朽名篇，用话剧真实演绎人物形象

70多年前，魏巍有感于中国人民志愿军战士在抗美援朝前线的奋斗牺牲，写下了不朽名篇《谁是最可爱的人》：

> 谁是我们最可爱的人呢？我们的战士，我感到他们是最可爱的人。

也许还有人心里隐隐约约地说：你说的就是那些"兵"吗？他们看来是很平凡、很简单的哩，既看不出他们有什么高深的知识，又看不出他们有什么丰富的感情。可是，我要说，这是由于他跟我们的战士接触太少，还没有了解我们的战士：他们的品质是那样的纯洁和高尚，他们的意志是那样的坚韧和刚强，他们的气质是那样的淳朴和谦逊，他们的胸怀是那样的美丽和宽广！①

魏巍的笔触入木三分，中国人民志愿军战士的故事感人至深，但是，抗美援朝运动已是遥远的70多年前，对于生活在21世纪20年代的青年大学生群体而言，已经像是传说中才会出现的英雄故事。然而，每个时代都有自己的英雄人物，2020年以来，我们见证了太多就发生在今天的、距离我们的生活并不遥远的新时代英雄事迹，他们既不是故事，也不是传说，而是一个又一个普通人对理想信念的理解和践行。其中，最为引发我们感慨与共鸣的是新时代最可爱的人——2020年中印加勒万河谷的边境冲突中牺牲的烈士陈祥榕、肖思远、王焯冉、陈红军。

今天，生活在21世纪20年代的青年大学生在小学时就被教育"红领巾是国旗的一角，是用烈士的鲜血染红的""我们今天的幸福生活来之不易"等关于理想信念的见解，一如所有生活在和平年代、沐浴着改革春风的青年男女所接受的教育。硝烟远去、国家安定、生活幸福，对于上述有关理想信念的概念，更加知易行难，曾经的我们内心满是疑虑，毕竟在中学生必读名著《钢铁是怎样炼成的》一书中，今天的青年大学生曾经读到过这样的句子："人最宝贵的东西是生命，生命属于人只有一次。"是啊，生命只有一次，人死不能复生，是什么支撑那些英烈不畏艰险、流汗流血乃至牺牲？

通过了解2020年中印加勒万河谷边境冲突中牺牲的烈士们的光荣事迹，我们明白了，那就是保家卫国的坚定理想信念！同样是在《钢铁是怎样炼成的》一书中，作者奥斯特洛夫斯基借着笔下主人公保尔·柯察金说出了这样的感悟："人的一生应该是这样度过的：当他回首往事的时候，他不会因为虚度年华而悔恨，也不会因为碌碌无为而羞耻。这样，在临死

---

① 参见张德明《报告文学的艺术》，复旦大学出版社1984年版，第212—213页。

第八章　大学生体验式教学案例

的时候,他就能够说:'我的整个生命和全部精力,都已经献给世界上最壮丽的事业——为人类的解放而斗争。'"彼时的苏联,彼时的人,他们的理想信念是崇高的共产主义。今日的中国,今日的人,我们的理想信念就是为了祖国、为了同胞,也为了自己而奋斗,而这也正是 2020 年中印加勒万河谷边境冲突中牺牲的烈士们的理想信念——站在边境线上,身前是国,身后是家,我们决不能把祖国的领土守小了,更不能把祖国的领土守丢了!

于是,在魏巍写下不朽名篇《谁是最可爱的人》的 70 多年后,有感于那些奋战在守卫祖国边防一线、奋战在脱贫攻坚一线的新时代最可爱的人的光辉事迹,我们也模仿魏巍先生写下了这样一段文字:

> 谁是我们最可爱的人呢?首当其冲的,当然依旧是我们的解放军战士,守卫边防有他们,抗洪抢险有他们,脱贫攻坚也有他们,当然,不仅仅是解放军战士,还有白衣战士、扶贫工作者等,我感到他们都是最可爱的人。也许还有人心里隐隐约约地说:你说的就是那些"兵"吗?他们看来是很平凡、很简单的哩,既看不出他们有什么高深的知识,又看不出他们有什么丰富的感情。没错,以 2020 年中印边境加勒万河谷冲突中牺牲的烈士为例,陈祥榕出生于 2001 年 12 月,正值高考升学的年纪,没去考个好大学,读个热门专业,将来在市场经济的风口行业中谋个好前程,而是投身军营。肖思远入伍前就读的是河南农业职业学院。王焯冉则是中专毕业。陈红军毕业于西北师范大学,并不是青年学子趋之若鹜的所谓"双一流"大学,且自他从军后只能舍小家为大家,忠孝不能两全,同妻子父母聚少离多。这几位战士放在我们这样的普通人群体中确实算不上多突出、多光鲜亮丽。可是,我要说,这是由于你跟我们的战士接触太少,还没有了解我们的战士:他们的品质是那样的纯洁和高尚,他们的意志是那样的坚韧和刚强,他们的气质是那样的淳朴和谦逊,他们的胸怀是那样的美丽和宽广!

亲爱的青年大学生朋友们,当你迎着大年初一的晨光,打着哈欠、伸着懒腰、琢磨着到底要去哪一间网红早餐店吃些什么早餐的时候;当你约上三五好友去电影院准备为贺岁档电影贡献票房的时候；当你刚刚从影院里出来，趁着新鲜热辣劲儿，正和小伙伴们回味贺岁档电影的剧情、彩蛋，讨论男、女主角的时候；当你趁着阳光正好，和家人一道前往景点踏青，而身旁的年轻父母正欣慰地看着他们刚学会走路的小宝宝在和煦春风的沐浴下，迈着稚嫩的步伐，晃晃悠悠、嘻嘻哈哈地前行的时候；当你来到公园游玩，正见到很多父母带着他们的孩子也来了，天真烂漫的孩子在沙滩挖沙玩的时候；当你和老友相约风光旖旎的景色，看着络绎不绝的人们正在此地遛狗、搭帐篷、放风筝、烧烤，而嘴馋的孩子也循着香气围拢过来，正对着香喷喷的烤串直流口水的时候；当你或租下一辆电瓶车，载着自己的朋友或者恋人在一片湖光山色的美景中徜徉的时候，或租下一艘游船，和朋友或者恋人畅游湖光山色的时候；朋友，你是否意识到你是在幸福之中呢？你也许很惊讶地看着我："这就是生活，这是很平常的呀！"可是，那些在抗洪、扶贫、边防战线上战斗的人，会知道你正生活在幸福中。请你们意识到这是一种幸福吧！因为只有你意识到这一点，你才能更深刻地了解我们的战士在各条战线上奋不顾身的原因，他们确实是我们最可爱的人！

同时，能够在安详的校园中有一方安静的书桌学习的青年大学生也有感而发，穿起新生入学军训时的迷彩服，以校园为舞台，用自己的方式演绎了这样一个故事：

此时的边境指挥部。

甲：外军公然违背与我方达成的共识，悍然越界挑衅，现派遣七连增援队伍奔赴边境抵制外军入侵。

乙：保证完成任务！

众人：保证完成任务！

跋涉，转场。

丙：报告队长！还有2公里到达边防，收到的情报显示，我军正遭到外军蓄谋已久的攻击。

乙：同志们！

众人（起立）：到！

乙：我们要加快速度！不能让外军侵入我们祖国半步！

第八章　大学生体验式教学案例

众人：是！

七连已到达边防。

乙：同志们！我们的脚下就是最前线，我们的身后就是祖国，就是万家灯火，我们七连就算只剩下最后一人，我们也要牢牢地守住这片土地，不让敌人踏进半步，大家能不能做到?!

众人：边防有我在，祖国请放心！

我军同外军展开边境斗争。

丙：队长，你没事吧?!

乙：没事！快！和他们拼了！

我军驱离外军，取得边境斗争的完全胜利。

在农历新年的安定祥和氛围中得悉2020年中印边境加勒万河谷冲突中牺牲的烈士先进事迹的青年学生，无疑能够更好地理解什么是"有人团圆是因为有人守护团圆""哪有什么岁月静好，只不过有人替你负重前行！"有人在我们看不见的地方为我们撑起坚强的血肉长城，将危险阻隔在平凡却又幸福的生活之外。由此可见，抗美援朝、保家卫国，红色基因血脉在传承，光荣传统没有丢，理想信念的接续没有断。

三、借助多媒体展示当时场景，多角度展现人物丰满形象

借助2021辛丑牛年春节期间官方媒体制作的专题新闻报道，以及2021年秋借由官方渠道流出的2020年中印加勒万河谷边境冲突中我方俘获的印军照片、视频展示当时的场景，多角度展现新时代最可爱的人的人物丰满形象，让青年大学生更好地理解理想信念是人精神之"钙"。

喀喇昆仑山是世界上山岳冰川最发达的高大山脉，平均海拔超过了5500米，是世界上高山和高纬度之外最长的冰川最集中的地方。喀喇昆仑山的生存条件可想而知，就在这如此恶劣的生存条件下，有一群可爱的英雄士兵每天守卫在边疆，守护祖国的领土，守护国人的团圆。他们不怕艰苦、不怕困难，克服极度高寒天气戍守边疆；他们不怕牺牲、勇于战斗，与敌方殊死搏斗、击退敌人。他们是父母的孩子，更是祖国的英雄，

他们用生命为祖国筑起了巍峨界碑。

2020年4月,印度军队违反中印两国的协议协定,抵边越线搭建便桥、修建道路。印度军队频繁在边境越线争控,试图单方面改变边境管控现状,导致边境局势陡然升温。2020年6月,印度军队公然违背与我方达成的共识,悍然越线挑衅。按照处理边境事件的惯例和双方之前达成的约定,团长祁发宝本着谈判解决问题的诚意,仅带几名官兵前出交涉,却遭到对方蓄谋暴力攻击。祁发宝组织官兵一边喊话交涉,一边占据有利地形,与数倍于己的外军展开殊死搏斗。其后,增援队伍及时赶到,官兵们奋不顾身、英勇战斗,一举将来犯者击溃驱离,外军溃不成军、抱头逃窜,丢下了大量越线和伤亡人员,付出了惨重代价。

边境官兵常说,我们身后就是祖国,当国家受到侵犯时,唯一的选择就是冲锋向前。在前出交涉和激烈斗争中,面对与数倍于己的敌军,团长祁发宝身先士卒,张开双臂阻拦,最终身负重伤。身前是重围,身后是祖国,他和战友们用生命捍卫守护祖国。祁发宝头部遭重创。包扎伤口时,"他一把扯掉头上的绷带,还想起身往前冲,那是他最后一丝力气,随后又晕倒了"。营长陈红军、战士陈祥榕突入重围营救战友,奋力反击,最终英勇牺牲。战士肖思远,突围后又义无反顾返回营救战友,战斗至生命最后一刻。战士王焯冉,在渡河前出支援途中,拼力救助被激流冲散的战友,战友脱险了,他自己却淹没在冰河之中。中央军委授予祁发宝"卫国戍边英雄团长"荣誉称号,追授陈红军"卫国戍边英雄"荣誉称号,给陈祥榕、肖思远、王焯冉追记一等功。

牺牲时还不满19岁的陈祥榕曾在日记里写下:"清澈的爱,只为中国。"是他们用青春、鲜血,乃至生命,誓死守护祖国山河!当时,班长孙涛问他:"你一个'00后'的新兵,口号这么'大'?"他坚定地说:"班长,这跟年龄没关系,我就是这么想的,也会这么做的。"是的!这种爱,无关年龄,都是"边关有我在,祖国请放心"的勇敢担当。为什么一个不到20岁的年轻人会用清澈来形容对祖国的爱呢?答案很简单,可以从边防军人的声声誓言中找到。他们说:"我们就是祖国的界碑,大好河山,寸土不让!"这样坚定的信念和顽强的意志就像一个过滤器,让浮躁和畏惧远去,只留下最清澈、最纯粹的初心。那天,王焯冉和战友马命等连夜渡河增援一线,第4次蹚河时有人被激流冲散,王焯冉和马命拼尽全力将

3名战友推上岸,自己却被冻得几乎失去知觉。突然,王焯冉一只脚被卡在了水下巨石缝中。危急时刻,他将马命猛地推向岸边:"你先上,如果我死了,照顾好我老娘!"马命获救了,王焯冉则永远倒在了刺骨的激流中。王焯冉执行任务前曾写下这样的家信:"奶奶,这么长时间里我最牵挂的就是您,孙子这些年一直想好好让您享福,可是我却一直不在家……爸妈,儿子不孝,可能没法给你们养老送终了。如果有来生,我一定还给你们当儿子,好好报答你们。"

20多年的戍边岁月中,祁发宝先后40多次遭遇暴风雪和泥石流,13次与死神擦肩而过。孩子刚出生,祁发宝就匆匆归队,妻子生病时他总是不在,父亲去世时他因执行任务未能及时赶回……还有4个多月就要当爸爸了,陈红军身在一线仍想方设法托后方的战友,提醒妻子按时产检。他答应妻子,等到退役后"就一起带孩子、做饭、钓鱼"……然而,他们都失约了。"丈夫身许国,私恩邈难顾。"一名老边防深情地说:"戍守高原的军人不是不顾家,而是每当走上边防一线,身后就是整个国家;不是不会爱,而是没有足够的时间去爱。"2021辛丑牛年除夕夜,肖思远的母亲,在微信上给儿子发了一个压岁红包。"虽然知道再也不会接收了,还是没有忍住……"正是渴望爱情的年龄,肖思远的钱包里珍藏着一张漂亮女孩的照片。牺牲当天,他还憧憬着未来:"她支持我在部队长干,我想娶她,给她做一辈子的菜……"肖思远的母亲说:"他是军人,他有他的职责,保家卫国,那个时候,不能往后退,这些我都明白,但我就是特别特别想他,我只是一个母亲。"她想对肖思远的女友说:"好姑娘,别等了,好好过以后的生活。"①

英雄虽已离去,精神永驻边关。一代代边防军人,把青春挥洒在喀喇昆仑,也把最纯粹的忠诚镌刻在喀喇昆仑,誓死捍卫这片土地,就像高原边防官兵喜爱的一首歌里唱的那样:"我站立的地方是中国,我用生命捍卫守候,哪怕风似刀来山如铁,祖国山河一寸不能丢。"这已经内化成为他们最崇高的使命、最坚定的信念。

---

① 《首次披露!4名解放军官兵在中印边境牺牲全过程》,中国长安网百度百家号,2021年2月19日,见https://baijiahao.baidu.com/s? id=1692086319392925492&wfr=spider&for=pc。

参 考 文 献

思想道德与法治（2021年版）编写组. 思想道德与法治：2021年版[M]. 北京：高等教育出版社，2021.

布鲁纳. 教育过程[M]. 上海师范大学外国教育研究室，译. 上海：上海人民出版社，1973.

方徽聪. 思想道德修养与法律基础[M]. 海口：南海出版公司，2006.

顾海良. 高校思想政治教育导论[M]. 武汉：武汉大学出版社，2006.

国家卫生健康委员会宣传司. 最美逆行者[M]. 北京：人民出版社，2020.

教育部社会科学司组. 普通高校思想政治理论课文献选编：1949—2008[M]. 北京：中国人民大学出版社，2008.

罗本琦，孙晓峰. "思想道德修养与法律基础"课教学案例解析[M]. 合肥：合肥工业大学出版社，2008.

中共中央马克思恩格斯列宁斯大林著作编译局. 马克思恩格斯选集：1[M]. 北京：人民出版社，2012.

中共中央马克思恩格斯列宁斯大林著作编译局. 马克思恩格斯选集：2[M]. 北京：人民出版社，2012.

中共中央马克思恩格斯列宁斯大林著作编译局. 马克思恩格斯选集：3[M]. 北京：人民出版社，2012.

中共中央马克思恩格斯列宁斯大林著作编译局. 马克思恩格斯选集：4[M]. 北京：人民出版社，2012.

钱广荣.《思想道德修养与法律基础》学习指导[M]. 合肥：安徽大学出版社，2008.

宋周. 思想道德修养与法律基础学习指导[M]. 南京：南京大学出版社，2010.

参考文献

魏传光，金焱. 思想道德修养与法律基础辅导读本［M］. 广州：暨南大学出版社，2018.

习近平. 决胜全面建成小康社会 夺取新时代中国特色社会主义伟大胜利：在中国共产党第十九次全国代表大会上的报告（2017 年 10 月 18 日）［M］. 北京：人民出版社，2017.

习近平. 习近平谈治国理政：第一卷［M］. 北京：外文出版社，2014.

习近平. 习近平谈治国理政：第二卷［M］. 北京：外文出版社，2017.

习近平. 习近平谈治国理政：第三卷［M］. 北京：外文出版社，2020.

杨四耕. 体验教学［M］. 福州：福建教育出版社，2005.

郑永廷. 思想政治教育学原理［M］. 北京：高等教育出版社，2016.

周长春. 新形势下大学生思想政治教育探索［M］. 北京：北京工业大学出版社，2005.

陈东. "为实现中国梦注入青春能量" 教案［J］. 思想理论教育导刊，2020（10）：117 – 119.

陈庆，赵志梅. 案例教学法在法学教学中的运用［J］. 教育理论与实践，2011（3）：63 – 64.

崔红丽. 充分开展体验式教学提高思想政治理论课教学实效性［J］. 齐齐哈尔师范高等专科学校学报，2009（3）：18 – 19.

戴茂堂，李家莲. "集体主义" 的道德阐释［J］. 求索，2008（5）：84 – 86.

邓海娟. 刍议当代大学生的宪法教育［J］. 思想理论教育导刊，2010（9）：43 – 46.

方克立. 关于马克思主义与儒学关系的三点看法［J］. 红旗文稿，2009（1）：27 – 29.

何松. "体验式" 教学模式在高职思想政治理论课教学中的探索和应用［J］. 中国成人教育，2014（13）：187 – 188.

黄亚玲. 高校思想政治理论课互动体验式教学方法研究［J］. 思想政治课研究，2016（5）：17 – 21.

朱佩荣. 季亚琴科论教学的本质（上）［J］. 全球教育展望，1993（5）：38 – 45.

孔亭，毛大龙. 论中华民族共同体的基本内涵［J］. 社会主义研究，2019

(6): 51-57.

李枫, 张宇宁. 体验教学是高校情感教育功能的拓展 [J]. 大庆社会科学, 2008 (2): 135-137.

廖良初. 新中国以来高校思想政治理论课设置的历程及特征 [J]. 中国德育, 2010 (9): 17-20.

卢坤. 从个体伦理到"集体与个体"二维伦理：论当代集体主义道德建构路径 [J]. 哲学研究, 2005 (3): 114-119.

牛建平. 案例教学基本模式在法学教学中的应用探讨 [J]. 经济研究导刊, 2013 (4): 282-283.

彭荣华. 论法学教学中案例教学法的任务及实施原则 [J]. 教育与职业, 2011 (7): 161-162.

秦宣. 新中国成立60年来高校思想政治理论课沿革及其启示 [J]. 思想理论教育导刊, 2009 (10): 23-32.

阮晓莺. 体验式教学法在"思想道德修养与法律基础"课教学中的探究与运用 [J]. 思想理论教育导刊, 2009 (1): 71-74.

佘双好. 关于思想政治理论课体验式教学的思考 [J]. 思想教育研究, 2012 (4): 54-58.

孙金梅. 谈体验式教学在思想道德修养与法律基础课教学中的运用 [J]. 教育探索, 2011 (12): 124-126.

汪丽红, 温小平. 新时代爱国主义教育的内涵、要求及路径选择 [J]. 思想教育研究, 2020 (6): 107-110.

王艳梅. 在法学教育中实施案例教学法的探讨 [J]. 学理论, 2011 (23): 245-246.

王易, 朱小娟. 罗国杰集体主义思想研究 [J]. 思想理论教育导刊, 2016 (12): 40-47.

魏佳. 新中国成立以来高校思想政治理论课程改革分析 [J]. 思想理论教育导刊, 2010 (4): 74-82.

习近平. 共同构建人类命运共同体 [J]. 求是, 2021 (1): 4-13.

习近平. 思政课是落实立德树人根本任务的关键课程 [J]. 奋斗, 2020 (17): 4-16.

项淳芳, 王柏民. "思想道德修养与法律基础课"体验性教学范式探索

[J]. 教育评论, 2008 (6): 77-80.

徐越男, 华启和, 杨一秋. 论体验式教学法在"思想道德修养与法律基础"课中的运用 [J]. 南昌航空大学学报 (社会科学版), 2013 (4): 109-112.

张维为. 中国超越: 一个"文明型国家"的光荣与梦想 [J]. 当代贵州, 2018 (33): 76.

钟志凌. 马克思恩格斯集体主义思想及其当代启示 [J]. 西南大学学报 (社会科学版), 2013 (5): 32-39.

周文君. "法律保护我们的权利"教学设计及反思 [J]. 教学月刊: 中学版 (政治教学), 2019 (3): 27-30.

朱玛. 法学案例教学法的研究与应用 [J]. 高教论坛, 2009 (12): 89-92.

丁军, 刘爱军. 建国以来我国高校思想政治理论课发展的回顾与思考 [M] //中共中央文献研究室科研管理部编. 新中国60年研究文集: 2. 北京: 中央文献出版社, 2009.

全国普通高校"两课"教育教学调研工作领导小组. 普通高校思想政治教育课程文献选编: 1949—2003 [M]. 北京: 中国人民大学出版社, 2003.

习近平. 在全国脱贫攻坚总结表彰大会上的讲话 [N]. 人民日报, 2021-02-26 (2).

吴晶, 胡浩. 习近平主持召开学校思想政治理论课教师座谈会强调: 用新时代中国特色社会主义思想铸魂育人 贯彻党的教育方针落实立德树人根本任务 [N]. 人民日报, 2019-03-19 (2).

中共中央关于制定国民经济和社会发展第十四个五年规划和二〇三五年远景目标的建议 [N]. 人民日报, 2020-11-04 (1).

后　记

　　本书是集体智慧的结晶，全书各篇章的撰写分工如下：理论篇的撰写人员是彭媚娟、黄成忠、李灵曦；课程篇的撰写人员是陈雪梅、蔡禹、梁国喜、黄海霞、马静敏、谭秀环、周静、彭媚娟；实践篇的撰写人员是梁国喜、黄成忠、彭媚娟、蔡禹。